国家社科基金重点项目"可持续生计分析框架下中部贫困地区农民就业能力提升研究"(项目号：18AJL015）

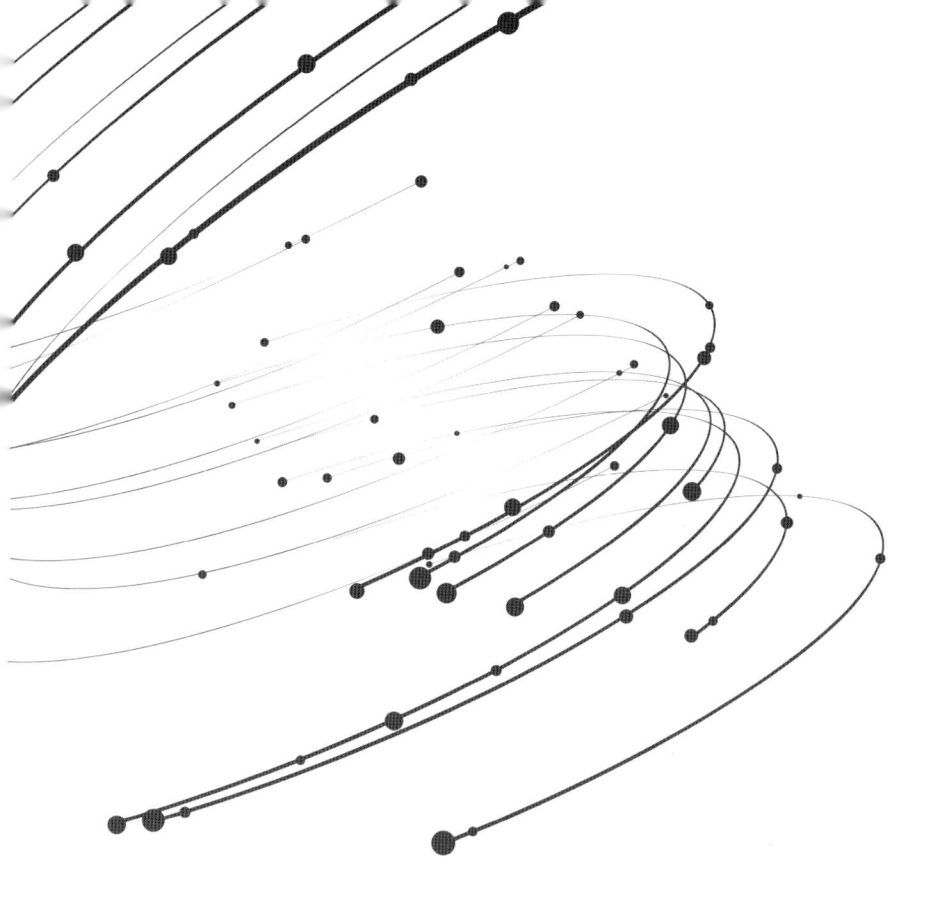

中部脱贫地区
农民就业能力提升研究

Research on Improving the Employability of
Farmers in Poverty-eradicated Areas in Central China

何筠 ◎ 著

中国社会科学出版社

图书在版编目（CIP）数据

中部脱贫地区农民就业能力提升研究 / 何筠著. -- 北京：中国社会科学出版社，2025.2. -- ISBN 978-7-5227-4842-9

Ⅰ. F323.8；D669.2

中国国家版本馆 CIP 数据核字第 2025CX2519 号

出 版 人	赵剑英
责任编辑	刘晓红
责任校对	阎红蕾
责任印制	戴　宽
出　　版	中国社会科学出版社
社　　址	北京鼓楼西大街甲 158 号
邮　　编	100720
网　　址	http://www.csspw.cn
发 行 部	010-84083685
门 市 部	010-84029450
经　　销	新华书店及其他书店
印　　刷	北京君升印刷有限公司
装　　订	廊坊市广阳区广增装订厂
版　　次	2025 年 2 月第 1 版
印　　次	2025 年 2 月第 1 次印刷
开　　本	710×1000　1/16
印　　张	18
字　　数	288 千字
定　　价	99.00 元

凡购买中国社会科学出版社图书，如有质量问题请与本社营销中心联系调换
电话：010-84083683
版权所有　侵权必究

摘 要

本书是关于中国中部地区农村扶贫工作的一项研究课题。摆脱贫困，强国富民，是中国共产党人的历史担当和历史重任，也是社会主义制度优越性的重要标志。1994年，中国实施第一个扶贫开发工作纲领《国家八七扶贫攻坚计划》。党的十八大以来，国家继续推进和完成脱贫攻坚的伟大工程，把脱贫攻坚作为实现第一个百年奋斗目标的底线任务和标志性指标。到2020年，中国有832个贫困县、12.8万个贫困村、9899万名农村贫困人口全部摘帽脱贫，彻底摆脱了绝对贫困的严峻挑战，赢得了脱贫攻坚的全面胜利。然而，这并不是终点，在打赢了脱贫攻坚战之后，党中央、国务院提出，中国"三农"工作的重心发生历史性转移，即转向乡村振兴战略的实施。在新的历史条件下，农村扶贫工作应与时俱进，在巩固拓展脱贫攻坚成果的前提下，做好与乡村振兴的有效衔接，持续推动脱贫地区的经济社会高质量发展，进一步改善人民群众的生活，向共同富裕的目标迈进。这是当前迫切需要解决的问题。2021年中共中央、国务院颁发的《关于全面推进乡村振兴加快农业农村现代化的意见》明确指出，从脱贫之日开始算起，对已摘帽的贫困县，实行5年的过渡期，其间，基本扶贫政策维持不变，不能发生规模性返贫现象。

中部地区6个省份位于中国内陆中心地带，具有承东启西、连通南北、吸引四面、辐射八方的重要战略地位，是中华古代文明的主要发祥地，也是中国近现代文明的主要起源地。中部地区是中国重要的农业生产、能源生产、原材料生产、装备制造业等方面的基地，对整个国家的经济发展作出了重要贡献。但是，20世纪90年代以后，中部地区经济发展与国内其他地区相比差距拉大。作为农业为主的中国粮食主产区，中部地区"三农"问题也较为突出。中部地区涵盖秦巴山区、武陵山区、吕梁山区、大别山区、罗霄山区等集中连片特困地区和革命老区，有183个国家级贫困县，约占全国的22%。农业落后和农民贫困已成为制约中部地区社会经济高质量发展的重要因素。在这种情况下，中部脱贫地区农民迫切需要政府和社会帮助提高他们的就业能力，以适应劳动力市场需求。而通过教育赋能，可以对他们的人力资源进行优化，提高其职业技术水平，使他们能够不断适应新的工作岗位，提高他们的就业率，增加收入，防止返贫。此外，还能够阻止他们的社会阶层固化，防止代际传递，让他们的向上流动渠道更加顺畅，发展机会更多。所以，本书以中部地区183个贫困县农民就业能力为研究对象，探讨如何提升中部贫困农村地区农民的就业能力，本书研究对于推动中部地区巩固拓展脱贫攻坚成果同乡村振兴的有效衔接有重要的意义。

本书以马克思反贫困理论和中国特色反贫困理论为指导，基于可持续生计分析框架研究中部脱贫地区农民就业能力提升问题，主要按照"问题提出—理论依据—现状评估—因素分析—政策设计—研究拓展"的逻辑思路展开研究，以达到以下主要研究目标。

（1）构建中部脱贫地区农民就业能力评价指标体系，为科学评价中部脱贫地区农民就业能力提供方法和政策依据。本书对中部脱贫地区农民就业能力的现状和紧迫性进行了分析，依据USEM模型，从基本技能和自我效能感两个方面构建中部脱贫地区农民就业能力评价指标；基于2016年中山大学有关中国劳动力动态调查的中部6个省脱贫地区农民的调查数据，利用熵值法确定权重，采用模糊综合评价方法评价中部地区贫困农民就业能力，比较精准扶贫对象和非精准扶贫对象的就业能力差异，从而找到中部地区贫困农民就业能力薄弱点。

（2）建立拓展的可持续生计分析框架，为精准分析影响中部脱贫地区农民就业能力因素提供理论和政策依据。本书将就业能力纳入可持续生计分析框架，深入剖析可持续生计分析框架各部分，即脆弱性背景、生计资产、结构与制度转变因素与中部脱贫地区农民就业能力的关系，提出假设，建立模型；利用2016年中山大学中国劳动力动态调查的中部6个省脱贫地区农民调查数据，以是否为精准扶贫对象将中部脱贫地区农民划分为精准扶贫对象和非精准扶贫对象，分析其生计状况与就业能力差异，运用加权最小二乘法（WLS）改进模型，实证检验中部脱贫地区农民就业能力影响因素，进一步分析精准扶贫对象和非精准扶贫对象的就业能力影响因素差异，为巩固和拓展脱贫攻坚成果提供理论依据。

（3）设计中部脱贫地区农民就业能力的提升策略，为中部脱贫地区巩固脱贫攻坚成果、推进乡村振兴提供路径和政策依据。本书以马克思反贫困理论和中国特色反贫困理论为指导，依据中部脱贫地区农民中精准扶贫对象和非精准扶贫对象的就业能力影响因素差异和生计特点，提出提升中部脱贫地区农民就业能力的针对性策略。对在提升农民就业能力方面有重要意义的政府公共就业培训制度进行专门研究，在公共就业培训制度的四个关键环节即：供给方式、支付方式、绩效评价、监督方式等方面提出一系列可供操作的建议。

（4）进行专题调查和典型案例研究，为提升中部脱贫地区农民就业率，增加收入提供可资借鉴的经验和方法。本书深入部分中部脱贫地区进行实地访谈和问卷调查，分别对农民工技能提升、农民工就业稳定性与农民工就业能力、就业扶贫车间运行、高技能人才的培养等进行专题调查和研究，分析在具体情境下农民就业能力提升的影响因素和对农民就业稳定性、收入增长有效性的影响，对这些典型案例进行理论剖析和理论归纳，使之成为可以复制的经验。

本书经过理论研究和实际调查，得出了以下结论。

（1）中部脱贫地区总体经济发展水平落后，农民城乡人均收入差距比较大，农民的文化素质相对不高，农民人力资本投资不足；另外，农民的技能对农民收入有重要影响，尤其在数字技术广泛赋能经济社会发展的条件下，数字技能与农民收入增长具有相关性。利用北京大学中国家庭追踪调查（CFPS）的数据进行实证研究，发现数字技能通过信息优势渠道能显著提升农村居民的收入，并且这种效应在农村更加明显。相比于娱乐社交数字技能，线上商务和学习工作数字技能对农民收入的提升作用更加明显。因此，中部脱贫地区要巩固脱贫攻坚成果、全面实现乡村振兴，推进农业农村现代化建设，迫切需要提升农民的就业能力尤其是数字技能。

（2）中部地区贫困农民就业能力低于东部和西部地区贫困农民的就业能力，精准扶贫对象的就业能力低于非精准扶贫对象的就业能力，差异主要体现在基础技能上，尤其是信息技术应用能力方面。中部地区贫困农民自我效能感较好，精准扶贫对象的自我效能感高于非精准扶贫对象的自我效能感；中部地区贫困农民具备良好的主观能动性，有决心和毅力克服生理、心理困难完成工作任务，并愿意为了长期目标努力。因此，提升中部地区贫困农民就业能力应更加关注精准扶贫对象的就业能力问题，充分发挥其自我效能感优势，提高其基础技能。

（3）中部地区贫困农民生计资本处于较低水平，脆弱性高，政府、企业、公益组织对其提升就业能力支持力度不够。中部地区贫困农民的金融资本和人力资本都处于较低水平，中部地区贫困农民中精准扶贫对象的金融资本低于非精准扶贫对象。中部地区贫困农民欠缺专业技能，人力资本水平较低，互联网在中部地区贫困农民中的普及率还有待提升。中部地区贫困农民生活环境的脆弱性较高，受到犯罪侵害、假药、伪劣产品、传染病威胁的可能性较大，中部地区贫困农民整体受到政府、企业、公益组织的扶持力度小。因此，提升中部脱贫地区农民的生计成果具有重要性和紧迫性。

（4）生计资本对中部地区贫困农民就业能力有显著正向影响，脆弱性背景对中部地区贫困农民就业能力有显著负向影响。精准扶贫对象和非精准扶贫对象的就业能力影响因素存在差异。物质资本和金融资本对精准扶贫对象的就业能力有显著正向影响，人力资本、物质资本、自然资本、社会资本对非精准扶贫对象的就业能力有显著正向影响，脆弱性背景因素对非精准扶贫对象的就业能力有显著负向影响。因此，综合提升中部地区农民各项生计资本势在必行。

（5）要对精准扶贫对象和非精准扶贫对象精准施策。针对精准扶贫对象，一是要提升其物质资本水平，尤其是加强中部脱贫地区信息技术基础设施建设，完善脱贫地区的教育、医疗、交通等基础设施；二是要增加精准扶贫对象金融资本的获取能力，完善多元化金融支持机制。针对非精准扶贫对象，重点是提高农村机械化水平和农业劳动生产率，加大人力资本的投资，尤其是数字技能的培训，降低中部脱贫地区农村生活环境的脆弱性，加强社会治安管理，提高卫生水平。而且，还需改善中部脱贫地区农民就业能力发展的制度环境，提高就业能力服务水平和社会保障水平。

（6）公共就业培训是一项系统工程，其效果与公共就业培训资金的供给方式、培训补贴的支付方式、绩效评价、监管方式有密切关系。本书提出，农民公共就业培训资金的补贴方式应选择向农民个人和向农民工用工企业直接补贴的方式，并进行制度设计；主张采用逻辑分析法来构建中部地区的公共就业培训项目绩效评价体系，采用柯克帕特里克培训评估模型来构建培训机构的公共就业培训绩效评价体系；提出以培训就业率等结果指标作为绩效评价的重点；以法律作为中国公共就业培训监管的依据，以公平竞争为培训机构准入的基本原则，以多重监管手段来提升培训效果等。

（7）本书通过四个专题调研拓展了相关研究，从一般与具体相结合方面印证了本书研究的有效性。其中，对江西省脱贫县A公司的实证研究表明，政府、企业、职业教育、工人自身这四个层面的因素都对A公司农民工技能水平有着显著正相关作用。对湖北贫困地区的实证研究表明，影响新生代农民工就业稳定性的因素更具有多样性，个体特征、社会角色和职业价值观对新生代农民工的就业稳定性具有影响，其中个体特征中的教育水平、技能培训对农民工就业稳定尤有影响。对革命老区江西省赣州市就业扶贫车间的研究表明，坚持多方合作扶贫扶智的发展思路，抓住产业扶贫增收致富的发展主线，构建企业主导互惠共赢的运行机制，形成支持有力动态监测的保障体系，是赣州就业扶贫车间建设和发展的重要特色，值得推广借鉴。在对中部地区高技能人才建设影响因素进行实证研究的结果中发现，政府资助强度、职业院校教育水平、企业投入力度和社会人才观念层面的因素对中部地区高技能人才建设水平有着显著正相关关系。

关键词：中部脱贫地区；农民就业能力；可持续生计分析框架；公共就业培训

目　　录

第一章　绪论 ··· 1

　　第一节　研究背景与意义 ··· 1
　　第二节　研究目标和研究内容 ·· 8
　　第三节　研究思路与研究方法 ··· 14
　　第四节　创新点 ·· 18

第二章　文献综述与理论基础 ·· 20

　　第一节　就业能力文献综述和 USEM 模型 ····························· 20
　　第二节　可持续生计理论的发展与可持续生计分析框架 ············· 33
　　第三节　马克思主义反贫困理论与中国特色反贫困理论 ············ 45

第三章　中部脱贫地区欠发达现状与提升农民就业能力紧迫性 ······· 53

　　第一节　中部脱贫地区经济发展滞后 ································· 53
　　第二节　中部脱贫地区人力资本支撑不足 ··························· 58
　　第三节　数字技能与农民收入的相关性 ······························ 62

第四章　中部脱贫地区农民就业现状及就业能力评价 ·················· 92

　　第一节　中部脱贫地区农民就业现状 ································· 92
　　第二节　中部脱贫地区农民就业能力评价方法的选择和运用 ··· 95
　　第三节　中部脱贫地区农民就业能力模糊综合评价结果 ········· 98

第五章　可持续生计分析框架下中部脱贫地区农民就业能力影响
　　　　 因素的研究设计 ·· 104

　　第一节　理论假设 ·· 104

第二节　模型构建……………………………………………… 108

第六章　可持续生计分析框架下中部脱贫地区农民就业能力影响
　　　　因素的实证研究……………………………………………… 112
　　第一节　中部脱贫地区农民就业能力与可持续生计状况……… 112
　　第二节　自相关检验……………………………………………… 117
　　第三节　异方差检验及解决方法………………………………… 118
　　第四节　实证结果………………………………………………… 120

第七章　可持续生计下的中部脱贫地区农民就业能力提升策略…… 125
　　第一节　中部脱贫地区精准扶贫对象就业能力提升策略……… 125
　　第二节　中部脱贫地区非精准扶贫对象就业能力提升策略…… 129
　　第三节　改善中部脱贫地区农民就业能力提升的制度环境…… 137

第八章　基于中部脱贫地区农民就业能力提升的公共就业
　　　　培训制度创新………………………………………………… 140
　　第一节　中国公共就业培训供给方式的选择和制度创新……… 141
　　第二节　中国公共就业培训资金补贴方式的比较和创新……… 147
　　第三节　中国公共就业培训绩效评价的制度创新……………… 153
　　第四节　中国公共就业培训规范运行和监管创新……………… 158

第九章　农民工技能提升专题研究：江西脱贫县 A 公司的调查 … 162
　　第一节　A 公司操作工基本结构及技能现状…………………… 162
　　第二节　操作工技能提升存在的问题及影响因素分析………… 169
　　第三节　提升 A 公司操作工技能的对策　……………………… 175

第十章　农民工就业稳定性专题研究：湖北脱贫地区的调查……… 180
　　第一节　问题的提出……………………………………………… 180
　　第二节　研究设计………………………………………………… 182
　　第三节　实证结果和分析………………………………………… 187
　　第四节　提高农民工就业稳定性的建议………………………… 193

第十一章　就业扶贫车间专题研究：革命老区赣州的调查 195

第一节　赣州就业扶贫车间的主要模式 196

第二节　赣州就业扶贫车间的扶助政策的演进 204

第三节　赣州就业扶贫车间的发展特色 207

第四节　赣州就业扶贫车间可持续发展的建议 213

第十二章　中部地区高技能人才建设专题研究 222

第一节　中部地区高技能人才建设现状分析 222

第二节　中部地区高技能人才建设的影响因素研究 234

第三节　加快中部地区高技能人才建设的对策建议 251

第十三章　结论与展望 256

第一节　结论 256

第二节　展望 259

参考文献 261

后　记 276

第一章

绪　论

第一节　研究背景与意义

一　研究背景

（一）巩固脱贫攻坚成果需要加大人力资源开发

减贫是20世纪到21世纪世界各国在发展中所面对的最大挑战之一。2000年9月，联合国千年首脑会议《千年宣言》宣布，2015年世界范围内极端贫困人数要减少一半。2015年9月，联合国大会批准了一项旨在2030年前根除所有贫穷的发展议程。中国在2005年实现了极端贫困人口减少一半的目标，比联合国《千年宣言》宣布的时间提早了10年。到2020年，中国有832个贫困县、12.8万个贫困村、9899万名农村贫困人口全部摘帽脱贫，彻底摆脱了绝对贫困的严峻挑战，赢得了脱贫攻坚的全面胜利。[1] 然而，这并不是终点，在实施乡村振兴战略中，我们要继续将"三农"问题摆在十分重要的位置，继续推进"三农"事业的发展，继续缩小城乡之间的发展差异，巩固脱贫攻坚的成果，不断消除相对贫困，让低收入人群与欠发达地区共同分享改革发展的成果。

人力资源作为经济和社会持续发展最重要的资源已受到普遍重视，

---

[1] 李小云：《深刻理解和把握中国特色反贫困理论》，《光明日报》2021年3月22日第15版。

正在成为经济和社会发展的决定性因素。党的二十大报告提出要坚持人才是第一资源，实施人才强国战略。本书认为，一是人力资源是一种可以被无限开发的再生资源，能够推动经济与社会的长远发展。它的可再生性，体现在它是一个整体的社会资源，它具有浓厚的历史人文传统和长时间的积累与继承的特性。"可无限开发"意味着，在一定规模的人力资源下，其素质开发与利用几乎是没有极限的，如果激励与约束制度奏效，则其潜能可以得到极大的挖掘与发挥。二是人力资源是一种"活"的、具有主动性的资源，是一种高效的战略资源。"人力资源"是指人们在生产过程中所具有的有目的性、主观能动性和创造性的劳动活动能力。在市场经济中，人力资源始终起着举足轻重的作用，与其他资源相比，它是最为活跃、最具有主动性的生产要素。三是人力资源是一种具有收益递增特性的投入要素和增长因素。人力资源作为一种资本投入社会经济活动，其所具有的递增收益特性与加速积累专业化知识、技能的作用相关。专业化的知识和人力资源质量提升可以通过其外部作用特性产生递增收益，并使其他投入要素比如物质资源的作用得到极大程度的发挥，进而使总规模效益得到递增。

人力资源开发是人力资本投资的重要途径。对于脱贫地区来说，加强人力资源的开发，提升劳动者的能力，对于巩固脱贫攻坚的成果具有更加重要的意义。

第一，人力资源开发对区域高质量发展起到了重要的推动作用。利用诸如学校教育和职业培训之类的人力资源开发活动，一方面能够提升一线生产者的综合素质和技术操作水平；另一方面，还能够产生更多的技术发明，对生产者、劳动资料和劳动对象产生影响，从而带来经济增长和经济效益。

第二，人力资源开发为区域科技创新提供保障。在对区域内人力资源进行开发的过程中，资本、劳动等生产因素都会产生质变，一线生产人员的技术操作能力、科技人员的创造性以及生产管理人员的管理水平都会得到提升，从而推动了生产技术的发展以及地区整体的技术创新能力的提升。

第三，人力资源开发为区域经济转型提供人才支撑。人力资源开发,可以提升地区对新技术的吸引和吸收能力,激发地区的技术创新能力,进而促进该地区传统工业的转型和升级、新型产业部门的产生和发展。特别是自20世纪中期以来,信息技术、生物工程技术、新能源和新材料技术等高新技术所引发的新的工业革命,更是离不开对人力资源进行深层次开发和人才高地的打造。由此可见,人力资源开发的确是推动地区产业结构优化,资源再配置,实现经济可持续发展的重要驱动力。

(二)中部地区高质量发展需要提升脱贫地区农民的就业能力

据国家统计局于2011年公布的《东西中部和东北地区划分方法》,将中国的经济区域划分为四个主要的地区:东部地区、中部地区、西部地区、东北地区,而中部包括6个省份:山西、安徽、江西、河南、湖北、湖南。2021年,中共中央、国务院发布的《关于新时代推动中部地区高质量发展的意见》也针对这6个省,因此本书研究的"中部地区"即为以上6个省份。

中部6个省份位于中国内陆中心地带,具有承东启西、连通南北、吸引四面、辐射八方的重要战略地位,是中华古代文明的主要发祥地,也是中国近现代文明的主要起源地。中部地区人口众多,拥有丰富的自然、人文、旅游等资源;水路、陆地、空中的交通网络发达,方便快捷。在农业方面,尤其是在粮食方面,有着显著的优势,是中国粮食主产区。工业基础比较雄厚,产业门类齐全。中部地区是中国农业生产、能源生产、原材料生产、装备制造业等方面的重要基地,对整个国家的经济发展作出了重要贡献。中部整个区域的生态环境状况良好,具有很高的承载力。但是,20世纪90年代以后,中部地区经济发展与国内其他地区相比差距拉大。作为农业为主的地区,"三农"问题也较为突出,农业落后和农民贫困已成为制约中部地区社会经济高质量发展的重要因素。

从1986年起,中国就对全国扶贫开发工作的重点县进行了认定。2006年,国务院印发的《中国农村扶贫开发概要》,把全国扶贫开发工作的重点县划分为592个。2012年6月,按照《中国农村扶贫开发纲要(2011—2020年)》的规定,国务院扶贫办以"集中连片,突出重点,全国统筹,区划完整"为指导原则,把六盘山、秦巴山、武陵山区、乌蒙山、滇桂黔地区石漠化区、滇西边境山区、大兴安岭南麓山区、燕山—太行山区、吕梁山、大别山、罗霄山区等连片特困地区，以及此前已明确实施特殊政策的"三区三州"地区共14个片区的贫困县纳入国家扶贫开发工作重点县的范围。据此，全国共832个贫困县成为新时期扶贫开发的"主战场"。其中中部地区涵盖秦巴山区、武陵山区、吕梁山区、大别山区、罗霄山区等集中连片特困地区和革命老区，有183个贫困县，如表1.1，约占全国的22%。[①] 十多年来，由于中央和各地的共同努力，脱贫攻坚工作不断取得重要成绩，江西省的井冈山市和河南省的兰考县在2016年底宣告退出全国贫困县。截至2019年，中部地区183个贫困县都已宣告实现了脱贫摘帽，提前完成了新时代脱贫攻坚目标。但是，这并不意味着反贫困的事业结束，而是后扶贫时代的开始。中部地区巩固脱贫攻坚成果的任务还很艰巨，要继续将"三农"问题摆在首位，不断缩短城乡之间的发展差异，推进共同富裕的进程。在这种背景下，继续提升脱贫县农民的就业能力显得尤为重要。因此，基于中部地区高质量发展的需要，本书主要对中部地区183个贫困县进行研究。

表1.1　　　　　　　　　　　中部贫困地区

省份	数量（个）	名单
合计		183
山西	33	娄烦县、阳高县、灵丘县、云州区（大同县）、武乡县、左权县、和顺县、平陆县、繁峙县、神池县、五寨县、岢岚县、河曲县、保德县、隰县、岚县、方山县、广灵县、浑源县、天镇县、五台县、壶关县、宁武县、静乐县、偏关县、兴县、平顺县、永和县、大宁县、汾西县、石楼县、临县、代县
安徽	20	岳西县、寿县、潜山市、宿松县、颍上县、砀山县、灵璧县、泗县、裕安区、舒城县、利辛县、太湖县、石台县、阜南县、萧县、霍邱县、望江县、临泉县、金寨县、颍东区

---

① 本书所研究对象主要指原183个中部贫困县，2019年这些贫困县全部摘帽脱贫，进入了巩固脱贫攻坚成果的新时代，故本书将其称为"中部脱贫地区"。

续表

省份	数量（个）	名单
江西	24	井冈山市、吉安县、瑞金市、万安县、永新县、广昌县、上饶县、横峰县、莲花县、上犹县、安远县、会昌县、寻乌县、石城县、南康区、遂川县、乐安县、余干县、兴国县、于都县、宁都县、赣县区、鄱阳县、修水县、
河南	38	兰考县、滑县、新县、沈丘县、新蔡县、栾川县、宜阳县、洛宁县、封丘县、镇平县、内乡县、民权县、睢县、宁陵县、柘城县、虞城县、光山县、商城县、固始县、潢川县、商水县、郸城县、淮阳县、太康县、嵩县、汝阳县、鲁山县、范县、台前县、卢氏县、南召县、淅川县、桐柏县、社旗县、淮滨县、上蔡县、平舆县、确山县
湖北	28	红安县、神农架林区、阳新县、丹江口市、秭归县、保康县、团风县、罗田县、英山县、宣恩县、来凤县、鹤峰县、郧阳区、郧西县、竹溪县、竹山县、房县、长阳土家族自治县、五峰土家族自治县、孝昌县、大悟县、麻城市、蕲春县、恩施市、利川市、建始县、咸丰县、巴东县
湖南	40	茶陵县、炎陵县、石门县、桂东县、中方县、新邵县、绥宁县、武冈市、平江县、慈利县、安化县、宜章县、汝城县、安仁县、江华瑶族自治县、辰溪县、会同县、新晃侗族自治县、芷江侗族自治县、靖州苗族侗族自治县、桑植县、泸溪县、凤凰县、花垣县、保靖县、古丈县、永顺县、通道侗族自治县、麻阳苗族自治县、溆浦县、沅陵县、新宁县、邵阳县、隆回县、洞口县、城步苗族自治县、新化县、涟源县、龙山县、新田县

资料来源：国家扶贫开发办。

提升中部脱贫地区农民的就业能力，有助于从三个方面巩固脱贫攻坚的成果，防止返贫。一是提升农民就业能力可以增强其抵御市场冲击的能力，在诸如疫情等不利因素发生时，增加其维持现有工作的能力和转换工作的竞争力，获得稳定收入来源，降低脆弱性从而减少其返贫风险。二是提升农民就业能力有助于其获得岗位晋升机会，使其能够从简单体力劳动岗位转向更复杂技能型劳动岗位，增强其在劳动市场上的"不可替代性"，提升收入水平和就业质量。三是提升农民就业能力有利于农民在非农行业中获得一份工作，获得相对稳定的收入，为自身和下一代的人力资本投资和能力提升提供资源，阻断贫困向下一代转移的路径。因此，提升中部脱贫地区农民就业能力不仅关系到中部地区乃至中国能否实现乡村振兴，也关系到中部脱贫地区农民能否增强其在劳动力市场上的竞争力，实现可持续生计，实现中部地区的共同富裕。

二 研究意义

（一）理论意义

1. 拓展了 SLF 分析框架（Sustainable Livelihoods Framework）

Chambers 等[1]对生计的经典定义为"生计是建立在能力、资产（包括储备物、资源、要求权和享有权）和活动基础之上谋生的方式"。阿玛蒂亚·森[2]也强调"可行能力"对脱贫的重要性。联合国开发计划署（UNDP）的可持续生计分析框架由生计能力、生计方式、有形资产、无形资产四部分组成。中国学者何家军和王学军[3]，将水利工程移民实现可持续生计的能力分为资本获取能力、就业能力及社会风险应对能力三个维度。在此基础上，本书进而认为就业能力是重要的生计能力之一，对生计策略选择和生计结果有重要影响。在上述思想的指导下，本书在前人研究基础上，对英国国际发展部的分析框架 SLF 进行扩展，将就业能力作为重要的生计能力纳入 SLF，使之成为影响生计输出的因素。

2. 拓宽了农民就业能力研究的思路

借鉴 USEM 模型（Understanding, Skill, Efficacy beliefs, Metacognition），结合农民受教育水平特点，从基础技能和自我效能感两个方面构建农民就业能力评价指标，摆脱以往农民就业能力研究的主体局限于失地农民和农民工群体的限制，推进了可持续生计分析框架在农民就业能力研究中的应用，为系统研究中部脱贫地区农民就业能力提供新思路。

---

[1] Chambers R., et al., "Institute of Development Studies", *Sustainable Rural Livelihoods: Practical Concepts for the 21st Century*, Brighton: Institute of Development Studies, 1992, pp. 123-134.

[2] ［印］阿玛蒂亚·森：《以自由看待发展》，任赜等译，中国人民大学出版社 2002 年版，第 62 页。

[3] 何家军、王学军：《以就业为导向的三峡库区移民生计能力再造研究》，华中科技大学出版社 2017 年版，第 67 页。

3. 丰富中国特色反贫困理论和可持续生计理论的应用研究

在利用现有的数据库的基础上，通过实地访谈、问卷调查采集中部脱贫地区相关数据，从定性和定量角度研究生计资本、脆弱性、制度与结构转变对中部脱贫地区农民就业能力的影响路径，分析中国中部脱贫地区农民就业能力制约因素。另外，根据中国中部脱贫地区扶贫实践，依据是否为精准扶贫对象，将中部脱贫地区农民划分为精准扶贫对象和非精准扶贫对象，比较其生计和就业能力差异，进一步深入研究其就业能力影响因素差异，识别中部脱贫地区农民就业能力发展障碍，对不同群体有针对性地提出就业能力提升策略，提高政策的有效性。此外，对提升中部脱贫地区农民就业能力有重要作用的公共就业培训制度的改进和完善进行了研究，进而提出了中国中部脱贫地区公共就业培训的创新路径和政府监管的初步设想。

（二）实践意义

1. 脱贫地区农民的就业能力提升是中部地区乡村振兴战略实施的重点工作

本书从生计资产、脆弱性背景、结构与制度转变等角度分析中部脱贫地区农民的就业能力影响因素，为提升中部脱贫地区农民的就业能力提供可行性策略，因而本研究对巩固脱贫攻坚的成果，实施乡村振兴战略，促进中部地区的高质量发展有重要实践意义。

在打赢了脱贫攻坚战之后，中国"三农"工作的重心发生历史性转移，即转向乡村振兴战略的实施。在巩固拓展脱贫攻坚成果的前提下，做好与乡村振兴的有效衔接，持续推动脱贫地区的经济社会高质量发展，进一步改善人民群众的生活，是当前迫切需要解决的问题。一是不能出现规模性返贫现象。虽然脱贫地区和脱贫群众都已脱贫摘帽，但是，他们的发展根基依然不够牢固，预防返贫的任务依然艰巨。2021年《中共中央 国务院关于全面推进乡村振兴加快农业农村现代化的意见》明确指出，从脱贫之日开始算起，对已摘帽的贫困的县，实行5年的过渡期，其间，基本扶贫政策维持不变，不能发生规模性返贫现象。建立预防返贫的动态监控与救助体系，做到早发现，早干预，早帮扶。对于有劳动能力的贫困人口，采取"开发型"扶贫政策，通过产业发展、技能提升等政策措施来带动就业。二是加速推进"三农"建设。要实现乡村振兴、农民致富，最终要依靠发展，而发展的核心在于对人力资源进行有效开发利用。因此，本书研究有重要的现实意义。

2. 提升农民就业能力及其在劳动力市场中的竞争力是实现共同富裕的重要途径

本研究针对中部脱贫地区农民中的精准扶贫对象和非精准扶贫对象，有侧重地也更有针对性地提出就业能力提升的策略，并对中部脱贫地区政府公共就业培训制度提出改进和完善的相关建议，这不仅为有效提升中部脱贫地区农民就业能力提供理论依据，而且有重要的应用价值。

推进中国式现代化，实现全体人民的共同富裕，是中华民族伟大复兴的必由之路与重要目标。要减少群体之间的收入差异，关键是从政策上持续对低收入群体和社会弱势群体给予足够的重视和资助，切实地巩固和扩大脱贫攻坚的成果。要对农村脱贫人口的发展状况进行动态跟踪和密切监测，有针对性地对他们的就业能力进行提升，使他们的就业率和就业的稳定性得到提高，让他们能够通过自己的努力，实现共同富裕。随着国家经济的高质量发展和城市化进程加速，非农就业成为中部脱贫地区农民提高收入的重要途径之一。当前新兴产业的发展以及新的商业模式的出现，为中部脱贫地区的农民带来了越来越多的就业机会。在这种情况下，中部脱贫地区的农民迫切需要政府和社会帮助提高他们的就业能力，以适应劳动力市场的需求。而通过教育赋能，可以对他们的人力资源进行优化，提高他们的职业技术水平，使他们能够不断适应新的工作岗位，提高他们的就业率，减少收入差异。此外还能够阻止他们的社会阶层固化，防止代际传递，让他们的向上流动的渠道更加顺畅，发展的机会更多。因此，本书的研究对中部地区乡村振兴，实现共同富裕，推进中国式现代化有重要的现实意义。

第二节 研究目标和研究内容

一 研究目标

第一，构建中部脱贫地区农民就业能力评价指标体系，为科学评价中部脱贫地区农民就业能力提供方法和政策依据。对中部脱贫地区农民就业能力的现状和紧迫性进行了分析,依据 USEM 模型,从基本技能和自我效能感两个方面构建中部脱贫地区农民就业能力评价指标;基于 2016 年中山大学中国劳动力动态调查的中部 6 个省份的脱贫地区农民调查数据,利用熵值法确定权重,采用模糊综合评价方法评价中部地区贫困农民就业能力,比较精准扶贫对象和非精准扶贫对象就业能力差异,从而找到中部地区脱贫农民就业能力薄弱点。

第二,建立拓展的 SLF 分析框架,为精准分析影响中部脱贫地区农民就业能力因素提供理论和政策依据。本书将就业能力纳入可持续生计分析框架,深入剖析可持续生计分析框架各部分即脆弱性背景、生计资产、结构与制度转变因素与中部脱贫地区农民就业能力的关系,提出假设,建立模型;利用 2016 年中山大学中国劳动力动态调查的中部 6 个省份脱贫地区农民调查数据,以是否为精准扶贫对象将中部脱贫地区农民划分为精准扶贫对象和非精准扶贫对象,分析其生计状况与就业能力差异,运用加权最小二乘法(WLS)改进模型,实证检验中部脱贫地区农民就业能力影响因素,进一步分析精准扶贫对象和非精准扶贫对象的就业能力影响因素差异,为巩固和拓展脱贫攻坚成果提供理论依据。

第三,设计中部脱贫地区农民就业能力的提升策略,为中部脱贫地区巩固脱贫攻坚成果、推进乡村振兴提供路径和政策依据。本书以马克思反贫困理论和中国特色反贫困理论为指导,依据中部脱贫地区农民中精准扶贫对象和非精准扶贫对象就业能力影响因素差异和生计特点,提出提升中部脱贫地区农民就业能力针对性策略。对在提升农民就业能力方面有重要意义的政府公共就业培训制度进行专门研究,在公共就业培训制度的四个关键环节,即供给方式、支付方式、绩效评价、监督方式方面提出一系列可供操作的建议。

第四,进行专题调查和典型案例研究,为提升中部脱贫地区农民就业率,增加收入提供可资借鉴的经验和方法。笔者深入部分中部脱贫地区进行实地访谈和问卷调查,分别对农民工技能提升、农民工就业稳定性与农民工就业能力、就业扶贫车间运行、高技能人才的培养等进行专题调查和研究,分析在具体情境下农民就业能力提升的影响因素和对农民就业稳定性、收入增长有效性的影响，对这些典型案例进行理论剖析和理论归纳，使之成为可以复制的经验。

二 研究内容

全书共分十三章，各章主要内容如下。

第一章绪论。阐明研究背景和意义，阐述研究的研究目标与内容、研究思路与方法，并归纳研究的创新点。

第二章文献综述与理论基础。对马克思反贫困理论和中国特色反贫困理论进行了梳理和总结，为研究提供了总的指导思想，从而为研究如何推动中部地区巩固拓展脱贫攻坚成果，与中部地区乡村振兴有效衔接提供指南。本书对就业能力和 USEM 模型、可持续生计理论与可持续生计分析框架进行阐释，为应用 USEM 模型构建中部脱贫地区农民就业能力评价指标体系，拓展可持续生计分析框架研究中部脱贫地区农民就业能力的影响因素和中部脱贫地区农民就业能力提升策略提供理论依据。

第三章中部脱贫地区欠发达现状与提升农民就业能力的紧迫性。对中部脱贫地区总体经济发展滞后、城乡居民收入差距比较大、农民的文化素质不高、农民人力资本投资不足进行分析。利用北京大学中国家庭追踪调查（CFPS）的数据对农民人力资本中重要组成部分数字技能与农民收入的相关性进行研究。研究表明，数字技能通过信息优势渠道能显著影响农民收入，线上商务与学习工作数字技能对提升农民收入的作用更加明显。因此，提高农民收入，巩固脱贫攻坚成果，推进乡村振兴都迫切需要不断提升农民技能尤其是数字技能。

第四章中部脱贫地区农民就业现状及就业能力评价。从中部脱贫地区农民对信息技术的适应能力比较差、工作环境比较差、工作时间比较长三个方面描述中部脱贫地区农民的就业现状。根据 USEM 模型，从基本技能和自我效能感两个方面构建中部脱贫地区农民就业能力评价指标，利用熵值法确定权重；基于 2016 年中山大学中国劳动力动态调查的中部 6 个省份脱贫地区农民调查数据，辅之以国家统计局"中国农村贫困监测报告（2020）"的数据，采用模糊综合评价法评价中部脱贫地区农民的就业能力，提升评价的客观性和准确性，比较中部脱贫地区农民就业能力与东部、西部地区贫困农民就业能力的差异，进而比较精准扶贫对象和非精准扶贫对象的就业能力差异。研究显示，中部地区贫困农民就业能力低于东部和西部地区贫困农民的就业能力，精准扶贫对象的就业能力低于非精准扶贫对象的就业能力，差异主要体现在基础技能上，尤其是信息技术应用能力存在差异。

第五章可持续生计分析框架下中部脱贫地区农民就业能力影响因素的研究设计。建立拓展的SLF分析框架，将就业能力纳入可持续生计分析框架，剖析可持续生计分析框架中生计脆弱性背景、生计资本、结构与制度转变等各部分与就业能力的关系，根据可持续生计分析框架和已有的文献，提出生计资本对中部脱贫地区农民就业能力有显著正向影响，脆弱性背景对中部脱贫地区农民就业能力有显著负向影响，结构与制度转变因素对中部脱贫地区农民就业能力有显著正向影响的理论假设，并构建多元线性回归模型来检验可持续生计分析框架各部分对中部脱贫地区农民就业能力的影响。

第六章可持续生计分析框架下中部脱贫地区农民就业能力影响因素的实证研究。基于2016年中山大学中国劳动力动态调查的中部6个省份脱贫地区农民调查数据，对中部脱贫地区农民的生计状况和就业能力进行描述性统计，在数据检验的基础上采用加权最小二乘法（WLS）改进模型，对中部脱贫地区农民就业能力回归模型进行实证检验，进一步分析精准扶贫对象和非精准扶贫对象的就业能力影响因素差异。研究表明，生计资本对中部脱贫地区农民就业能力有显著正向影响，脆弱性背景对中部脱贫地区农民就业能力有显著负向影响，结构与制度转变因素对中部脱贫地区农民就业能力影响总体不显著。精准扶贫对象和非精准扶贫对象的就业能力影响因素存在差异。物质资本和金融资本对精准扶贫对象的就业能力有显著正向影响，人力资本、物质资本、自然资本、社会资本对非精准扶贫对象的就业能力有显著正向影响，脆弱性背景因素对非精准扶贫对象的就业能力有显著负向影响。

第七章可持续生计下中部脱贫地区农民就业能力提升策略。基于中部脱贫地区农民的就业能力特点、精准扶贫对象和非精准扶贫对象在就业能力影响因素方面的差异，本章提出中部脱贫地区农民就业能力提升的策略，针对精准扶贫对象一是要提升其物质资本水平，尤其是加强信息技术基础设施建设，完善脱贫地区的教育、医疗、交通等基础设施建设。二是要增加精准扶贫对象的金融资本的获取能力，完善多元化金融支持机制。针对非精准扶贫对象，重点是提高农村的机械化水平和农业劳动生产率，加大人力资本的投资，尤其是要重视数字技能的培训，降低中部脱贫地区农村生活环境的脆弱性，加强社会治安管理，提高卫生水平。此外，还需改善中部脱贫地区保障农民就业能力发展的制度环境，提高就业能力服务水平和社会保障水平。

第八章基于中部脱贫地区农民就业能力提升的公共就业培训制度创新。政府公共就业培训是目前中部脱贫地区农民的就业能力提升的主要渠道，如何提高培训的效果是关键问题。公共就业培训是一项系统工程，其效果与公共就业培训资金的供给方式、培训补贴的支付方式、绩效评价、监管方式有密切的关系。从四个方面研究了制度创新，提出中国中部地区农民公共就业培训资金的补贴方式应选择向农民个人和向农民工用工企业直接补贴的方式，并进行了相关制度设计；主张采用逻辑分析法来构建中部地区的公共就业培训绩效评价体系，采用柯克帕特里克培训评估模型来构建培训机构的公共就业培训绩效评价体系；提出以培训就业率等结果指标作为绩效评价的重点；以法律作为中国公共就业培训监管的依据，以公平竞争为培训机构准入的基本原则，以多重监控手段来提升培训效果等，这些研究为中部地区公共就业培训制度的完善提供了科学方法和决策依据。

第九章农民工技能提升专题研究：江西脱贫县 A 公司的调查。脱贫地区农民转移到非农产业是增加收入、脱贫致富的重要途径，农民工如何适应现代企业要求和岗位技能的要求，不断提升就业能力也是中国公共就业培训的主要任务之一。农民工的技能培训不仅关系到受训职工本身的能力提升和职业提升，而且直接关系到脱贫攻坚成果的巩固和共同富裕目标的实现。本章选择了江西省脱贫县 A 公司为个案，通过访谈、问卷调查等手段收集数据，对该公司的农民工的技能现状进行了分析，对影响农民工技能水平的因素进行了实证分析，对建立更加符合企业自身生产需要和产业发展方向的员工技能提升体系提出了具体的建议。

第十章农民工就业稳定性专题研究：湖北脱贫地区的调查。就业稳定性是衡量就业质量的重要指标。近年来中国农民工数量保持在 2.9 亿左右，新生代农民工所占比例不断上升，但他们就业稳定性不高，这不仅会影响农民工自身的就业状态、家庭收入，还会影响乡村振兴战略的实施。为了研究影响农民工就业稳定性的因素及两代农民工就业稳定性影响的差异，本章以湖北省脱贫地区农民工调查数据为样本，建立二元逻辑回归模型，进行实证研究。研究发现：影响新生代农民工就业稳定性的因素更具有多样性，个体特征、社会角色和职业价值观对新生代农民工的就业稳定性具有影响，尤其是个体特征中教育水平、技能培训有显著影响。据此，提出了相应对策。

第十一章就业扶贫车间专题研究：革命老区赣州的调查。就业扶贫车间是以促进建档立卡贫困人口就近就地实现灵活就业或居家就业为目标，企业或个体经济等组织在乡镇（村）设置的生产车间或加工点，方便农民就近从事农产品加工、手工工艺、种植养殖、来料加工等业务的场所，是精准扶贫体系中的微观制度创新。笔者深入赣州进行调研，研究了"政府+就业扶贫车间+贫困户""产业+就业扶贫车间+贫困户""村委会+结对帮扶单位+就业扶贫车间+贫困户""企业+就业扶贫车间+贫困户""居家+就业扶贫车间+贫困户"五种就业扶贫车间建设模式；在此基础上总结了坚持多方合作扶贫扶智的发展思路，抓住产业扶贫增收致富的发展主线，构建企业主导互惠共赢的运行机制，形成支持有力的动态监测保障体系的赣州就业扶贫车间的发展特色；进而对于赣州就业扶贫车间可持续发展提出了增强就业扶贫车间的市场竞争力，提升务工人员的就业能力，加强就业扶贫车间的用工管理等相关建议。

第十二章中部地区高技能人才建设专题研究。中部脱贫地区要防止农民返贫，促进农民致富，还应当加快非农产业的发展和农民工的技能提升，其中，高技能人才建设成为关键。首先，对中部地区高技能人才建设现状进行分析，总结出中部地区高技能人才建设存在的主要问题。其次，对中部地区高技能人才建设水平的影响因素进行实证研究，研究表明，职业院校生均教育经费总支出、职业院校专任教师中高级职称数、院校仪器设备资产值、企业办学中的企业拨款、职工技术培训学校数和培训机构培训人数等变量对高技能人才建设水平有着显著的正向影响。据此从政府、院校、企业、社会观念这几个层面提出了关于加快中部地区高技能人才建设的对策建议。

第十三章为结论和展望。总结本书的研究成果并提出中部脱贫地区农民就业能力的进一步改进、拓展和深化研究的方向。

第三节 研究思路与研究方法

一 研究思路

为了切实巩固脱贫成效,确保稳定脱贫不返贫,中国政府2021年宣布主要帮扶政策保持过渡期内总体稳定,要求"四个不摘",即持续保持摘帽不摘责任,持续加强摘帽不摘政策,持续保障摘帽不摘帮扶,持续落实摘帽不摘监管。在这个背景下,虽然2019年中部地区183个贫困县全部实现了脱贫摘帽,但本书仍以中部地区183个脱贫县农民就业能力为研究对象,这对于推动中部地区巩固拓展脱贫攻坚成果、同乡村振兴有效衔接有重要的意义。

本书以马克思反贫困理论和中国特色反贫困理论为指导,基于可持续生计分析框架研究中部脱贫地区农民就业能力提升问题,主要按照"问题提出—理论依据—现状评估—因素分析—政策设计—研究拓展"的逻辑思路展开研究(见图1.1)。研究思路具体如下。

(1) 问题提出。从两个方面阐释了研究背景,一是巩固中部地区脱贫攻坚成果需要加大人力资源开发。在脱贫地区进行人力资源的开发,提升劳动者的能力,对于巩固脱贫攻坚的成果有更为重要的作用。二是中部地区高质量发展需要提升脱贫地区农民的就业能力,让低收入人口和欠发达地区共享现代化发展成果,据此提出了中部脱贫地区农民就业能力提升问题研究的必要性。

(2) 理论依据。本书对马克思反贫困理论和中国特色反贫困理论进行了梳理和总结,为研究提供了总的指导思想。本书对就业能力和USEM模型、可持续生计理论与可持续生计分析框架进行阐释,拓展可持续生计分析框架,为应用USEM模型构建中部脱贫地区农民就业能力评价指标体系,为探索中部脱贫地区农民就业能力的影响因素和农民就业能力提升策略研究提供理论依据。

第一章 绪论

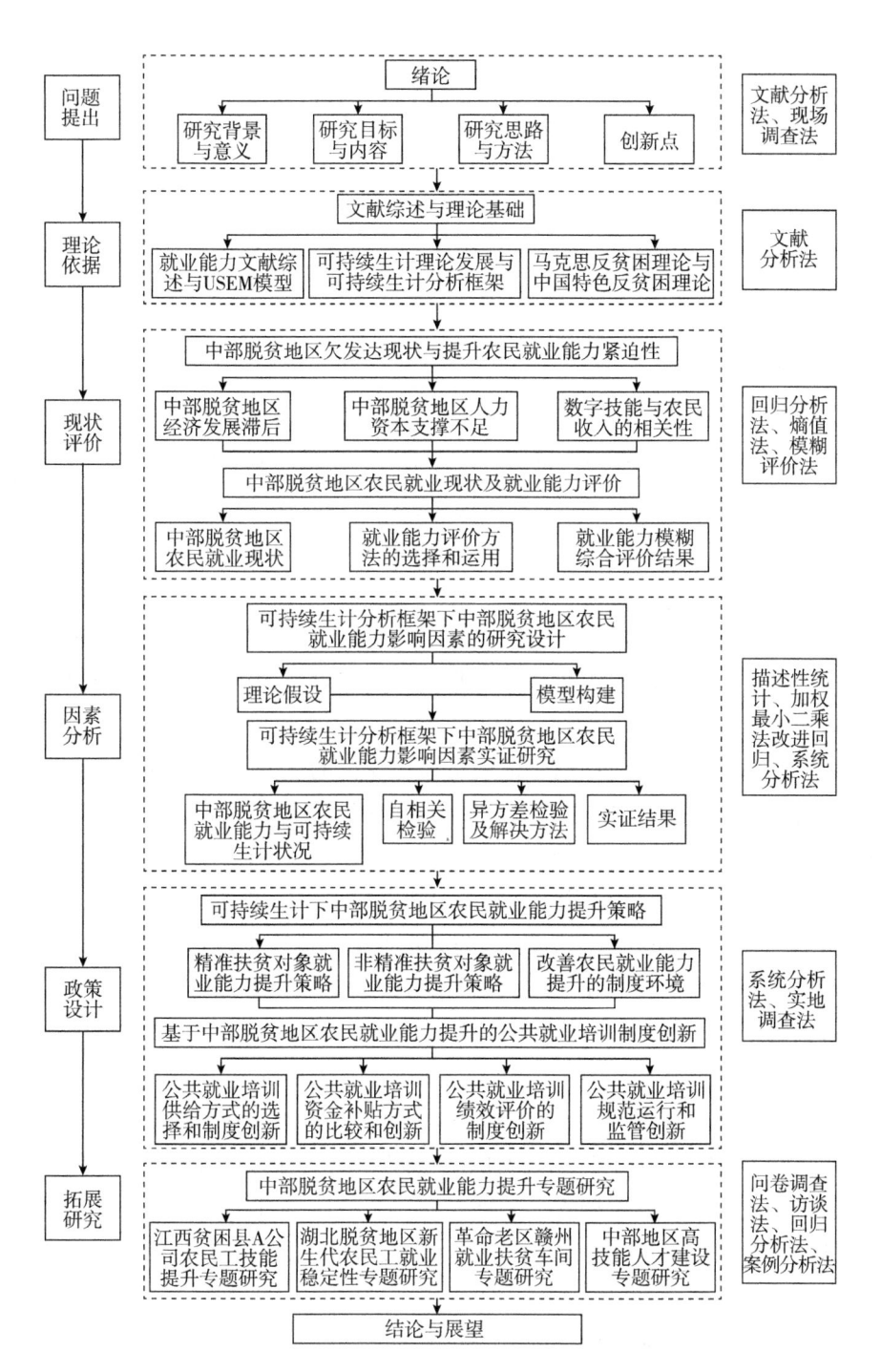

阶段	内容	方法
问题提出	绪论：研究背景与意义、研究目标与内容、研究思路与方法、创新点	文献分析法、现场调查法
理论依据	文献综述与理论基础：就业能力文献综述与USEM模型、可持续生计理论发展与可持续生计分析框架、马克思反贫困理论与中国特色反贫困理论	文献分析法
现状评价	中部脱贫地区欠发达现状与提升农民就业能力紧迫性：中部脱贫地区经济发展滞后、中部脱贫地区人力资本支撑不足、数字技能与农民收入的相关性；中部脱贫地区农民就业现状及就业能力评价：中部脱贫地区农民就业现状、就业能力评价方法的选择和运用、就业能力模糊综合评价结果	回归分析法、熵值法、模糊评价法
因素分析	可持续生计分析框架下中部脱贫地区农民就业能力影响因素的研究设计：理论假设、模型构建；可持续生计分析框架下中部脱贫地区农民就业能力影响因素实证研究：中部脱贫地区农民就业能力与可持续生计状况、自相关检验、异方差检验及解决方法、实证结果	描述性统计、加权最小二乘法改进回归、系统分析法
政策设计	可持续生计下中部脱贫地区农民就业能力提升策略：精准扶贫对象就业能力提升策略、非精准扶贫对象就业能力提升策略、改善农民就业能力提升的制度环境；基于中部脱贫地区农民就业能力提升的公共就业培训制度创新：公共就业培训供给方式的选择和制度创新、公共就业培训资金补贴方式的比较和创新、公共就业培训绩效评价的制度创新、公共就业培训规范运行和监管创新	系统分析法、实地调查法
拓展研究	中部脱贫地区农民就业能力提升专题研究：江西贫困县A公司农民工技能提升专题研究、湖北脱贫地区新生代农民工就业稳定性专题研究、革命老区赣州就业扶贫车间专题研究、中部地区高技能人才建设专题研究	问卷调查法、访谈法、回归分析法、案例分析法

结论与展望

图 1.1　本书研究思路

15

(3) 现状评估。对中部脱贫地区欠发达现状、农民就业现状进行分析和评价。根据 USEM 模型，从基本技能和自我效能感两个方面构建中部脱贫地区农民就业能力评价指标，利用熵值法确定权重；基于 2016 年中山大学中国劳动力动态调查的中部 6 个省份的脱贫地区农民调查数据，采用模糊综合评价法对中部脱贫地区农民的就业能力评价，并进行东、中、西部地区农民就业能力差异，以及精准扶贫对象和非精准扶贫对象的就业能力差异的比较分析。

(4) 因素分析。根据拓展的可持续生计分析框架从定量与定性双重视域研究中部脱贫地区农民就业能力影响因素，深入剖析可持续生计分析框架各部分即脆弱性背景、生计资本、结构与制度转变因素与中部脱贫地区就业能力的关系，提出假设，建立模型；以是否为精准扶贫对象将中部脱贫地区农民划分为精准扶贫对象和非精准扶贫对象，分析其生计状况与就业能力差异，在数据检验的基础上，运用加权最小二乘法（WLS）改进模型，实证检验中部脱贫地区农民就业能力影响因素，进一步分析精准扶贫对象和非精准扶贫对象的就业能力影响因素差异。

(5) 政策设计。根据中部脱贫地区农民的就业能力特点、精准扶贫对象和非精准扶贫对象在就业能力影响因素方面的差异，提出中部脱贫地区农民就业能力提升的策略。进一步认为，政府公共就业培训是目前脱贫地区农民的就业能力提升的主要渠道，如何提高培训的效果是关键问题。因此，本书对中部地区公共就业培训制度创新进行专门研究，对中部地区公共就业培训制度的供给方式、支付方式、绩效评价、监督方式提出了一系列可供操作的建议。

(6) 研究拓展。为了更深入更精准剖析中部部分脱贫地区农民就业能力提升及其相关领域的实践，本书通过理论与实践相互印证，进一步提升了研究的针对性、科学性和可行性。笔者深入部分中部脱贫地区进行实地访谈和问卷调查，分别对农民工技能提升、农民工就业稳定性、就业扶贫车间运行、高技能人才的建设等进行专题拓展研究。

二　研究方法

综合运用了文献分析法、定量分析方法、系统分析法、案例分析法等方法进行研究。

（1）文献分析法。广泛收集国内外有关就业能力、可持续生计、贫困理论的相关文献、研究报告、数据库资料、官方网站信息等，进行整理分析并总结提炼，为研究提供借鉴。从可持续生计理论的视角对中部脱贫地区农民的就业能力进行研究，为研究奠定理论基础；以马克思反贫困理论和中国特色反贫困理论作为研究中部脱贫地区农民的就业能力提升问题的指导思想。

（2）定量分析方法。采用模糊综合评价法评估中部脱贫地区农民的就业能力，采用熵值法确定权重，提高评价的客观性；采用加权最小二乘法改进回归模型，研究可持续生计分析框架各部分即生计资本、脆弱性背景、结构与制度转变因素对中部脱贫地区农民就业能力的影响；采用回归统计分析法，研究数字技能与农民收入增长的相关性以及中部地区高技能人才建设的影响因素；采用调查问卷、访谈、实地调查的方式来收集分析江西、湖北等脱贫地区调查数据，并进行统计分析。

（3）系统分析法。基于可持续生计理论分析框架对中部脱贫地区农民的就业能力进行系统分析，在分析中部脱贫地区农民就业能力、生计状况、就业能力影响因素方面的基础上，进一步分析精准扶贫对象和非精准扶贫对象在就业能力、生计状况、就业能力影响因素方面的差异，探索中部脱贫地区农民中精准扶贫对象和非精准扶贫对象就业能力提升对策。把握培训效果这个公共就业培训的关键问题，从公共就业培训制度的供给方式、支付方式、绩效评价、监督方式四个方面提出公共就业培训制度的创新路径。

（4）案例分析法。对江西某脱贫县、赣州市等地区进行了案例研究。深入赣州进行调研，研究了赣州市五种就业扶贫车间建设模式，提炼总结出"坚持多方合作扶贫扶智的发展思路，抓住产业扶贫增收致富的发展主线，构建企业主导互惠共赢的运行机制，形成支持有力的动态监测保障体系"的赣州就业扶贫车间的发展特色，提出了赣州就业扶贫车间可持续发展建议。同时，对江西脱贫县 A 公司农民工的技能现状进行了调查和分析。这些对其他地区巩固脱贫攻坚成果有借鉴意义。

第四节 创新点

一 拓展了研究视角

本书在前人研究的基础上将就业能力纳入可持续生计分析框架。诺贝尔经济学奖获得者阿玛蒂亚·森[①]对可行能力进行了研究，他认为，以人为中心，最高的价值标准就是自由，而自由是在实质的（substantive）意义上定义的，即享受人们有理由珍视的那种生活的可行能力，发展的最终目的是提高人实现各种可能的功能性活动的能力。借鉴这一理论思想，结合Chambers等[②]对生计的经典定义，本书提出，就业能力是生计能力的重要组成部分，受到生计资本、生计脆弱性、制度与结构转变的影响并对生计策略选择、生计结果有重要作用，应构建包含就业能力在内的可持续生计分析框架。因此对目前广泛应用的英国国际发展部（DFID）的可持续生计分析框架（SLF）进行扩展，将就业能力作为生计能力的重要组成部分纳入SLF，使之与脆弱性背景、生计资本、结构与制度转变、生计策略居于同等位置，进而研究它们的相互联系，探究中部脱贫地区农民就业能力提升的影响因素，为中国贫困问题和中部脱贫地区发展的研究提供新的视角。

二 丰富了研究内容

本书以中国特色反贫困理论为指导，对西方相关理论进行语境化修正，丰富了中国特色反贫困理论的研究。根据中国扶贫工作的实践，将中部脱贫地区农民划分为精准扶贫对象和非精准扶贫对象，比较其生计和就业能力差异，进一步深入研究其就业能力影响因素差异，识别中部脱贫地区农民就业能力发展障碍，对精准扶贫对象和非

[①] ［印］阿马蒂亚·森：《以自由看待发展》，任赜等译，中国人民大学出版社2002年版，第18页。

[②] Chambers R., et al., "Institute of Development Studies," *Sustainable Rural Livelihoods: Practical Concepts for the 21st Century*, Brighton: Institute of Development Studies, 1992, pp. 123–134.

精准扶贫对象针对性地提出就业能力提升的策略，增强政策的科学性、有效性。同时，对在提升脱贫地区农民就业能力工作中有重要作用的公共就业培训制度进行了研究，进而提出了中国中部地区公共就业培训的制度创新路径和政府监管的初步设想。还对中国扶贫工作中的一种微观制度创新模式"就业扶贫车间"进行了专题研究，探索了革命老区赣州就业扶贫车间的建设模式、资助政策的演变、发展特色、可持续发展等问题。

三　提出了一些有价值的学术观点

本书认为，农民的基本技能和自我效能感是就业能力的重要衡量维度。在 USEM 模型基础上，结合脱贫地区农民受教育水平及其特点，从基本技能和自我效能感两个维度构建中部脱贫地区农民就业能力指标。本书研究认为，中部脱贫地区农民就业能力综合评价值低于东部农民就业能力综合评价值，其差异主要体现在信息技术应用能力差异上；生计资本对中部脱贫地区农民就业能力有显著正向影响；脆弱性背景对中部脱贫地区农民就业能力有显著负向影响；中部脱贫地区农民中精准扶贫对象和非精准扶贫对象的就业能力影响因素存在差异，因此要精准施策。本书研究主张中部地区公共就业培训应采用混合供给方式，建立政府主导的多元化公共就业培训投入机制，培训资金的补贴方式应考虑相关利益者，并把重点放在协调企业和受训者个人的利益上。进而提出，采用逻辑分析法来构建中部地区的公共就业培训绩效评价体系，以培训就业率等结果指标作为培训效果评价的重点。

第二章

文献综述与理论基础

第一节 就业能力文献综述和 USEM 模型

一 就业能力定义与理论发展

就业能力的概念最早是 20 世纪初由 Beveridge[①] 提出的"二分法"就业能力，Beveridge 认为，可以把劳动者根据其可利用率分为有工作能力（可雇佣）和没有工作能力（不可雇佣）两大类。20 世纪 50—60 年代，就业能力的定义主要针对在社交、体能、精神上有障碍的人在劳动力市场获得就业，政府优先考虑激励个体实现充分就业[②]。影响就业能力的因素主要是劳动者对工作的态度和个人形象。这一时期英国、美国、法国出现了三种就业能力观，英国和美国提出了社会医疗就业能力（Socio-medical employability）观，在此基础上发展形成劳动力政策就业能力（Manpower policy employability）观，法国出现了流动就业能力（Flow employability）观。社会医疗就业能力观关注那些社会交往存在困难、存在健康问题和身体缺陷以及精神疾病的群体，分析这些群体实际工作能力和岗位要求之间存在的差距；劳动力政策就业能力观在社会医疗就业能力观的基础上将存在其他社会障碍群体纳入分析范围，同样强调存在就

[①] Beveridge. W. H., "Unemployment: A Problem of Industry", *The Economic Journal*, Vol. 19, No. 74, 1 June 1909, pp. 224-228.

[②] Feintuch A., "Improving the Employability and Attitudes of 'Difficult to Place' persons", *Psychological Monographs Series*, Vol. 69, No. 7, 1955, pp. 1-20.

业问题群体的就业能力与岗位要求的差距；流动就业能力观则关注劳动力市场对劳动力的需求，指的是求职个体对于找到一份工作的客观期望，该就业能力观于20世纪60年代出现于法国的社会学文献中。前两种主要针对社交、体能、精神方面弱势群体，最后一种关注劳动力市场需求、宏观经济变化等需求方面的因素。20世纪70年代末的劳动力市场表现（Labour market performance employability）就业观把政府的政策干预所实现的劳动力市场结果作为关注的重点，采用劳动者受雇佣的天数、劳动者的工作时间和所获报酬等指标评估个体参与提升就业能力项目的效果，主要关注政策干预是否推动个体获得工作。在20世纪80年代北美和欧洲的人力资源发展文献中出现"初始就业能力"的新概念，初始就业能力观（Initiative employability）反映个体职业发展要求具备可转移技能和在不同工作间转移的灵活性。其关注点是个体在工作中技能的提高和人际关系的发展，以及他们想换工作或者失业时候在劳动力市场有更强的竞争力。

与此同时，北美出现了互动型就业能力（Interactive employability）观，并获得其他国家学者的关注。该就业能力观认为个体的就业能力不仅受到劳动力市场制度、法律规范、劳动力市场需求的影响，还受到其他人的就业能力的影响，个体的就业能力是在既定需求水平和特定制度规范约束下，相对于其他人的工作能力。这体现出雇主和劳动力市场需求对个体就业能力的决定性影响。英国政府也认为，个体就业稳定性不仅取决于单个雇主，而是更多地取决于劳动者技能是否能够吸引不同的雇主[1]。英国工业联合会（Confederation of British Industrialists，CBI）[2]将就业能力定义为，"就业能力是个体所拥有的能够满足雇主和消费者不断变化的需求的一系列特质和竞争力，从而能在工作上实现目标和发挥潜力"。英国财政部[3]对就业能力作出了相似的界定，即"就业能力意味着那些具备工作能力的人提高他们的技能和适应能力、掌握知识和技术，将有利于他们在职业生涯中获得工作和维持工作岗位"。以上定

---

[1] Great Britain, Department for Education and Employment (DfEE), *Learning and Working Together for the Future*, september 1997, London: DfEE.

[2] Industry, Cbi Confederation of British, *Making Employability Work: An Agenda for Action*, London: CBI, 1999.

[3] "Gordon Brown Unveils UK Employment Action Plan", HM Treasury, Treasury Press Release Vol. 122, No. 97, 13 October 1997.

义都从供给层面强调个体的特质对就业能力的重要性。互动型就业能力观反映出发展个体的就业能力要克服各种阻碍,就业能力政策应不仅仅关注个体,还应该关注劳动力市场需求、制度等外部因素。

互动型就业能力观也影响到加拿大,加拿大的劳动力发展委员会[1]认为就业能力是受到个体所处的环境和劳动力市场状况的影响,在其共同作用下,个体成功获取一份工作的相对能力。

无独有偶,Hillage 和 Pollard[2] 也认识到市场环境对就业能力的影响,将就业能力看作劳动者首次获得工作、维持当前工作、在当前组织中改变工作、在必要时获得新的工作从而确保持续就业的能力。北爱尔兰行政部门[3]借鉴了 Hillage 和 Pollard(1998)的观点将就业能力总结为一个广泛的定义,即"就业能力是劳动者最初进入劳动力市场、在劳动力市场维持当前工作岗位、通过岗位内和岗位外就业晋升和转换工作从而实现自身潜力的能力,对于个体来说,就业能力取决于个体具备的知识、技能、态度和他们在劳动力市场中的表现、劳动力市场的社会环境和行业的经济状况"。

关于就业能力的层次划分及其成因,西方发达国家也提出了一些值得关注的理论。Thijssen 和 Pollard[4] 依据就业能力囊括的范围将就业能力划分为三个层次,分别是核心定义、拓宽定义和全包含定义。核心定义关注的重点是劳动者自身的能力,比如阅读、写作、计算、专业知识等基本技能,不考虑劳动者态度和意愿,个体在既定劳动力市场情形下获得成功的潜力;拓宽定义则在核心定义基础上考虑了个体的意愿和态度因素;全包含定义在拓宽定义的基础上包含了环境因素。Forrier 和

---

[1] Canadian Labour Force Development Board, *Putting the Pieces Together: Towards A Coherent Transition System for Canada's Labour Force*, Ottawa: Canadian Labour Force Development Board, 1994.

[2] Hillage Jim, Pollard Emma, *Employability. Developing A Framework for Policy Analysis*, Great Britain, Department for Education and Employment (DfEE) Research Briefing, No. 85, 1998.

[3] Northern Ireland, Taskforce on Employability and Long-Term Unemployment, *Report of the Taskforce on Employability and Long-Term Unemployment*, Belfast, Northern Ireland, DHFETE (department of higher and further education, training and employment), 2002.

[4] Thijssen J. and Pollard E., *Employability: Conceptuele Varianten en Componenten*, Utrecht, FSW: University of Utrecht, 1998, pp. 78-90.

Sels[①] 也认识到环境因素对就业能力的影响,将就业能力界定为一种个人拥有和决定职业生涯成败的人力资本,并认为就业能力受到个人能力和职业期望两个方面的影响,外部冲击事件会迫使劳动者转换职业,工作之外的冲击、工作相关的冲击甚至家庭成员生病都可能影响到就业决策。Harvey[②] 认为就业能力不是简单地指获得一份工作的能力,还包括发展特征、技术或生命体验,就业能力是与学习有关的过程,侧重点更多在于"能力"而不是"就业"。Harvey 将就业能力从技能层面拓展至高层次思维层面,认为雇主希望毕业生具备主动性,能够运用分析、批判、整合、多层面交流能力等高层次技能组织、促进创新团队合作,推动组织转型。个体的逻辑思维能力、计划组织能力、解决问题能力、资源管理能力、创造性思维等高层次思维能力指标被纳入英国与美国的国家就业能力框架。Curtis 和 McKenzie[③] 将一般就业能力分为基础技能(Basic skills)、智力(Intellectual abilities)、个人品质(Personal attributies)三个方面,英国与美国的国家就业能力框架与 David Curtis 的就业能力框架有相似之处,将就业能力划分为基本技能(Basic skills)、高层次思维能力(High-level thinking ability)与个人特质(Personal attributies)三个方面,各国每个维度包含的指标有所差异。

学者 Knight 和 Yorke [④]的研究进一步从发展的角度将就业能力定义为,"就业能力是使得大学毕业生更可能获得就业岗位、在他们选择的领域取得成功并使个体、公司职工、社团乃至整个经济取得收益的一系列成就、技能、理解力和个性特质"。

综上所述,就业能力的含义十分丰富,学者对就业能力的定义尚未达成一致意见,个体的技能、个人特质无疑是衡量就业能力的重要维

---

① Forrier A., Sels L., "The Concept Employability: A Complex Mosaic", *International Journal of Human Resources Development and Management*, Vol. 3, No. 2, June 2003, pp. 102-124.

② Lee Harvey, "Defining and Measuring Employability", *Quality in Higher Education*, Vol. 7, No. 2, July 2001, pp. 97-109.

③ Curtis D. and McKenzie P., *Employability Skills for Australian Industry: Literature Review and Framework Development*, Melbourne: Australian Council for Educational Research, 2001, pp. 182-194.

④ Knight P. T., Yorke M, "Employability Through the Curriculum", *Tertiary Education and Management*, Vol. 8, No. 4, December 2002, pp. 261-276.

度。一个人能否在职业生涯中获得成功,不仅取决于其技能在劳动力市场中的竞争力,还取决于个体的就业态度,以及其为适应劳动力市场不断自我提升的意愿和潜力。

二 USEM模型与就业能力影响因素

学者对就业能力影响因素的讨论由来已久,最初对就业能力影响因素的研究是从人的个体特征开始的。Dweck[①]认为自我信念对就业能力有重要影响。个体对智力持有的自我信念是不变还是可塑对个体完成任务的方式有重要影响,持有智力不变信念的人更可能在早期失败后放弃努力,认为自己不够聪明不能完成任务,然而那些对智力持有可塑信念的人往往通过从失败中不断学习,凭借毅力和不屈不挠的精神克服困难,实现自我突破和能力提升,因而自我信念对就业能力有重要影响。

英国学者Mantz和Peter[②]基于认知学和社会心理学,合作提出了USEM就业理论模型(见图2.1)。Mantz和Peter指出,仅从阅读、计算、信息技术应用能力等关键技能(Key skills)评价就业能力存在一定局限性,自我信念(自我理论)对就业能力的影响往往被忽视,因此,将持有对智力可塑信念的人表现出的恒心、毅力等个人品质归纳为自我效能感(Efficacy beliefs),使之成为USEM就业能力分析模型中除了理解力(Understanding)、元认知(Metacognition)、技能(Skill)外的第四个重要维度。自我效能感作为重要的个体特质性要素受到学者的关注,USEM将自我效能感作为重要的要素,自我效能感与技能、元认知、理解力之间形成相互影响相互促进的交互关系。USEM模型为就业能力分析提供了一个良好的理论分析框架,对就业能力及其提升途径的研究具有重要的参考价值。

其中,理解力指的是学科理解力,主要指的是个体在某一领域具备的专业素养和其对该学科发展前景的认识能力。技能包括木工、机械、建筑、电工等方面的专业技能和阅读、沟通能力等通用技能。自我效能

---

① Dweck C. S., *Self-theories: Their Role in Motivation, Personality, and Development*, Philadelphia, PA: The Psychology Press, 1999, pp. 58-74.

② Mantz Yorke and Peter T. Knight, *Embedding Employability into the Curriculum*, York, England: Higher Education Academy, 2006, pp. 141-160.

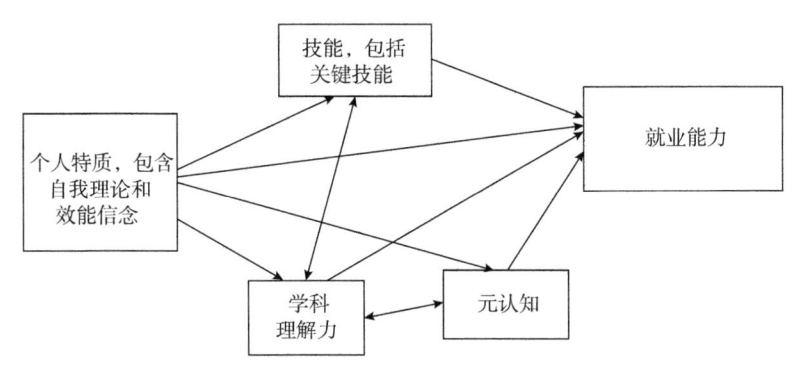

图 2.1 USEM 就业能力框架

感是一种个体特质,即个体在面对困难任务时通过自我激励和不断学习提升自信和能力的恒心和毅力。元认知是对认知过程本身的控制和调节能力,元认知涉及对知识和所采用策略的监控、理解能力[1]。理解力、技能和元认知三者相互支持、共同发展,个体特质在以技能为主导的就业能力框架中起到重要的修正作用。外显的个体特质是合适的行为举止,其在人际交往中有重要意义,内隐的个体特质是完成任务的决心、主动性、毅力等。个人特质对专业理解力和个体技能的形成也有重要影响。四个部分相互之间密切联系,彼此促进,为就业能力评价提供良好的框架。

为了克服 USEM 模型晦涩难懂的缺点,Dacre 和 Sewell[2]在 USEM 的基础上提出 Career-EDGE-The Key to Employability 模型,在该模型中,自我效能、自尊、自信是构成就业能力的本质要素,自我效能、自尊、自信是在工作和生活经历、职业发展与学习、一般技能、专业知识理解和技能、情商的反思中形成的。有学者研究积极的心理对就业能力影响,Potgieter[3]采用实证分析证实了自信对就业能力提升的积极影响。

---

[1] Sternberg R. J., *Encyclopedia of Human Intelligence*, New York: Macmillan, 1994, pp. 37-51.

[2] Dacre Pool L., Sewell P., "The Key to Employability: Developing A Practical Model of Graduate Employability", *Education+Training*, Vol. 49, No. 4, June 2007, pp. 277-289.

[3] Potgieter I., "The Relationship Between the Self-esteem and Employability Attributes of Postgraduate Business Management Students", *SA Journal of Human Resource Management*, Vol. 10, No. 2, February 2012, pp. 2-15.

同时，研究者还逐渐把影响就业能力的因素拓展到外部因素。Forrier和Sels[1]把就业能力发挥过程作为研究的重点，认为一个人能否就业一方面取决于个人能力和意愿等内部因素，另一方面取决于外部环境因素。就业能力是多种因素综合的结果而不是仅取决于一个人的个体特质，它是变化的而不是静止的。他提出就业能力受到个人能力和职业期望两个方面的影响。个人能力主要由四个方面的能力组成，一是个人信号（Signals），它由职业历史、培训经历、其他生理特征等组成，二是行为能力（Behavioural capability），Hoyt[2]将其表述为"可转换技能"，指的是独立性、团结合作能力、灵活性等，三是自我效能（Self-efficacy）；四是劳动力市场行为。职业期望主要体现在个人转换工作和提升就业能力的意愿上。

Fugate等[3]提出就业能力受到职业认同感、个体适应性、社会资本、人力资本四个方面因素的影响。职业认同回答了"我是谁""我要做什么"，个体适应性则提供了"我如何实现这些目标"的答案。职业认同可以增强一个人从事枯燥或者有挑战项目的意愿，提高自主学习的意愿。个体适应性增加了成功的机会从而加强了职业认同。社会资本和人力资本在个体自我认知和职业认同中扮演着重要角色，职业认同促进人们对社会资本和人力资本进行额外投资，进而相互促进。在动态的工作环境中，适应力更强的个体较适应力能力弱的个体能更有效地发展提高社会资本和人力资本，社会资本和人力资本会进一步促进适应力的发展。因此，上述四个方面的因素相互促进，对就业能力有重要影响。

McQuaid和Lindsay[4]提出可就业能力由个体特征、个人环境和劳动力市场需求等外部因素共同决定。其中，个体特征包括就业技能和属性（本质属性、个人竞争力、可转换技能、工作知识基础等）、人口特征

---

[1] Forrier A., Sels L., "The Concept Employability: A Complex Mosaic", *International Journal of Human Resources Development and Management*, Vol. 3, No. 2, June 2003, pp. 102-124.

[2] Hoyt, Kenneth B., "Employability: Are the Schools Responsible", *New Directions for Education and Work*, No. 1, January 1978, pp. 29-33.

[3] Fugate M., et al., "Employability: A Psycho-Social Construct, Its Dimensions, and Applications", *Journal of Vocational Behavior*, Vol. 65, No. 1, June 2003, pp. 14-38.

[4] McQuaid R. W., Lindsay C., "The Concept of Employability", *Urban Studies*, Vol. 42, No. 2, February 2005, pp. 197-219.

(性别、年龄等)、健康状况、求职能力、适应性和灵活性。个人环境包括家庭环境、工作文化、资源的获取能力(交通便利程度、金融资本的获取能力、社会资本的获取能力)。劳动力市场需求由需求因素和支持因素组成。需求因素由劳动力市场供求状况、宏观经济状况、招聘因素等组成,支持因素包括就业服务、就业培训、公共服务等就业政策因素和便宜的公共交通、婴幼儿看护等其他政策支持服务。Heijde 和 Heijden[1]则进一步认为,就业能力受到职业专长、期望与优化、个人灵活性、公司意识、雇员与雇主利益五个方面的影响。

还有学者认为,在就业能力与组织方面,职业模式从传统的终生雇佣关系转变为无边界职业模式[2][3]。一方面,无边界职业意味着职业身份同个人价值、职业成功的主观标准联系在一起;另一方面,无边界职业生涯要求我们关注竞争力的"可销售性"、社交网络和制度环境,外部环境对个体流动性有促进或者制约作用,经济、社会、情感成本影响职业生涯的改变。研究者还认为就业能力对个体福利和工作满意度有积极影响[4],再就业会改善个体心理状态,处于不满意工作中的人仍然比失业者的状况更好[5]。良好的就业能力有利于个体的健康,有更高就业能力的人更可能摆脱不利的工作环境[6]。

总之,从供给层面关注个体的技能、态度的就业能力观逐渐受到挑战,学者逐渐认识到市场需求、企业、政府政策等外部因素在就业能力中的重要性。

---

[1] Heijde C. M. V. D., Van Der Heijden B. I. J. M., "A Competence-based and Multidimensional Operationalization and Measurement of Employability", *Human Resource Management*, Vol. 45, No. 3, August 2006, pp. 449-476.

[2] Arthur M. B., "The Boundaryless Career: A New Perspective for Organizational Inquiry", *Journal of Organizational Behaviour*, Vol. 15, No. 4, July 1994, pp. 295-306.

[3] Clarke M., "Plodders, Pragmatists, Visionaries and Opportunists: Career Patterns and Employability", *Career Development International*, Vol. 14, No. 1, February 2009, pp. 8-28.

[4] Gowan M. A., "Employability, Well-being and Job Satisfaction Following a Job Loss", *Journal of Managerial Psychology*, Vol. 27, No. 8, November 2012, pp. 780-798.

[5] Grün Carola Wolfgang Hauser, Thomas Rhein, "Is Any Job Better than No Job? Life Satisfaction and Re-employment", *Journal of Labor Research*, Vol. 31, July 2010pp. 285-306.

[6] Berntson E., et al., "Predicting Perceived Employability: Human Capital or Labour Market Opportunities?", *Economic and Industrial Democracy*, Vol. 27, No. 2, May 2006, pp. 223-224.

三 特定人群的就业能力研究

特定群体的就业能力逐渐引起学者的关注。Bowman[1]通过采用叙述性访谈的方式研究了制约澳大利亚老年人就业的两个因素，即人力资本的缺乏和年龄歧视。布尔迪厄斯的结果显示年龄与在特定劳动力市场有价值的资本共同构成了老年人的就业能力。传统的相关研究低估了年龄对老年群体就业能力的影响，一定程度上夸大了人力资本对老年劳动者就业能力的影响，性别和年龄歧视在老年劳动者的边缘化中有更重要的作用，从而质疑了通过人力资本投资来重建老年人就业能力的劳动政策的有效性。大学生的就业能力也引起学者们的关注。Harvey[2]建立了由工作类型、找工作花费的时间、求职过程中展示自我的能力、继续学习能力和意愿、就业技能5个部分组成的大学生就业能力评价体系。

中国学者对特定人群的就业能力研究的重点是农民的就业能力研究，主要从失地农民就业能力问题、农民工就业能力评价、农民工就业能力影响因素、新型职业农民的能力和素质的研究角度展开。在失地农民的就业能力问题方面，杨艳霞和杨云霞[3]提出西部少数民族聚居地区教育资源匮乏、农民文化水平低制约了西部少数民族聚居地区农民就业能力的提升，西部城镇化发展导致失地农民激增，失地农民的生计方式从农业转向非农就业，提升农民就业能力对于西部少数民族聚居地区农民生计可持续有重要意义。夏琪琪等[4]通过对南京市江宁区的实地走访发现，失地农民集中在产业链的低端就业，面临工作环境差、工作时间长、就业不稳定、缺乏劳动安全保障等问题。失地农民的社会保险参与度低进一步削弱了社会安全网对失地农民的保障作用，政府一方面应提供就业培训以提升失地农民技能，另一方面应完善针对农村劳动力的社

---

[1] Dina Bowman, "'Rusty, Invisible and Threatening': Ageing, Capital and Employability", *Work, Employment and Society*, Vol. 31, No. 3, June 2017, pp. 465-482.

[2] Harvey L., "Defining and Measuring Employability", *Quality in Higher Education*, Vol. 7, No. 2, August 2001, pp. 97-109.

[3] 杨艳霞、杨云霞：《可持续生计视角下西部民族地区失地农民就业能力开发模式探析——以苗侗民族聚居地黔东南为例》，《农业经济》2016年第2期。

[4] 夏琪琪等：《新型城镇化进程中失地农民就业能力提升的困境及对策》，《现代商业》2014年第26期。

会保障体系，保护失地农民的劳动权益，营造良好的外部环境，摒弃对失地农民的社会歧视，从而增强失地农民的社会认同和能动性，更好适应城市生活。张媛[1]认为失地农民在融入城市生产生活方面存在适应性困境；失地农民受教育水平低、技能不足，人力资本投入不足；社会关系网络相对狭窄，得到的社区支持少，社会资本不足，因此在提高农民的就业能力方面，应积极发挥政府的引导作用，并重点通过职业培训和鼓励失地农民自主学习提高就业能力。马晓慧[2]提出为失地农民提供就业、创业培训是提高失地农民就业能力的重要途径之一，但是目前针对失地农民的就业创业培训存在内容理论化、方式单一的缺点。

在农民就业能力评价方面，赵永乐等[3]、刘叶云和游钊[4]、王晓刚[5]借鉴Fugate的就业能力理论，从职业认同感、个体适应性、社会资本、人力资本角度分析农民工的就业能力，闫涛[6]以人力资本、社会资本和心理要素为基础建立新生代农民工就业能力评价结构，从就业能力供给和需求角度分析新生代农民工就业能力缺口。胡威[7]、罗恩立[8]从微观个体因素、中观环境因素和宏观政策因素等方面建立农民工就业能力评价指标体系，分别采用模糊综合分析法、加权线性法评价农民工就业能力。汪磊和汪霞[9]从两个方面，分别构建了17个易地扶贫搬迁农户就业能力评估的指标：一方面，管理因素包括就业信息、就业政策、就业机会；另一方面，生计成本由自然资本、物质资本、社会资本、人力资本、金融资本五个方面构成。

---

[1] 张媛：《失地农民就业能力的评析与开发》，《知识经济》2014年第15期。
[2] 马晓慧：《新型城镇化背景下失地农民就业创业培训的需求、困境及对策探析》，《农业经济》2016年第8期。
[3] 赵永乐等：《农民工就业能力研究》，《调研世界》2007年第11期。
[4] 刘叶云、游钊：《中国新生代农民工就业能力评价体系的构建》，《湖南农业大学学报》（社会科学版）2011年第2期。
[5] 王晓刚：《失地农民就业质量评价——以郑州市为例》，《城市问题》2015年第7期。
[6] 闫涛：《新生代农民工就业能力供需分析及提升研究》，博士学位论文，首都经济贸易大学，2013年。
[7] 胡威：《农民工就业能力评价研究》，硕士学位论文，广西大学，2014年。
[8] 罗恩立：《我国农民工就业能力及其城市化效应研究》，博士学位论文，复旦大学，2012年。
[9] 汪磊、汪霞：《易地扶贫搬迁农户就业能力评价研究：以贵州省为例》，《北方民族大学学报》2020年第3期。

在农民工就业能力影响因素方面，李后建等①从就业时间、就业难度和就业质量三个维度对金融危机下返乡农民工就业能力进行了测度，结果表明：性别、年龄、教育培训、外出务工年限等因素对其就业能力有显著的影响。陈昭玖等②以566名农民工为研究对象，运用二元Logit模型，对其感知就业能力进行了实证研究，发现年龄、技能、外出打工时间、父亲文化程度、家庭人均年收入，技能培训等因素对其感知就业能力有明显的正向影响。吕凤亚③从微观、中观、宏观三个角度分析了新生代农民工就业能力的影响因素，宏观方面的因素有政治环境、经济状况、技术进步、劳动力市场环境、法律环境等，中观因素包括家庭环境、居住环境和工作环境，微观因素有劳动者的教育背景、专业经验、性格特性、职业期望和规划、维权意识。高春雷等④在实证研究中发现：品德、性格、人生态度、自我分析水平、社会关系等因素对感知就业能力有明显的正向影响。家庭成员的直接照料责任与工作时间，对于感知就业能力有明显的正向影响。胡钊源等⑤从个体、组织、家庭和环境四个层面对大龄（大于45岁）的农村转移劳动力的非农就业能力进行了实证研究。

关于新型职业农民能力和素质研究，王乐杰和沈蕾⑥在"城市化"视野下，提出了城市化下新型职业农民素质的理论框架，将"基础素质""经营能力""职业认同""生态素质"四个衡量指标作为一级衡量指标，并认为"职业认同"是四个指标中最为重要的一个。王敏琴等⑦以人力资本理论为依据，将职业农民的能力结构分为：基础能力，包括文化程度、身体素质等；专业能力；发展能力，职业农民的发展能

---

① 李后建等：《农民工个体因素对就业能力影响的实证研究——基于金融危机影响下返乡农民工的调查》，《农业技术经济》2010年第3期。
② 陈昭玖等：《农民工就业能力的影响因素分析》，《江西农业大学学报》（社会科学版）2012年第2期。
③ 吕凤亚：《新生代农民工就业能力影响因素及对策分析》，《经济研究导刊》2013年第18期。
④ 高春雷等：《新生代农民工就业能力影响因素研究》，《经济管理》2015年第12期。
⑤ 胡钊源等：《高龄农业转移人口非农就业影响因素研究》，《系统工程理论与实践》2021年第3期。
⑥ 王乐杰、沈蕾：《城镇化视阈下的新型职业农民素质模型构建》，《西北人口》2014年第3期。
⑦ 王敏琴等：《现代化进程中的农民职业化发展研究》，《贵州社会科学》2015年第8期。

力主要是指专业农民的市场观察能力和经营管理能力。尚锐①以胜任力理论为基础,从"知识""心理""技能"三个层面,构建了一套新型职业农民胜任力模型。肖娥芳和祁春节②利用 AHP 方法,从农业专业技能、科学文化素质、经营管理素质、道德法律素质四个方面,建立了一套基于 AHP 方法的新型职业农民素质评价体系。贾亚娟等③将新型农民的核心素质与农民一般的胜任素质相结合,建立了新型职业农民胜任力的评价体系,并指出新型职业农业农民应注重"专业技能"和"人格特质"两个方面的培养。童洁等④以职业文化素养、职业技能、职业薪酬、职业认同、职业行为规范等为基础,对中国三类新型职业农民的职业化发展进行了综合评估。刘家富等⑤对不同类型的新型职业农民的主要工作和任务进行了区别,运用 DACUM 对新型职业农民所需的理念、知识和技能进行了界定,然后从职业基本理念、基本能力要求、能力要求强度三个方面来构建新型职业农民的职业能力模型,其中基本能力共有 46 项,并被划分成两个维度,即职业理念和道德与职业知识和技能。徐辉等⑥运用德尔菲法,从职业认同、职业适应、人力资本、社会资本、专业知识、职业发展 6 个一级指标,以及 31 个二级指标,构建了新型职业农民就业能力的结构模型。首先,对指标进行了主观的赋权,也就是请专家们对他们的重要性进行了对比,并利用层次分析法来确定其权重。其次,通过客观赋权对 31 项二级指标的因子进行分析,结果提取了 9 个公共因子,并对 7 个省份的总分及 9 个公共因子进行了省域检验,得出浙江省的得分最多,广西壮族自治区的得分最少。陈春

---

① 尚锐:《农村合作社组织中新型职业农民胜任素质科学培育机制探究——以黑龙江省为例》,《农业技术经济》2015 年第 7 期。

② 肖娥芳、祁春节:《基于 ANP 的新型职业农民胜任素质量化研究》,《西北人口》2015 年第 5 期。

③ 贾亚娟等:《基于 AHP 法的新型职业农民胜任素质评价体系的构建》,《西安财经学院学报》2017 年第 1 期。

④ 童洁等:《我国新型职业农民培育的方向与支持体系构建》,《财经问题研究》2015 年第 4 期。

⑤ 刘家富等:《新型职业农民的职业能力探析》,《农业经济问题》2019 年第 2 期。

⑥ 徐辉等:《新型职业农民就业能力实证研究——基于 7 省 679 个样本数据》,《重庆大学学报》(社会科学版) 2021 年第 3 期。

霞和石伟平[1]采用任务分析、DACUM等方法，得出了"生产经营型"新型职业农民的工作领域、工作任务和职业能力要素，其中，工作领域包括农产生产管理、农资采购与农产品库存管理、农业互联网创业营销、农场员工管理、涉农财务管理、农场目标管理、关系组织与协调、社会责任承担八个方面。这些都为培养新型职业农民提供了一定的理论依据。

关于乡村振兴背景下如何培养和提升新型职业农民的能力的研究，陈景红[2]强调了乡村振兴战略下新型职业农民培育的重要性，并认为在农村振兴战略的实施中提升新型职业农民的能力需要：加大对农村发展中新型职业农民的宣传力度；加强政府在公共服务中的领导作用，既要成为公共服务的策划者、执行者，又要成为公共服务的提供者；设立新型职业农民培育专项基金，健全资金的保障机制。杨璐璐[3]基于乡村振兴的视角，对新型职业农民培育进行了实证研究。结果表明，在培训过程中，农户对培训内容的评价、教育程度、对培训结果的认知、培训教师的满意度等因素对新型职业农民培育有显著影响。王雅军和张波[4]认为，随着乡村振兴的深入实施，由于土地流转政策导致的农户与土地分离、土地流转价格虚高等问题，已经成为阻碍新型职业农民培育的重要因素，这一点与朱启臻和胡方萌[5]的研究结果一致。田昕加[6]就如何培养新型职业农民以适应新的变化，最终实现乡村振兴这一新的问题进行了研究。她提出，应当将社区思维、生态思维和分享思维融入到培养新的职业农民的路径选择中，也就是要引导各种新型农业经营主体进行合作；培育掌握发展现代化智慧农业所需要的技术的农民；推动培训资源

---

[1] 陈春霞、石伟平：《"生产经营型"新型职业农民胜任素质的要素构成研究——基于行为事件访谈法》，《现代远距离教育》2020年第1期。

[2] 陈景红：《乡村振兴战略下培育新型职业农民策略研究》，《广西社会科学》2018年第10期。

[3] 杨璐璐：《乡村振兴视野的新型职业农民培育：浙省个案》，《改革》2018年第2期。

[4] 王雅军、张波：《"农民职业化"与农村土地制度改革》，《改革》2019年第5期。

[5] 朱启臻、胡方萌：《新型职业农民生成环境的几个问题》，《中国农村经济》2016年第10期。

[6] 田昕加：《乡村振兴背景下新型职业农民培育对策研究》，《学习与探索》2020年第11期。

的市场化,使各种类型的培训资源向社会开放。何金梅等[①]通过对豫东北某村农村新型农业经营主体与留守农户的调研,认为由于外出打工的农民"回乡创业"浪潮并未如期到来,因此,在推进乡村振兴初期,农村新型职业农民的人才支持系统构建,应当着重对留守农户,特别是老年人与妇女进行组织与动员。唐丽霞[②]认为,要推进乡村振兴,就必须在培养新型职业农民方面采取以下几个方面的措施:一是扩大培训新型职业农民的内容,二是要充实新型职业农民培训机构,三是要提升新型职业农民资格证书的含金量。

总括上述,国内外学者的就业能力研究都从不同角度提出和丰富了研究路径,但也存在以下几个方面的问题。一是尽管就业能力内涵丰富,学者从供给角度、需求角度及供给与需求相结合的角度界定和丰富了就业能力内涵,但对就业能力的含义尚未达成一致意见。二是在就业能力影响因素方面,学者逐渐突破仅从微观层面的个体技能、态度分析其对就业能力的影响的局限性,认识到家庭环境、宏观经济状况、劳动力市场供需变化都对就业能力有重要影响,但尚未将微观与宏观相结合,形成对就业能力影响因素的系统研究。三是就业能力研究的关注对象主要为文化程度相对较低的群体。中国学者重点关注失地农民、农民工、新型职业农民的就业能力问题,将农民作为整体,研究其就业能力提升的研究成果还不多,研究脱贫地区农民就业能力提升的成果更为缺乏。

第二节 可持续生计理论的发展与可持续生计分析框架

一 可持续生计理论发展与文献综述

根除或减少贫困是发展经济学研究的核心问题,而生计研究为贫困

---

① 何金梅等:《乡村振兴战略初期新型职业农民多元主体重塑》,《经济与管理》2020年第3期。
② 唐丽霞:《新型职业农民培育要有新思路》,《人民论坛》2021年第9期。

问题分析提供了重要途径,"可持续生计"(sustainable livelihoods)作为一种消除贫困的手段最早于20世纪80年代末出现在世界环境和发展委员会的报告中。Chambers等[1]将"生计"定义为一种"建立在能力、资产(包括储备物、资源、要求权和享有权)和活动基础之上谋生的方式。"可持续生计意味着该生计不仅可以抵御外部的压力和冲击,并能够从压力和冲击中恢复过来,维持和改善生计能力和资产状况,不损害下一代实现可持续生计的机会,在地方和国家层面,长期和短期都不损害其他人的生计。Asheley和Carney[2]在此基础上概括了可持续生计应满足的特征,即能够抵御外部冲击和压力、不依赖非可持续外部支持、保持自然资源长期生产率、不损害他人的生计。纳列什·辛格和乔纳森·吉尔曼[3]则认为,消除贫困的大目标在于发展个体、家庭和社会改善生计系统的能力。

Scoones[4]提出实现可持续生计需要获取一系列生计资本(自然资本、人力资本、社会资本、经济资本),这些生计资本同生计策略(农业集约型或者农业扩展型策略、生计多样性策略、迁徙策略)结合在一起形成一定的生计结果,据此Scoones建立可持续生计分析框架。Scoones提出,判断生计是否可持续具有5个要素:①创造工作天数(creation of working days);②减少贫困;③福利与可行能力;④脆弱性和从冲击中恢复的能力;⑤自然资源可持续。前三个专注生计维度,将就业、工作与减少贫困联系起来;后两个要素属于可持续性维度。Scoones[5]还指出生计分析存在四大缺陷:①未能和经济全球化联系起来;②缺乏对权利政策的关注,未能将可持续生计与发展治理联系起

---

[1] Chambers R., et al., "Institute of Development Studies," *Sustainable Rural Livelihoods: Practical Concepts for the 21st Century*, Brighton: Institute of Development Studies, 1992, pp.123-134.

[2] Ashley C. and Carney D., *Sustainable Livelihoods: Lessons from Early Experience*, London: Department for International Development (DFID), 1999, pp.59-72.

[3] [美]纳列什·辛格、乔纳森·吉尔曼:《让生计可持续》,《国际社会科学杂志(中文版)》2000年第4期。

[4] Scoones I., "Sustainable Rural Livelihoods: A Framework for Analysis", Brighton: Institute of Development Studies, 1998, pp.97-102.

[5] Scoones I., "Livelihoods Perspectives and Rural Development", *The Journal of Peasant Studies*, Vol.36, No.1, May 2009, pp.171-196.

来；③未能将可持续生计同长期自然环境变化联系起来；④生计研究未能解决农业经济长期变化和农业变化问题的争论。因此，可持续生计还需要解决知识、政策、范围、动态四大主题的问题，未来的生计研究要求我们对生计的跨范围动态变化有基本认识，将知识、价值、权利和政治政策改变放在一个更中心的位置。

Ellis[1]对生计多样性进行了研究。Ellis 提出农村家庭依靠多样化的经济活动获得收入来源，采取多样化的生计策略满足需求，但生计多样性给贫困带来的影响是复杂的。一方面，它可以降低风险、提高适应能力，从而降低脆弱性。另一方面，它也可能扩大穷人与富人的收入差距、劳动力分散到其他部门导致农业产出下降。其基于农村家庭依赖多样化经济活动满足生计需求的事实，构建了生计多样性分析框架。

在可持续生计理论的指导下，一些国际组织和发达国家构建了可持续生计分析框架，如联合国开发计划署（UNDP）可持续性生计框架、国际救助贫困组织 CARE 农户生计安全框架、英国国际发展部（DFID）的可持续生计分析框架（SLA），其中以英国 1999 年提出的可持续性生计分析框架 SLA 的应用最为广泛。[2] 一些学者对该框架持不同观点，Bebbington[3]认为应该将文化资本加入生计资本，Diana[4]提出市场在配置资源、连接家庭生产和消费中发挥重要的中介作用，也应将其纳入可持续生计分析框架。

可持续生计分析框架在贫困治理实践与环境保护中得到广泛应用，比如尼日利亚妇女组织评价[5]、孟加拉国妇女微型创业研究[6]、印度的

---

[1] Ellis F., *Rural Livelihoods and Diversity in Developing Countries: Evidence and Policy Implications*, London: Overseas Development Institute, 1999, pp. 20-40.

[2] DFID: Sustainable Livelihoods Guidance Sheets London DFID, 1999.

[3] Bebbington A., "Capitals and Capabilities: A Framework for Analyzing Peasant Viability, Rural Livelihoods and Poverty", *World Development*, Vol. 27, No. 12, December 1999, pp. 2021-2044.

[4] Diana C., *Sustainable Livelihoods Approaches: Progress and Possibilities for Change*, London: Department for International Development (DFID), 2003, pp. 109-120.

[5] Ajadi K. O., et al., "Assessment of the Impact of Women's Organisations on Sustainable Rural Environment and Livelihood in Nigeria", *Ethiopian Journal of Environmental Studies and Management*, Vol. 3, No. 2, September 2010, pp. 86-95.

[6] Kabir M. S., et al., "Impact of Small Entrepreneurship on Sustainable Livelihood Assets of Rural Poor Women in Bangladesh", *International Journal of Economics and Finance*, Vol. 4, Np. 3, March 2012, pp. 265-280.

防洪堤建设项目[①]、农村生计项目[②]、小额金融[③]、加纳非农企业[④]、非洲社区环境资源管理项目[⑤]等。

　　Martha 和杨国安[⑥]、唐钧和张时飞[⑦]、李斌等[⑧]于 20 世纪初将可持续生计分析方法引入中国,该分析方法最初主要应用于城市贫困研究,后来逐步拓展到对农民问题的研究。学者从可持续生计分析框架的不同角度将可持续生计分析方法应用到贫困治理研究。在生计资产量化方面,胡初枝等[⑨]根据"保障被征地农民长期生计水平"和"保证其生活水平不低于原有水平"的原则从生计保障角度构建失地农民可持续生计指标,为中国学者定量研究生计资产提供良好的借鉴。高功敬[⑩]根据中国城市贫困群体的实际情况,建构了中国城市贫困家庭生计资本评价指标体系,通过对山东省济南、青岛、聊城等地区城市贫困家庭的抽样调查实证研究中国城市贫困家庭生计资产状况。冯茹[⑪]利用《中国农村统计年鉴》中的数据构建了基于资源拥有量层面的可持续生计评估指标体系,将 2002—2011 年的农村纯收入划分为五等分并进行指数拟合。该方法在从农户拥有的资源总量层面构建生计可持续指标时没有考虑到

---

①　Pritchard B., Thielemans R., "'Rising Waters Don't Lift All Boats': A Sustainable Livelihood Analysis of Recursive Cycles of Vulnerability and Maladaptation to Flood Risk in Rural Bihar, India", *Australian Geographer*, Vol. 45, No. 3, August 2014, pp. 325-339.

②　Sharma V., et al., "Sustainable Rural Livelihoods Approach for Climate Change Adaptation in Western Odisha, Eastern India", *Climate Change Adaptation and Development*, Vol. 24, No. 4, August 2014, pp. 591-604.

③　Vikram Singh, "Sustainable Likelihood through Skill Development Among Rural Youth: Role of Micro-finance in the Developmental Paradigm", *Commonwealth Youth and Development*, Vol. 14, No. 1, June 2016, pp. 156-173.

④　Assan J. K., "Livelihood Diversification and Sustainability of Rural Non-Farm Enterprises in Ghana", *Journal of Management and Sustainability*, Vol. 4, No. 4, November 2014, pp. 1-14.

⑤　Kaya H. O., Chinsamy M., "Community-based Environmental Resource Management Systems for Sustainable Livelihood and Climate Change Adaptation: A Review of Best Practices in Africa", *Journal of Social Sciences*, Vol. 46, No. 2, October 2016, pp. 123-129.

⑥　Martha G. Roberts、杨国安:《可持续发展研究方法国际进展——脆弱性分析方法与可持续生计方法比较》,《地理科学进展》2003 年第 1 期。

⑦　唐钧、张时飞:《着力解决失地农民生计的可持续性》,《中国劳动保障》2005 年第 8 期。

⑧　李斌等:《农村发展中的生计途径研究与实践》,《农业技术经济》2004 年第 4 期。

⑨　胡初枝等:《被征地农民可持续性生计评价初步研究》,《中国土地科学》2008 年第 8 期。

⑩　高功敬:《中国城市贫困家庭生计资本与生计策略》,《社会科学》2016 年第 10 期。

⑪　冯茹:《我国农户生计可持续能力评价研究》,博士学位论文,大连理工大学,2015 年。

农民对资源的获取的难易,以及资源所有权的集中程度,因而有一定的局限性;采用家庭人均收入衡量农民家庭生计可持续能力和收入公平性水平,衡量指标过于单一,没有考虑"可持续性"的其他方面,比如经济可持续性、环境可持续性、社会可持续和制度可持续性四个方面。黎洁等[1]基于可持续生计分析框架对陕西安康退耕户与非退耕户进行了生计分析。

二 可持续生计分析框架（SLA）的主要内涵

可持续性是可持续性生计分析的一个重要特质。可持续性根据其维度的差异可分为环境的可持续性、经济可持续性、社会可持续性、制度可持续性等。当人类赖以生存的自然资源的生产力得到保持甚至提高，不影响下一代的生产发展时，人们就实现了环境可持续性；当在较长时间里人们能够实现一定水平的支出时，人们就实现了经济可持续性，尤其是对于穷人而言，当人们能持续维持贫困线以上水平的生活，穷人就实现了经济可持续性；当社会排斥缩小，达到最大限度的公平时，社会可持续性就得以实现；当各机构和流程能够长期发挥作用时，就实现了制度可持续性。

识别可持续性的多种维度和人们多样化的生计目标是可持续生计分析的关键。然而，伴随多样性的是权衡问题，生计结果之间的权衡、可持续维度和生计结果之间的权衡都不可避免。可能面临的冲突有：地方生计安全性和环境可持续之间的冲突；短期产出或收入最大化和长期抵御脆弱性的冲突；个体、家庭、社群生计目标的实现和不损害其他人的生计机会的要求之间的冲突。虽然可持续生计分析理论不能为这些冲突提供解决方案，但是它提供了思考这些冲突的方法，包括提供了一个使得分歧观点得以条理化和结构化的分析框架。

（一）可持续生计分析遵循的原则

1. 以人为中心原则

生计分析是一种将人作为发展的中心从而提高针对穷人的发展援助

---

[1] 黎洁等：《农户生计与环境可持续发展研究》，社会科学文献出版社2017年版，第137页。

效果的方法。在实践层面，首先分析人们的生计状况和生计变化，完全依靠人民并尊重他们的意见，关注不同的政策对个体、家庭的影响，强调这些政策和制度安排应为提高贫困人口的生活质量，实现人们的生计目标提供支持。只有外部支持与人们当前的生计策略、社会环境和适应能力相适应，才能实现可持续减贫。人本身的发展是问题的关键，遵循以人发展为中心的原则有助于资源管理和改善治理。

2. 动态原则

正如人们的生计状况和制定生计的制度处于高度变化中，生计分析也是动态变化的，需根据情况变化不断改进自身，以提高应用效果。生计分析需识别外部冲击和趋势对生计的影响，捕捉生计动态性的努力拓宽了生计分析的范围。它要求不断地调查，努力发现复杂的因果关系的本质以及迭代的事件链。真正的生计动态性不能在二维的框架中完全地展示出来，但是其动态性可以反映在过程和分析模式中。

3. 优势原则

始于优势是生计分析的一个重要原则，这并不意味着给予社群中禀赋优势群体过多的关注，而是要识别每个个体的内在潜力，无论该潜力来源于强大的社会联系、对物质资源和基础设施服务的获取、人们影响关键制度的能力还是其他有助于减贫的潜力，关键目标是消除实现潜能的阻碍，帮助人们变得更健康、强壮，更有能力去实现他们的目标。

4. 宏观与微观兼顾原则

生计分析方法联系了宏观与微观，强调宏观政策的制定和制度的贯彻执行对社群和家庭生计选择产生的重要作用。它还强调高层的政策计划应根据地方经验及其洞察做出调整，从而增强政策有效性。

(二) 可持续生计分析框架

在可持续生计理论发展中，如前所述英国海外发展部（DFID）的可持续生计分析框架（SLA)[①]是应用最广泛的分析框架，该分析框架由脆弱性背景因素、生计资本、结构与制度转变、生计策略和生计结果五个部分组成，其中生计资本由自然资本、社会资本、物质资本、金融资本和人力资本组成。该分析框架的具体内涵如图2.2所示。

---

① DFID, Sustainable Livelihoods Guidance Sheets London DFID, 1999.

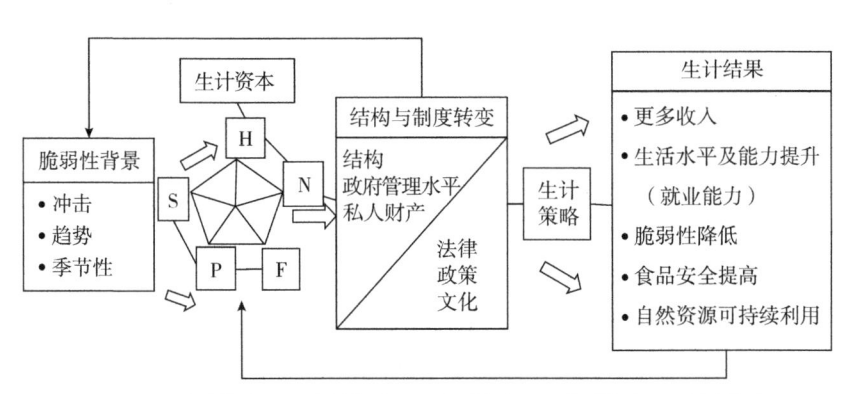

H-人力资本；N-自然资本；F-金融资本；P-物质资本；S-社会资本。

图 2.2　可持续生计分析框架示意

1. 脆弱性背景因素由趋势、冲击和季节性三方面组成，其塑造了人们生产、生活所处的环境，一定程度上影响人们对资源的获取和生计水平

趋势（Trends）指的是诸如老龄化趋势、石油价格和原材料的变化趋势、国内外的经济发展状况、国际政府间关系变化、科技进步趋势等温和并具有一定可预测性的变化，其对于选定生计策略的回报率有特别重要的影响。冲击（Shocks）包括自然灾害、战争、农作物或牲畜疾病的广泛传播、经济危机等，冲击能够直接摧毁资产，比如洪水、台风、内战等冲击直接毁损房屋、车辆等物质资产，威胁人们的生命健康安全，它也能迫使人们离开家园，处置资产以应对冲击。

季节性变化包括价格季节性变化、产出季节性变化、健康季节性变化、就业机会季节性变化等因素，价格、就业机会、食物可获得性的季节性变化是发展中国家穷人最大、最持久的苦难之源。穷人生计内在的脆弱性使得他们无论是对可预测的还是不可预测的压力都没有应对能力，脆弱性也使其应对影响环境变化的能力较弱，从而降低压力的力量也微乎其微，因此变得更加脆弱，甚至当趋势朝着有利的方向发展时，穷人因缺少资本和制度支持，也很少从趋势发展中收益。个体或者群体都难以在短期直接改变脆弱性背景，因为它有较强的外部性，结构与制度的转变驱动脆弱性背景因素改变，如果制度和政府、企业、社会组织等机构对穷人的需求能够做出快速回应，为穷人对生计资本的利用和积

累提供良好的政策性帮助，生计资本的重建将增强穷人抵御环境不利影响的能力，从而降低其脆弱性。

2. 可持续生计分析框架的中心是生计资本，呈现五边形，由五个方面的核心资本构成，分别是人力资本、物质资本、自然资本、社会资本、金融资本

五边形的各顶点交于中心，某一资产越靠近中心交点，代表该种资产越少；越靠近外围，代表该种资产越多。因此可根据个体、社群的生计资产状况，绘制不同的生计资本五边形。如果加上时间维度，我们就可以直观看到生计资本的变化。生计资本的组合和运用形成一定的生计结果，因此生计资本的排列和替代关系尤为重要。

生计资本作为该框架的中心，深刻影响着可持续生计分析框架的其他部分。在生计资本和脆弱性背景的关系上，脆弱性背景中的趋势、冲击和季节性能够重建甚至摧毁生计资本。在生计资本和结构与制度转变方面，结构与制度转变方面的政策和制度对生计资本有重大而深刻的影响，制度和政策能够创造生计资本，决定人们对于资源的获取的难易程度，影响资本积累率。另外，个人和群体也影响着结构与制度的变革，通常来说，资本禀赋多的人更有能力影响政策、制度的变革。在资本与生计策略方面，资本丰富的人有更多的生计选择并更有能力改变生计策略维持生计。在生计资本与生计结果方面，分析显示人们脱贫的能力取决于他们对资本的获取，人们要实现不同的生计结果就要具备不同的资本。

（1）人力资本首先直观地表现家庭层面。在家庭层面，家庭规模、家庭成员的教育水平和健康状况、家庭成员所具备的技能和领导潜力等决定家庭人力资本水平。很多人把健康状况差或者教育水平低视为贫困的核心维度，因此提高个体健康状况和教育水平是穷人的生计目标之一。人力资本对于其他生计资本的运用和管理至关重要，也是实现生计目标的必要生计资本。人力资本体现在拥有技术、知识、工作能力和良好的健康状况上，这些促使人们追求他们的生计策略、实现他们的生计

目标。Ahmed 等[①]总结道，在使用自然资本、社会资本、金融资本、物质资本时都需要人力资本，从而使人力资本自身有内在价值。

（2）社会资本指的是人们可利用的社会资源，包括①横向和纵向的社会联系，即能够增加人们之间的信任、促进团结协作和影响制度的能力的纵向（委托人与受托人）联系和横向联系（存在共同利益的个体）；②成为某正式团体的加入资格；③穷人间非正式安全网的信任、互益、互换的关系，该关系能够加强协作、降低交易成本。社会资本通过三个方面对其他生计资本产生影响：①通过提高经济关系的效率，社会资本有助于个体提高收入和储蓄率（金融资本）；②社会资本可以降低公共物品的搭便车问题，提高公共资源（自然资本）管理和基础设施维持（物质资本）的效率；③社交网络促进创新、知识的发展、知识的分享，从而提升人力资本。除此之外，社会资本通过影响人们的荣誉感、归属感，对人们的幸福感有重要影响。

（3）自然资本指的是土地、矿产、野生资源、森林、水资源、空气质量等一系列自然资源，自然资本对于从自然环境中获取全部或者部分生计来源的人来说尤为重要。

（4）物质资本由个体和家庭所处地域的通水、通电、交通、医疗设备、教育设施等基础设施和维持生产生活正常运行的工具组成。要实现可持续生计所需要的物质资本包括价格适宜的交通、安全的住所、充足的供水和良好的卫生、便宜的能源、信息获取设备等。很多互动型贫困评估将缺少某方面的基础设施视为贫困维度之一。缺少充足的供水服务和能源供应服务，人的健康状况可能因此下降，薄弱的基础设施阻碍人们获取教育、健康服务和收入。效率低下和不合适的生产工具也会阻碍人们的生产力和可支配的人力资本。物质资本的提供不仅要求初始的资本投资，而且要求持续的金融和人力资源投入以维持基础设施服务的运营和维护。一定基础设施服务水平应不仅能满足用户的即时需求，而且在长期来看应在用户的支付能力以内，并应同时提高用户的技能和能力发展水平以保障对基础设施的有效管理。

---

① Ahmed N., et al., "Using the Sustainable Livelihoods Framework to Identify Constraints and Opportunities to the Development of Freshwater Prawn Farming in Southwest Bangladesh", *Journal of the World Aquaculture Society*, Vol. 39, No. 5, September 2008, pp. 598-611.

（5）金融资本主要由两个方面组成：一是储蓄，储蓄收益性较低，但是有极强的流动性，能够及时变现以满足生产消费需要，储蓄包括现金、银行储蓄账户的存款、股票、短期债券等；二是日常现金流入，包含收入、国家的转移性收入和汇款。金融资本既可以转化为其他类型的资本，也是人们直接追求的生计结果。金融资本是穷人最缺乏的一种生计资本。尽管金融资本用途广泛，但金融资本自身不能解决所有的贫困问题，简单地给穷人现金并不能帮助其实现长期脱贫，人们可能因为缺少知识或者受到结构与制度因素阻碍而无法有效利用金融资源，因此政策扶持的重点应最终转向人的能力提升。

3. 可持续生计分析框架中的结构与制度转变塑造人们生产生活的"软环境"，包含了制度、机构设置、政策的贯彻实施、立法、文化环境等方面

结构与制度转变因素的影响渗入人们生产生活的各个方面，它决定了①人们获取各种资本、生计策略和有影响力的资源的简易程度；②不同种类的核心资本之间转化的效率和效果；③特定生计策略的回报；④人们的归属感和幸福感。

分析结构与制度转变的一个有效的方法是分析其与社群或个体之间全面的关系，分析政府特定机构的角色，明确其职责和权利。结构与制度转变因素直接影响人们生活的脆弱性环境背景，政策直接或间接影响趋势，也能降低外部冲击对穷人的影响，良好的市场能够通过促进国内贸易来降低季节性的影响。政策和制度规章通过影响回报率，从而影响特定生计策略的回报率和吸引力。结构与制度因素也对生计结果有直接影响，政府机构实施扶贫政策，能够显著增加人们的幸福感，也能够增强人们的权利意识和自制力，通过提供社会安全网，脱贫地区人们的脆弱性得以降低。

4. 可持续生计分析框架（SLA）把人看成生活在一定的脆弱性背景下的个体，人们获取特定的资产或减贫要素，从而在社会、制度、组织环境中获得他们的意义和价值。该环境因而影响生计策略即资产组合与运用的方式的选择和生计结果的组合，实现生计目标

可持续生计分析框架以生计资本为核心，人们在生产、生活中面临来自自然、社会的压力和冲击，生计资本的积累和运用对人们从压力和

冲击中恢复过来发挥重要作用。生计资本的运用受到政策、法律、制度、市场等结构与制度转变因素影响，并在特定的结构和制度"软环境"背景下，决定采用一种或者多种生计策略的组合，最终决定了收入水平、能力变化、脆弱性的升降等生计结果。生计结果进一步影响生计资本的积累，生计资本的改变进而影响人们抵御压力和冲击的能力和生计策略类型。

综上所述，可持续生计分析框架（SLA）涵盖了脆弱性背景因素、生计资本、结构与制度转变等部分，将冲击、家庭环境、企业与政府政策、市场需求等不同要素纳入分析范围并有机组合，形成动态系统，并且随着切入点的调整具备很大的灵活性，广泛用于贫困治理实践和减贫研究中。

三 能力与可持续生计分析框架

从可持续生计分析框架（SLA）可以看出，能力是生计的重要组成部分，能力既影响个体获取、利用资源的方式和效果，也是可持续生计最终追求的生计结果的子目标。个体在获取、利用资源维持生计的过程中通过不断学习拓展成长空间，培育自身的竞争力，从而达到提升能力的目标，因此提升贫困人口的就业能力可以成为减贫实践及其研究的切入点。哈佛大学教授、诺贝尔经济学奖获得者阿玛蒂亚·森创造性地将能力纳入贫困问题的分析框架，从"可行能力"的角度提出只有提高穷人的能力才能改变穷人的贫困现状。阿玛蒂亚·森[1]在《以自由看待发展》中提出：经济发展的目的是人的自由，自由的实质是一个人的"可行能力"，即"有可能实现的、各种可能的功能性活动组合"。他认为，创造福利的是商品所带来的机会和活动，而这些机会和活动建立在个人能力基础上，可行能力反映了一个人获得福利的机会和选择的自由程度，也就是一个人能够做什么以及能成为什么。这为我们理解就业能力提供了重要参考。

---

[1] ［印］阿马蒂亚·森：《以自由看待发展》，任赜等译，中国人民大学出版社2002年版，第63页。

Chambers 等[①]对生计的经典定义里提到"生计由能力、资产以及维持生产的活动组成",他们认为,能力是可持续生计理论中除资本和人们的行动之外的第三要素,支配人们对资本运用的效率和满足生计需求的行为方式。在研究框架方面,能力的提升是英国海外发展部(DFID)的可持续生计分析框架(SLA)的生计结果的一部分。能力也是联合国开发计划署(UNDP)的可持续生计分析框架中除了生计方式、有形资产、无形资产以外的第四部分,而且是该框架中的核心组成部分。在中国研究实践中,2010 年以后,就业能力作为重要的生计能力维度受到学者关注,如张峻豪和何家军[②]、袁梁[③]、李鑫和张榆琴[④]。李国梁[⑤]首先注意到可持续生计分析框架在农民就业能力开发方面的适用性。和月月[⑥]从生计资本、生计风险等维度探讨云南脱贫农户可持续生计能力的影响因素以及农户的生计能力提升路径。

通过以上文献梳理可以看到,20 世纪 80 年代"可持续生计"开始得到学者和机构的关注,有关"可持续生计"的内涵外延、影响因素和提升策略等方面研究成果逐渐形成并被机构和政府应用。尤其是得到普遍认可的英国海外发展部(DFID)的可持续生计分析框架(SLA),将能力纳入其中;同时,阿玛蒂亚·森创造性地将能力纳入贫困问题的分析框架,为本书的研究提供了重要的理论支持。进入 20 世纪后,中国学者将可持续生计分析框架引入对中国贫困问题的研究,多以贫困农户和移民为研究对象。随着研究的深入,少数学者关注到了生计能力和就业能力这个维度,并从不同的角度进行研究。这些成果为本书研究提供了重要的参考。但是,目前学界从可持续生计角度分析农民就业能力

---

① Chambers R., et al., "Institute of Development Studies", *Sustainable Rural Livelihoods: Practical Concepts for the 21st Century*, Brighton: Institute of Development Studies, 1992, pp. 123-134.

② 张峻豪、何家军:《能力再造:可持续生计的能力范式及其理论建构》,《湖北社会科学》2014 年第 9 期。

③ 袁梁:《生态补偿政策、生计资本对可持续生计的影响研究》,博士学位论文,西北农林科技大学,2018 年。

④ 李鑫、张榆琴:《大理市退耕还林农户可持续生计能力研究》,《云南农业大学学报》2019 年第 1 期。

⑤ 李国梁:《可持续生计视角下失地农民就业能力开发》,《开发研究》2014 年第 1 期。

⑥ 和月月:《生计资本对云南脱贫农户可持续生计能力影响机理研究》,博士学位论文,昆明理工大学,2021 年。

提升的研究还不多，研究的深度还不够，还未完全拓展到对农民问题的研究。此外，虽然可持续生计分析框架（SLA）比较经典，运用也非常广泛，但毕竟该分析框架是基于国外国情以及其他国家居民实际生计条件提出来的，是否适用于对中国中部脱贫地区农民生计状况的分析，还缺乏基于中部脱贫地区特殊性的理论分析和实证检验。

第三节 马克思主义反贫困理论与中国特色反贫困理论

一 马克思主义反贫困理论

马克思主义经典作家关于反贫困问题提出了经典论述。马克思在分析 19 世纪资本主义社会的基础上，形成了科学的反贫困理论。马克思深刻分析了无产阶级贫困的根源、贫困造成的后果，明确提出了解决贫困的路径。

马克思认为，以往的宿命论者和人道学派都只看到贫困现象，而无法找到产生贫困的根源以及解决贫困的途径，他们把思维限定于资产阶级的图圈内，体现了鲜明的资产阶级属性。在资本主义私有制下，社会上产生了严重的两极分化，一边是极其富有但为数极少的资产阶级，另一边是贫困不断加剧、人口规模庞大的无产阶级。马克思认为，对于这些大量的无产者、雇佣劳动者而言，除了出卖劳动力本身，无从谈及人生保障问题，这种对立使整个社会陷入一片死寂之中。面对资本主义私有制与无产阶级贫困化的现状，恩格斯指出："工人阶级处境悲惨的原因不应当到这些小的弊病中去寻找，而应当到资本主义制度本身中去寻找。"① 因为，资本主义私有制是生成无产阶级贫困化的根源。必须从资本主义制度本身去寻找反贫困的答案，也就是只有通过消灭生产资料私有制与消灭资本主义制度，力求突破反贫困的制度性壁垒，追求反贫困的制度发展与创新，方能为无产阶级摆脱贫困找到报本性的出路。

---

① 马克思、恩格斯：《马克思恩格斯文集》第一卷，中共中央马克思恩格斯列宁斯大林著作编译局编译，人民出版社 2009 年版，第 368 页。

马克思还在绝对贫困和相对贫困两个层面对无产阶级的贫困问题进行了科学考察。尽管在马克思的著作中并没有出现"绝对贫困化"与"相对贫困化"这两个术语，但在考察无产阶级贫困状况时辩证性地采用了"绝对地""相对地"两大表述。马克思在讨论利润问题，以及分析劳动生产率提高对工人的影响时指出，即使无产阶级的绝对生活水平不变，但与资产阶级进行对比，无产阶级的相对工资水平和社会地位状况呈现明显的下降趋势。可见，无产阶级的贫困不仅体现为工资减少上的物质贫困抑或经济贫困，还体现在社会地位逐渐下降，所占有的社会财富在社会总财富中的比例的下降。伴随着资本主义的发展，无产阶级相对贫困化现象越趋恶化。

马克思基于辩证唯物主义与历史唯物主义的观点，立足于维护无产阶级利益的立场，提出了实现共同富裕以及实现人的自由全面发展的伟大构想，对未来社会的反贫困指明了科学的历史发展方向。在《资本论》中，马克思还有力地批判并抨击了资本主义制度，指出资本主义社会的漫长发展为未来共产主义社会的产生与发展创造了前提条件，这样的共产主义社会同时也建立在全社会对土地等生产资料的共同占有之上，体现了按需分配生产资料的个人所有制。在这种全新的生产资料所有制之下，被动性的劳动与分工已然不存在，体力劳动与脑力劳动的相峙情况也不复存在，劳动本身已经成为生活的第一需要，而非仅仅作为谋生的手段，个体得到了全面而自由的解放与发展，社会上不断流淌着生产与壮大共有财富的各种源流。霍军亮和刘琪[①]提出中国特色反贫困理论基于马克思主义关于贫困产生根源的论述，认识到坚持走社会主义道路，大力发展生产力才能从根本上解决贫困问题。因此，马克思主义的反贫困理论成为本书研究重要的指导思想。

二 中国特色反贫困理论的内涵和意义

到 2020 年，中国已经完成了消除绝对贫困这一艰巨的历史任务，夺取了脱贫攻坚的全面胜利。正如习近平总书记指出的，"我们立足我

---

① 霍军亮、刘琪：《中国特色反贫困理论的内在本质、实践样态与世界意义》，《学习与实践》2022 年第 4 期。

国国情，把握减贫规律，出台一系列超常规政策举措，构建了一整套行之有效的政策体系、工作体系、制度体系，走出了一条中国特色减贫道路，形成了中国特色反贫困理论"。①

中国特色的反贫困理论，是中国特色的伟大的反贫困实践的高度概括，是马克思主义反贫困理论的最新发展，也是习近平新时代中国特色社会主义思想的有机组成部分。习近平总书记在全国脱贫攻坚总结表彰大会上提出七个方面的重要经验和认识，也就是坚持党的领导，坚持以人民为中心的发展思想，坚持发挥我国社会主义制度能够集中力量办大事的政治优势，坚持精准扶贫方略，坚持调动广大贫困群众积极性、主动性、创造性，坚持弘扬和衷共济、团结互助美德，坚持求真务实、较真碰硬。一些学者认为，②"七个坚持"对中国特色反贫困理论的科学内涵和深层逻辑进行了深刻的理论阐释，是中国特色反贫困理论的高度总结。它系统地阐述了消除贫困所需要的理念、制度保障、途径和方法、社会基础，这对进一步推动乡村振兴和全球减贫具有重大的现实和理论意义。中国特色反贫困理论成为本书研究的指导思想。该理论的主要内容概括如下。

第一，确立了脱贫攻坚的价值理念。坚持以人民为中心的发展思想，就是对"为了谁发展，依靠谁发展，由谁来分享发展成果"这一问题的科学回答。中国共产党始终坚持"以人民为中心"，采取多种措施，使贫困人口脱贫，让贫困人口和同全国人民一道进入小康社会。按照脱贫攻坚的要求，就是要实现全面建成小康社会，一个也不能少，共同富裕路上，一个也不能掉队的目标。党的十八大以来，各级财政专项扶贫资金累计将近1.6万亿元，实现了"宁肯少上几个大项目，也优先保障脱贫攻坚资金投入"的承诺。正是坚持以人民为中心的发展思想，各级政府不畏艰险，协同努力，才能取得脱贫攻坚的伟大胜利。

第二，加强了对脱贫攻坚的领导。我们能够打赢脱贫攻坚战的关键是，坚持党的领导，坚持社会主义制度。中国共产党有着强大的领导力、组织力和执行力，它团结和领导着广大人民群众，战胜了一切困

---

① 习近平：《在全国脱贫攻坚总结表彰大会上讲话》，中国政府网（www.gov.cn）2021年2月25日。
② 李小云：《深刻理解和把握中国特色反贫困理论》，《光明日报》2021年3月22日第15版。

难。中国共产党在扶贫工作实践中,从中国国情出发,掌握扶贫工作的基本规律,并充分发挥社会主义制度"集中力量办大事"的政治优势,制定了一系列"超常规"的政策措施,并为扶贫工作提供了一套行之有效的制度体系和工作机制。搭建了扶贫工作的责任体系,也就是中央统筹、省份负总责、市县实际抓落实,强化各个责任主体的责任。各级书记负责,共同努力,共同推进扶贫工作。与此同时,动员组织所有行业、部门、企业、事业单位、社会组织和个人都积极参与到扶贫工作中去,形成全社会共同参与的大扶贫格局,真正做到凝聚全社会的力量,保证脱贫攻坚目标的顺利实现。

第三,规划了脱贫攻坚方法路径。取得脱贫攻坚的全面胜利与对脱贫攻坚方法路径进行科学的规划是分不开的。实施"精准扶贫",采用"开发式"扶贫模式是中国特色扶贫的鲜明特征,是打赢这场"硬仗"的决定性因素之一。中国始终坚持精准扶贫,并在扶持对象的选择、扶持方式、退出机制等一系列的重要问题上采取了科学解决方法。与此同时,贯彻执行"开发式"扶贫政策,以发展的方式解决贫困问题,不断改善脱贫地区的发展条件,增强贫困人口的发展能力,通过发展经济,扩大就业,强化"造血"功能,最终达到脱贫的目的,使发展具有可持续性。[①]

第四,形成了脱贫攻坚激励机制。脱贫攻坚激励机制,使农村贫困群众的积极性、主动性、创造性得到了充分的发挥,激发了他们脱贫致富的内在动力。贫困群众要摆脱贫困,创造更好的新生活,与全国人民一道进入全面小康社会,就必须靠自己的努力和坚韧的意志。在脱贫攻坚过程中,全国人民弘扬社会主义核心价值观,发扬团结互助、协力同心的优良传统,全社会都关注和支持减贫事业,形成了一股强大的支持力量,这都与激励机制的作用分不开。

总之,中国反贫困的伟大实践是对中国特色社会主义的道路自信、理论自信、制度自信、文化自信的又一次证明。中国特色反贫困理论是在中国反贫困工作实践基础上,马克思主义反贫困理论与和中国扶贫工作实际相结合的产物。中国特色反贫困理论为世界减贫事业尤其是发展

---

① 彭建强:《深刻理解中国特色反贫困理论》,《河北日报》2021年4月21日第7版。

中国家提供了有益的参考。根除贫困是全人类面临的重大课题，中国是世界最大发展中国家，已经提早 10 年完成了联合国 2030 年的减贫目标，在全球反贫困进程中发挥着举足轻重的作用。中国在脱贫攻坚的同时，也在积极地为世界减贫提供援助，并与世界各国交流扶贫经验，为世界减贫贡献了自己的力量和智慧。中国脱贫攻坚的实践，特别是"强化政府管理""精准扶贫""以人民为中心"等扶贫开发模式，对于其他国家减贫事业都有重要的参考价值。

进而言之，脱贫攻坚是走向共同富裕的第一步，实现乡村振兴和农村现代化则是新时代高质量发展的更高要求。在推进中国式现代化进程中，还需要着力解决"三农"问题，实施乡村振兴战略，巩固脱贫攻坚的成果，不断缩小收入差距，让更多的低收入者享受到现代化的成果，促进共同富裕，因此，中国特色的反贫困理论将具有重要的指导性意义。

三 关于相对贫困与乡村振兴的研究

在取得脱贫攻坚全面胜利后，中国反贫困事业进入了一个历史发展的新阶段。因此，这个新阶段有什么特征，如何巩固脱贫攻坚的伟大成果，相对贫困如何治理，乡村振兴如何与脱贫攻坚有机衔接，都成为中国学者研究的焦点。

对于 2020 年后的扶贫工作特征，李小云和许汉泽[1]提出，随着城镇化进程的加快，大量贫困人口会出现，因此，中国农村将在 2020 年后进入一个与以往完全不同的次生贫困新阶段。凌经球[2]认为，在 2020 年消除绝对贫困后，有三类人可能会成为相对贫困人口：第一类是游走在绝对贫困和相对贫困之间的人口，具体包括需要兜底保障的、遭遇风险返贫的、易地扶贫搬迁的贫困人口；第二类是由于地区发展不均衡造成的相对贫困人口；第三类是进城的低收入的农民工。王琳等[3]认为，中国的贫困治理已经进入了"后脱贫时代"，其重点表现在从绝对贫困

---

[1] 李小云、许汉泽：《2020 年后扶贫工作的若干思考》，《国家行政学院学报》2018 年第 1 期。

[2] 凌经球：《乡村振兴战略背景下中国贫困治理战略转型探析》，《中央民族大学学报》（哲学社会科学版）2019 年第 3 期。

[3] 王琳等：《"后脱贫时代"我国贫困治理的特征、问题与对策》，《兰州大学学报》（社会科学版）2021 年第 5 期。

走向相对贫困,由单一的收入贫困转向多元贫困,从政府扶贫转向社会扶贫,由打赢脱贫攻坚战转向巩固脱贫成果。

在对相对贫困治理路径的研究中,左停[1]提出,在 2020 年之后,要从低保制度向积极创新发展型社会救助转变,并在以下五个方面为发展型救助的创新路径提出了建议:低保金应当向老人和儿童倾斜,将公益岗位理念引入农村,规范受助人的行为条件,促进受助性金融的发展,加强对受助人的社会保障。谷树忠[2]从经济、社会、自然等多个角度分析了 2020 年后贫困问题,并提出了以创新为导向的"新动能减贫"、以生态产品与服务为导向的"生态红利减贫"、以特色产品与服务为导向的"特殊资源减贫",以改变贫困人群价值观念为导向的"意愿校正减贫"。张琦[3]提出,在 2020 年之后,中国的减贫策略应该转向以常规性减贫为主,以解决相对贫困为重点,融合推进城乡减贫,并将国内减贫与国际减贫合作有机地结合起来。李小云和许汉泽[4]认为,鉴于城市与农村人口大量流动,2020 年后的扶贫工作应转变城乡二元扶贫的格局,构建城乡一体化的扶贫战略,并进一步强调公共服务的均等化。戴小文和何思妤[5]提出了"管理者、研究者、从业者、实践对象""四位一体"的循证相对贫困的实践框架,并强调充分发挥实践对象的主观能动性。

关于乡村振兴和脱贫攻坚的有效衔接,学者对这一课题展开了丰富的研究,主要有以下三个方面。

第一,对它们之间的逻辑关系进行了探讨。左停等[6]认为,脱贫攻坚创造了有利于贫困人口的良好环境,并为乡村振兴提供了工作经验。此外,乡村振兴不仅对脱贫地区的脱贫质量起到了巩固和提高作用,而

---

[1] 左停:《反贫困的政策重点与发展型社会救助》,《改革》2016 年第 8 期。
[2] 谷树忠:《贫困形势研判与减贫策略调整》,《改革》2016 年第 8 期。
[3] 张琦:《减贫战略方向与新型扶贫治理体系建构》,《改革》2016 年第 8 期。
[4] 李小云、许汉泽:《2020 年后扶贫工作的若干思考》,《国家行政学院学报》2018 年第 1 期。
[5] 戴小文、何思妤:《相对贫困的循证治理框架设计与农村相对贫困群体的主体性研究》,《农村经济》2022 年第 12 期。
[6] 左停等:《梯度推进与优化升级:脱贫攻坚与乡村振兴有效衔接研究》,《华中农业大学学报》(社会科学版)2019 年第 5 期。

且还有利于构建稳定脱贫的长效机制。在豆文龙和叶敬忠[①]看来，它们二者之间存在着一种"互涵式"的逻辑关系，也就是它们之间存在着一种统一性的相互作用关系。涂圣伟[②]认为，在缓解相对贫困问题上，两者之间的有机结合具有目标指向的一致性连贯性和阶段性递进性。胡德宝和翟晨喆[③]提出，"脱贫攻坚与乡村振兴"具有相同的理论基础，它们是与"共同富裕"相统一的，乡村振兴有利于防止已脱贫农民返贫，在脱贫攻坚过程中所形成的体制机制能够持续地延伸到乡村振兴中。

第二，对二者衔接的侧重点进行了研究。刘焕和秦鹏[④]提出，农村的水利、通信、农田水利等基础设施建设应优先考虑；基本公共服务的提供主要包括教育、卫生、医疗和社会保障；把改善居住环境作为重点，推动脱贫攻坚与乡村振兴的有机衔接。赵普兵和吴晓燕[⑤]将农民的可行能力的提升视为二者衔接的切入点，认为脱贫攻坚促进了农民可行能力的提升，为乡村振兴提供了有利条件。

第三，对二者衔接路径进行了研究。豆文龙和叶敬忠[⑥]分别从制度建设、产业发展、农民意识培养三个层面探讨了二者融合途径。郭远智等[⑦]从"人才队伍""乡土文化""生态环境""基层组织"四个层面，对脱贫攻坚与乡村振兴之间的对接路径进行了探讨。相对于豆文龙和叶敬忠对农民主体意识的重视，他们更加重视对人才的培养，并着重从产业发展留人、政策体制派遣、美丽乡村吸引人、教育培训培养人等方面

---

① 豆书龙、叶敬忠：《乡村振兴与脱贫攻坚的有机衔接及其机制构建》，《改革》2019年第1期。

② 涂圣伟：《脱贫攻坚与乡村振兴有机衔接：目标导向、重点领域与关键举措》，《中国农村经济》2020年第8期。

③ 胡德宝、翟晨喆：《脱贫攻坚与乡村振兴有机衔接：逻辑、机制与路径》，《政治经济学评论》2022年第6期。

④ 刘焕、秦鹏：《脱贫攻坚与乡村振兴的有机衔接：逻辑、现状和对策》，《中国行政管理》2020年第1期。

⑤ 赵普兵、吴晓燕：《脱贫攻坚与乡村振兴有效衔接：基于农民可行能力的分析》，《理论探讨》2022年第6期。

⑥ 豆书龙、叶敬忠：《乡村振兴与脱贫攻坚的有机衔接及其机制构建》，《改革》2019年第1期。

⑦ 郭远智等：《贫困地区的精准扶贫与乡村振兴：内在逻辑与实现机制》，《地理研究》2019年第12期。

进行了探讨。洪名勇等[①]采用双重差分模型,判别扶贫开发重点县和农村改革试验区两项政策因对象不同而导致的不同的政策效应,从产业革命、新型农村经营主体、土地制度三个层面,分析得出了当务之急是如何将脱贫攻坚与乡村振兴有效衔接起来。

总之,关注乡村振兴下脱贫成果的巩固和提升是当前农村工作的重点,上述研究者关于相对贫困治理,乡村振兴与脱贫攻坚有效衔接的研究成果为本书的研究提供了崭新的视角。

上述西方就业能力理论和 USEM 就业模型是本书研究的一个学术参照,可持续生计分析框架是本书的一个理论分析框架,本书将马克思反贫困理论与中国特色反贫困理论作为指导思想,在立足于对已经脱贫摘帽的中部贫困县农民的可持续生计状况研究的基础上,以乡村振兴为背景,对中部脱贫地区农民就业能力现状进行分析和评价,对中部脱贫地区农民就业能力影响因素进行实证研究,并通过对中部脱贫地区的若干相关调研和案例分析,提出提升中部脱贫地区农民就业能力的策略。

---

① 洪名勇等:《探索从脱贫攻坚到乡村振兴的路径选择——来自 2047 县(区)2006—2018 年的实践经验》,《贵州财经大学学报》2021 年第 6 期。

第三章

中部脱贫地区欠发达现状与提升农民就业能力紧迫性

经过长期的努力，2019年中国中部地区贫困县全部脱贫摘帽，消灭了绝对贫困和区域性整体贫困，取得了脱贫攻坚战的伟大成就，但农村相对贫困问题也凸显出来，反贫困事业由此进入了"后扶贫时代"，提升中部脱贫地区农民就业能力，促进乡村振兴的任务非常紧迫。

第一节 中部脱贫地区经济发展滞后

一 中部脱贫地区总体经济发展水平落后

中部地区贫困县在2019年已经全部脱贫摘帽（见表3.1），与全国其他地区相比早了一年，但是相对于全国总体发展水平而言，中部脱贫地区的发展依然较为滞后，区域发展很不均衡。根据《中国中部地区经济高质量发展报告（2022）》，中部贫困县比较集中的地级市的经济高质量发展指数大部分明显低于省内其他地级市。如表3.2所示，大部分省份贫困县比较集中的地级市的经济高质量发展指数都比较低，与本省发展指数最高的市差距很大。中部地区6个省份2020年经济高质量发展指数最高的都是省会城市，太原67.33、合肥71.84、南昌63.13、郑州77.68、武汉86.27、长沙73.16。

表 3.1　　　　　中部地区贫困县脱贫摘帽时间表　　　　　单位：个

省份	摘帽时间			
	2016 年	2017 年	2018 年	2019 年
山西			17	16
安徽		1	10	9
江西	2	6	10	6
河南	2	3	19	14
湖北		2	10	16
湖南		5	15	20
合计	4	17	81	81

资料来源：笔者根据国家扶贫开发办的数据整理所得。

表 3.2　　　　2013—2020 年中部地区贫困县集中地市
经济高质量发展综合指数

省份	地区	2013 年	2014 年	2015 年	2016 年	2017 年	2018 年	2019 年	2020 年
山西	长治	24.92	27.17	27.70	27.58	28.37	30.31	30.84	33.53
	忻州	14.42	17.70	18.45	22.55	25.80	24.75	27.15	27.81
	临汾	15.69	18.32	21.48	23.19	24.78	23.21	24.83	28.45
	吕梁	13.50	14.90	14.44	16.63	18.06	19.65	21.32	23.29
安徽	安庆	24.81	25.95	27.97	31.72	32.59	31.01	32.14	35.48
	阜阳	15.51	14.85	16.75	20.29	20.91	22.99	23.66	25.21
	宿州	18.21	18.72	17.59	20.67	24.65	26.42	25.71	29.05
	六安	16.79	20.36	20.54	23.53	25.30	25.89	25.41	28.87
江西	赣州	14.77	15.70	17.93	25.04	29.45	30.67	33.26	35.37
	吉安	24.87	24.69	24.36	27.57	31.90	32.33	34.99	36.77
	上饶	24.81	25.64	26.11	24.14	25.65	27.22	29.80	32.13
河南	南阳	14.00	16.59	18.60	24.30	25.38	26.75	30.14	31.19
	商丘	13.45	17.53	17.62	18.83	20.53	21.79	22.60	24.56
	信阳	15.98	20.23	22.00	23.82	22.61	25.44	27.32	29.55
	周口	17.38	17.97	18.99	21.45	22.19	22.26	22.91	24.11
	驻马店	16.71	17.81	18.28	23.89	23.06	24.41	24.82	27.65
湖北	黄冈	14.51	16.47	15.22	20.06	20.99	23.39	24.80	28.81
	十堰	21.17	21.98	21.09	24.68	25.29	28.19	30.35	34.55

续表

省份	地区	2013年	2014年	2015年	2016年	2017年	2018年	2019年	2020年
湖南	邵阳	12.65	15.82	16.23	20.68	22.10	23.71	27.59	29.25
	郴州	23.65	26.32	27.93	31.40	32.89	32.00	36.55	36.21
	怀化	13.75	15.17	17.04	20.79	24.98	27.41	25.86	27.98

资料来源：笔者根据《中国中部地区经济高质量发展报告（2022）》整理所得。

从人均GDP来看，中部地区尤其是中部脱贫地区的发展也依然滞后，与全国和各省份平均发展水平仍存在较大差距（见图3.1）。除了湖北之外，2018年中部其他省的人均GDP均低于全国平均水平，而中部6个省份贫困县的人均GDP都低于本省人均GDP，因此中部地区贫困县的贫困问题仍比较突出，造血功能有待进一步增强。

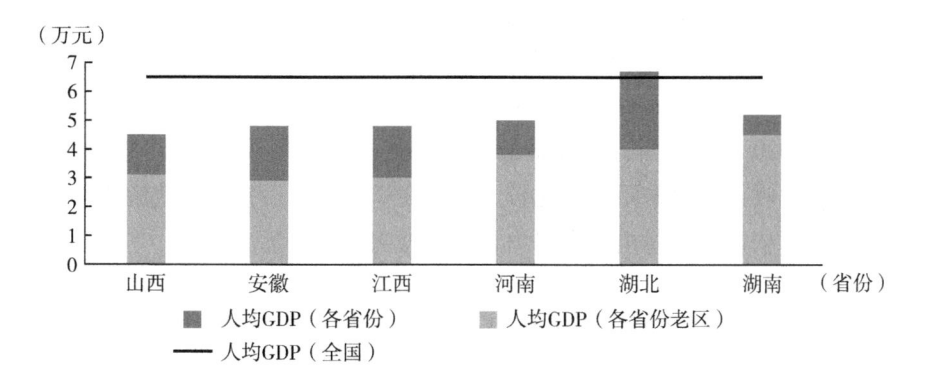

图 3.1　2018年中部省份及脱贫地区人均GDP

资料来源：中国革命老区数据中心。

二　中部脱贫地区城乡人均收入差距比较大

随着脱贫攻坚各项政策和乡村振兴战略逐步向纵深推进，中部脱贫地区农村居民人均可支配收入在逐步增加，与各省份、全国差距也在逐步缩小，居民收入分配格局逐步改善（见表3.3），2013—2019年中部脱贫地区农村常住居民人均可支配收入的增速要快于全国农村居民人均可支配收入。

表3.3　　2013—2019年中部脱贫地区农村常住居民人均可支配收入　　单位：元，%

地区	2013年	2014年	2015年	2016年	2017年	2018年	2019年	2019年名义增速
山西	4875	5430	6078	6623	7330	8250	9379	13.9
安徽	7119	8062	8952	9890	10931	12078	13485	11.7
江西	6053	6830	7759	8643	9602	10635	11767	10.6
河南	7070	7983	8865	9735	10789	11911	13252	11.3
湖北	6971	7831	8682	9502	10471	11552	12874	11.4
湖南	5715	6461	7222	8029	8908	9875	10938	10.8
全国农村居民	9430	10489	11422	12363	13432	14617	16021	9.6

资料来源：《中国农村贫困监测报告（2020）》。

同时，中部地区各个省份城乡居民收入相对差距也在逐渐缩小，如表3.4所示，2013年山西省城乡居民人均可支配收入之比为2.800，而湖北省为2.339，而到了2020年湖南省为2.514，河南省为2.257。2014—2020年，山西省的降幅最大，湖北省的降幅最小。[1] 尽管如此，城乡居民收入相对差距还是比较大，都在2以上，后扶贫时代解决相对贫困问题依然需要付出巨大努力，乡村振兴任重道远。

表3.4　　2013—2020中部地区6个省份城乡居民人均可支配收入比

省份	2013年	2014年	2015年	2016年	2017年	2018年	2019年	2020年
山西	2.800	2.732	2.732	2.712	2.701	2.641	2.587	2.507
安徽	2.575	2.505	2.489	2.488	2.480	2.457	2.435	2.373
江西	2.434	2.403	2.379	2.362	2.356	2.339	2.314	2.271
河南	2.424	2.375	2.357	2.328	2.324	2.305	2.255	2.257
湖北	2.339	2.291	2.284	2.309	2.309	2.300	2.294	2.251
湖南	2.697	2.641	2.623	2.622	2.624	2.604	2.588	2.514

资料来源：中部地区6个省份统计年鉴。

---

[1] 李嘉黎：《数字普惠金融对中部地区城乡收入差距的影响研究》，硕士学位论文，山西财经大学，2022年。

从图 3.2 也可以看到，尽管中部地区城乡居民收入比差距在逐步减小，但是绝对值却在逐年增大。从城乡收入差异的绝对值来观察，中部地区 6 个省份的城乡居民的收入差距越来越大，城镇居民人均可支配收入的增速要比农村更高。究其原因，仍是城乡二元经济在起作用，农村地区的经济发展主要是以第一产业为主导的，其报酬率仍比第二、第三产业要低。城乡居民人力资本差异与非农就业率差异是导致城乡居民工资性收入差距的主要原因。

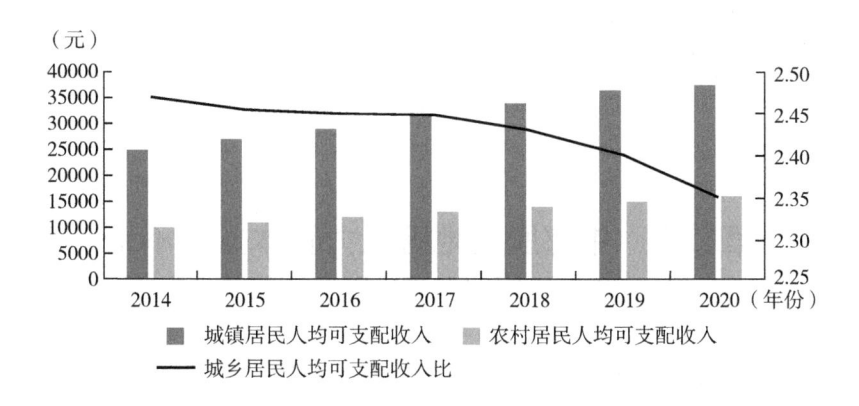

图 3.2 2014—2020 年中部地区 6 个省份城乡居民人均可支配收入均值变化趋势

资料来源：中部地区 6 省份统计年鉴。

另外，从中部 6 个省份各地级市来看，如表 3.5 所示，虽然无论是每年城乡收入比，还是各城市城乡收入比时间序列，都呈现逐渐收敛的趋势，但城乡收入比城市名单顺序变化不大，其中，忻州市、吕梁市、赣州市、十堰市、怀化市、运城市、临汾市、上饶市、商丘市都是贫困县比较集中的城市。中部地区城乡发展不平衡问题依然比较突出。

表 3.5　　2016—2020 中部地区 6 个省份城乡居民收入比

序号	地级市	2016 年	地级市	2017 年	地级市	2018 年	地级市	2019 年	地级市	2020 年
1	忻州市	3.557	忻州市	3.497	忻州市	3.414	忻州市	3.308	忻州市	3.216
2	大同市	3.197	大同市	3.157	大同市	3.080	大同市	3.007	大同市	2.924

续表

序号	地级市	2016年	地级市	2017年	地级市	2018年	地级市	2019年	地级市	2020年
3	吕梁市	3.163	吕梁市	3.122	吕梁市	3.035	十堰市	2.951	吕梁市	2.851
4	赣州市	3.103	赣州市	3.043	十堰市	2.989	吕梁市	2.929	赣州市	2.841
5	十堰市	3.057	十堰市	3.043	赣州市	2.983	赣州市	2.917	十堰市	2.794
6	怀化市	2.833	怀化市	2.774	怀化市	2.722	怀化市	2.678	怀化市	2.529
7	运城市	2.738	运城市	2.732	运城市	2.666	运城市	2.604	运城市	2.528
8	临汾市	2.707	临汾市	2.688	临汾市	2.639	洛阳市	2.580	临汾市	2.497
9	张家界	2.695	洛阳市	2.660	洛阳市	2.635	临汾市	2.568	上饶市	2.495
10	洛阳市	2.684	张家界	2.640	商丘市	2.607	张家界	2.558	洛阳市	2.471

资料来源：《中国中部地区经济高质量发展报告（2022）》。

第二节　中部脱贫地区人力资本支撑不足

一　中部脱贫地区农民的文化素质相对不高

提升脱贫地区人口素质是促使贫困农民掌握生存技能、增强中部农村地区发展能力的重要手段，是巩固脱贫攻坚重要成果的有效路径。习近平总书记关于脱贫攻坚系列重要论述中，特别指出"要坚持以促进人的全面发展的理念指导扶贫开发"[①]，但从2020年人口普查数据来看（见表3.6），中部脱贫地区农民受教育程度普遍偏低。例如，山西省33个贫困县平均受教育年限全部低于全国和全省平均水平，文盲人口占15岁以上人口比例，有19个县高于全国平均水平，29个县高于全省平均水平。安徽省20个贫困县平均受教育年限全部低于全国平均水平，有19个县低于全省平均水平，文盲人口占15岁以上人口比例，有16个县高于全国平均水平，9个县高于全省平均水平。江西省24个贫困县平均受教育年限全部低于全国平均水平和全省平均水平，文盲人口占15岁以上人口比例，有12个县高于全国平均水平，14个县高于全省平均水平。河南省38个贫困县平均受教育年限全部低于全国平均

---

① 习近平：《论"三农"工作》，中央文献出版社2022年版，第34页。

水平和全省平均水平，文盲人口占 15 岁以上人口比例，有 30 个县高于全国平均水平，31 个县高于全省平均水平。湖北省 28 个贫困县平均受教育年限全部低于全国平均水平和全省平均水平，文盲人口占 15 岁以上人口比例，有 20 个县高于全国平均水平，22 个县高于全省平均水平。湖南省 40 个贫困县平均受教育年限全部低于全国平均水平和全省平均水平，文盲人口占 15 岁以上人口比例，28 个县高于全国平均水平，35 个县高于全省平均水平。

表 3.6　　　　　　2020 年中部脱贫地区农民受教育情况

地区	平均受教育年限（年）	与平均受教育年限相比的差额	文盲人口占 15 岁以上人口比例（%）	与平均相比的差额
全国	9.91		2.67	
山西省	10.45	与全国平均相比 0.54	1.21	比全国文盲率低 1.46
山西省33 个贫困县	9.67≤9.00 有 19 个县8.99≤8.59 有 14 个县	全部低于全国和全省平均		19 个县高于全国29 个县高于全省
安徽省	9.35	与全国平均相比-0.56	4.49	比全国文盲率高 1.46
安徽省20 个贫困县	9.72≤9.00 有 1 个县8.99≤8.00 有 13 个县7.99≤7.67 有 6 个县	全部低于全国平均，19 个县低于全省平均		16 个县高于全国9 个县高于全省
江西省	9.70	与全国平均相比-0.21	1.94	比全国文盲率低 0.73
江西省24 个贫困县	9.20≤9.00 有 2 个县8.99≤8.21 有 22 个县	全部低于全国和全省平均		12 个县高于全国14 个县高于全省
河南省	9.79	与全国平均相比-0.12	2.24	比全国文盲率低 0.43
河南省38 个贫困县	9.36≤9.00 有 2 个县8.99≤8.00 有 33 个县7.99≤7.72 有 3 个县	全部低于全国和全省平均		30 个县高于全国31 个县高于全省
湖北省	10.02	与全国平均相比 0.11	2.32	比全国文盲率低 0.43

续表

地区	平均受教育年限（年）	与平均受教育年限相比的差额	文盲人口占15岁以上人口比例（%）	与平均相比的差额
湖北省28个贫困县	9.81≤9.00有5个县 8.99≤8.00有22个县 7.99≤7.91有1个县	全部低于全国和全省平均		20个县高于全国 22个县高于全省
湖南省	9.88	与全国平均相比-0.03	1.71	比全国文盲率低0.43
湖南省40个贫困县	9.14≤9.00有6个县 8.99≤8.02有34个县	全部低于全国和全省平均		28个县高于全国 35个县高于全省

资料来源：笔者根据2020年第七次人口普查数据整理。

中部脱贫地区农民素质低不仅制约了他们各自的生存和发展能力以及生活水平的提高，更影响了农民可持续生计能力的提高。随着经济社会发展水平的提高和高新技术产业的兴起，社会各方面对劳动力素质的要求越来越高，低素质劳动力大多数人只能从事较为低级的劳动，难以进入较高层次的产业就业。

二 中部脱贫地区农民人力资本投资不足

人力资本投资作为一种资本投入社会经济活动，具有递增收益特性。农村居民健康人力资本投资可以通过提升身体素质、改善生活质量，提高农村居民收入；教育人力资本投资可以提升人力资源质量，通过其外部作用特性产生递增收益，并使其他投入要素如物质资源的作用充分发挥，提高生产效率。但是，当前中部脱贫地区农民人力资本投资不足。首先从提升人力资本的基础设施和公共服务状况来看，如表3.7所示，2019年中部地区扶贫重点县的所在自然村能接收有线电视信号的农户比例、所在自然村通宽带的农户比例、所在自然村有卫生站的农户比例的普及度比较高，但其他三个指标比较低，且中部各省份差距比较大。

表 3.7　2019 年中部地区扶贫重点县通信文化卫生设施和公共服务状况

单位:%

地区	所在自然村能接收有线电视信号的农户比例	所在自然村通宽带的农户比例	所在自然村垃圾能集中处理的农户比例	所在自然村有卫生站的农户比例	所在自然村有上幼儿园便利的农户比例	所在自然村有上小学便利的农户比例
山西	97.2	98.2	88.3	97.1	79.2	82.1
安徽	99.5	99.1	95.1	93.6	95.5	98.7
江西	96.9	98.6	98.4	92.5	89.5	93.3
河南	100.0	97.9	97.7	97.6	98.2	99.2
湖北	99.3	100.0	90.6	96.7	91.8	92.8
湖南	97.9	97.7	86.6	97.1	84.4	86.8

资料来源:《中国农村贫困监测报告（2020）》。

再从主要的人力资本投资来看（见表 3.8），中部脱贫地区农民 2019 年人均交通通信、人均教育文化娱乐、人均医疗保健都比全国农村居民人均支出要少，占总支出的比例除山西外，都更低，其中河南省和江西省占比不到 30%。

表 3.8　2019 年中部脱贫地区农村居民主要人力资本人均投入情况

项目	山西省	安徽省	江西省	河南省	湖北省	湖南省	全国农村居民
交通通信（元）	877	1254	945	464	1436	1078	1837
教育文化娱乐（元）	886	1386	1041	1117	1244	1353	1482
医疗保健（元）	1161	1275	1008	990	1458	1067	1421
合计占比（%）	36.7	30.6	29.1	26.9	34.4	32.7	35.6

资料来源:笔者根据《中国农村贫困监测报告（2020）》整理。

农村人力资本投资是制约中国农村经济发展与农村居民收入增长的重要因素。因此，中部脱贫地区要巩固脱贫攻坚成果、全面乡村振兴，推进农业农村现代化建设，迫切需要增加中部脱贫地区农民的人力资本投入，从而促进农民的就业能力提升。

第三节 数字技能与农民收入的相关性

随着互联网与通信技术的不断发展与完善,数字经济已逐渐取代传统的经济增长方式和增长动力。随着中国互联网基础设施的不断完善,数字经济也开始进入了普通居民的生活中,尤其是能帮助信息十分闭塞偏远脱贫地区的农民获得同样便捷信息,从而利用互联网信息优势去获得更多的收入来源,进而促进收入增加,缓解贫困,而掌握相应的数字技能是利用好数字经济的前提。因此,中部脱贫地区要促进共同富裕,推进农业农村现代化建设,迫切需要提升农民的就业能力,尤其是数字技能。

一 研究假设

(一)不同的数字技能对城乡居民收入增长的影响机理分析和研究假设

数字技能是指利用互联网信息技术寻找、识别、理解并且交流互联网信息的能力。根据国内外关于数字技能的内涵的研究,数字技能大致可以分为在互联网获取工资收入的技能,在互联网进行消费和娱乐的技能,在互联网获得非工资收入的技能三种。

1. 在互联网获得工资收入的技能就是能够在互联网完成工作和学习的能力

疫情的暴发导致许多公司允许员工在家网上办公,学校允许学生在家进行学习,这在一定程度上克服了许多空间和时间的局限性及其所带来的困难,让员工更有效率地工作,让学生更有精力地学习。另外,频繁地使用互联网会让使用者更快地学习到互联网的相关理念和知识,提高自己的职业能力,使自己在工作中更具有竞争力,从而提高自己的收入。而且根据相关的研究表明这种提升在互联网的应用意识相对落后的农村地区更加明显[1][2]。

---

[1] Acemoglu D., "Technical Change, Inequality, and The Labor Market", *Journal of Economic Literature*, Vol. 40, No. 1, March 2002, pp. 7–72.

[2] DiMaggio P., Bonikowski B., "Make Money Surfing the Web? The Impact of Internet Use on the Earnings of US Workers", *American Sociological Review*, Vol. 73, No. 2, April 2008, pp. 227–250.

2. 在互联网进行消费和娱乐的技能就是具有进行日常的社交和消费的能力

网络社交已经变成现代人生活中不可缺少的一部分，现代人工作压力和生活压力普遍较大，一来线上社交能够在一定程度上减小工作和生活压力，提高生活满意度；二来线上社交有利于信息的扩散，各种各样的信息的扩散有利于网民抓取自己所需要的信息，从而利用这种信息创造价值。尤其是在信息相对匮乏的农村地区，由于有许多人离开了当地，造成社交网络的缩小，但是互联网将城市和农村合为了一体，这极大地加大了农村地区的社交网络，也加快了农村地区信息的流动。但是互联网强大的娱乐性也会让许多网民开始沉迷。尤其是现在抖音、快手、哔哩哔哩等自媒体 App 使用门槛大大降低，可以 DIY 自己想要的视频效果，让娱乐活动本就稀少的农村居民沉迷，另外，随着用户的逐渐变多，有趣的视频也变得多了起来，而这些 App 的大数据算法会记录使用者的喜好，然后一直给使用者推荐喜欢的视频，更容易导致他们的沉迷[1][2]。这些都将随着互联网技术环境的不断改善而改善，不断优化而优化。

3. 在互联网获得非工资的收入的技能就是能够在网络上进行投资或者处理商务等一系列活动的能力

随着互联网的发展，许多社交 App、娱乐 App 进入人们的生活当中，并且这些 App 的使用逐渐变成了生活的一部分，这为这些 App 吸引了大量的流量，而许多金融公司抓住这种庞大的流量，和这些平台合作，将一些债券、基金、股票等金融产品放进这些平台，这让许多使用者更加方便地进行相关投资，其中有些金融产品具有风险较小、收益较为稳定的特点，非常适合农村地区居民进行低风险投资，从而提高相关的收入。另外，也可以在网上学习相关的金融知识，然后投资一些风险

---

[1] Paul DiMaggio and Eszter Hargittai, *From the "Digital Divide" to "Digital Inequality": Studying Internet Use as Penetration Increases*, Princeton: Princeton University, 2001, pp.147-159.

[2] 王金杰等：《电子商务有益于农村居民创业吗？——基于社会资本的视角》，《经济与管理研究》2019 年第 2 期。

相对大但是收益非常可观的金融产品，这也能提升农村地区的收入[①②]。另外，电商平台和快递业的发展让远距离商业成为可能。电子商务是非常适合农村地区的[③]，在许多农村地区拥有很多城市没有的特色产品，在以往受困于产品宣传问题和运输成本，现在平台和快递可以解决一切，让农村地区也能够发展商业。一般来说，商业的回报率是高于农业的，而现在利用大数据技术可以帮助合理地安排农产品产量和生产资源，这在一定程度上可以提高回报率，所以商业是可以帮助农村地区提高收入水平的[④]。

基于以上讨论分析，可以提出以下假设：

H3-1：数字技能能够提高居民收入，而对农村地区的居民的收入影响更为明显；

H3-2：不同的数字技能对居民收入的正向效应不一样，其中，以在互联网取得工资收入和取得非工资收入的技能产生的正向效应最为明显；

H3-3：数字技能够提高农村地区收入的主要原因是数字技能能够帮助农村地区居民获得信息优势。

（二）数字技能提高农村地区农业收入的影响机理分析和研究假设

从国内外相关文献来看，数字技能影响农村地区农业收入主要从成本、生产、销售、筹资、思想这几个方面发挥作用。

1. 降低农户的成本

随着互联网信息技术的逐渐成熟，大数据信息逐渐变成了如今社会发展不可或缺的一部分，现在的互联网世界里传播着各种各样的有价值的信息，关键看能不能及时抓取对自己有用有利的信息，而抓取这些信息的前提就是必须具备相应的数字技能，而当前农村已具备一定的互联网基础设施，但是居民由于教育、收入、培训等原因造成他们互联网信

---

① 张勋等：《数字经济、普惠金融与包容性增长》，《经济研究》2019年第8期。
② 张琦等：《我国金融机构发展规模和效率对城乡居民收入差距的影响研究》，《农村金融研究》2020年第1期。
③ 邱子迅、周亚虹：《电子商务对农村家庭增收作用的机制分析——基于需求与供给有效对接的微观检验》，《中国农村经济》2021年第4期。
④ 谢绚丽等：《数字金融能促进创业吗？——来自中国的证据》，《经济学（季刊）》2018年第4期。

息利用能力较差，无法从互联网上找寻自己需要的信息。所以他们必须从其他的地方获取相关的信息，而这些信息是需要成本的，这些成本包括时间成本、经济成本以及机会成本，甚至有时候花费了这些成本得到的信息却和自己所需要的不匹配，而相应的数字技能可以帮助农户准确地在互联网中抓取自己所需的信息，这样就可以很大程度上帮助降低这种搜寻成本，并且还可以提高信息的匹配程度[1][2]。

2. 丰富生产种类和提高产出效率

随着现代高科技尤其是信息技术的发展，农业技术也在快速的进步，现在互联网上有许多先进的种植技术和农民分享的种植经验，农户可以利用数字技能在网上获取这些先进的种植技术和经验来提高自己的产出；农户还可以通过互联网了解到现阶段哪些农作物短缺，哪种新兴农作物流行，农户可以根据这些信息，有选择性地扩大自己的种植范围，丰富种植的种类，让自己紧跟时代的趋势，扩大自己的视野。另外农户还可以将自己的一些种植经验和技术上传到互联网，与其他的农户进行交流，让先进的技术和经验实现共享，提升产出效率[3]。

3. 销售模式创新

互联网技术的发展改变了传统的销售模式，随着淘宝、京东、拼多多、抖音、快手、微博等一些电商平台和自媒体平台的快速壮大，这让电子商务走进了农村地区，电子商务的发展帮助农户减少了许多的运输成本，还可以根据大数据去合理分配生产资源，这样就可以打破传统销售行业的时间和地理上的限制。另外，农户除了在电商平台销售以外，还可以先在自媒体的平台培养自己的网红主播，然后进行产品宣传，一来自媒体平台的使用者大部分是基层群众，具有非常强的社交传播能力，这样可以极大化利用社交来宣传自己的产品，二来农户所销售的产品大部分都是日常用品，这也是基层群众需要的，具有非常大的市场潜力。例如最近几年爆红的李子柒就是这样，利用自媒体把自己培养成网红，不断宣传自己的产品，为自己的产品打开了销路，甚至远销国外。

---

[1] 高梦滔等：《信息服务与农户收入》，《世界经济》2008年第6期。
[2] 朱秋博等：《信息化能促进农户增收、缩小收入差距吗?》，《经济学（季刊）》2022年第1期。
[3] 朱秋博等：《信息化提升了农业生产率吗?》，《中国农村经济》2019年第4期。

但是无论是自媒体平台还是电商平台都对经营者有较强的数字技能要求，并且这些技能不是社交技能等一些简单的数字技能，而是非常专业的技能，所以数字技能是销售模式创新的必要前提①。

4. 提高信贷资金的可获得性

20世纪以来中国的金融行业蓬勃发展，金融业的发展也带动了许多行业的发展，而政府为了振兴乡村，给予了农村地区许多金融政策，让农村居民能够获得一定的资金支持去完成创业或者其他需要，从而提高自己的收入，但是许多居民由于思想、技能等问题，无法享受到国家政策的红利，现在各个金融机构针对农村地区不同情况的个体户都有许多自己优惠的政策，这就需要农户根据自己的实际情况去获得这一政策的支持，毫无疑问，这对于农户来说需要一定的数字技能去互联网筛选相关的信息②③。

5. 思维和思想观念的改变

随着互联网技术进入了生活的方方面面，农村地区居民的思维方式和行为方式也会受到相应的影响，互联网的高效会促使农户进行自主的思考，改变传统的思考方式和思想观念，选择对自己更加有利的生产方式和生活方式，从而提高收入和生活质量④⑤。

基于以上分析和讨论提出以下假设：

H3-4：数字技能的掌握可以帮助居民更好地获得信贷资金，而居民可以利用这部分信贷资金去进行相关经济活动，从而提高相关的收入，这种效果在农村地区更加明显；

H3-5：数字技能无论是帮助更大概率的获得信贷资金还是提高农产品的市场价值都是通过获得信息优势来实现的。

---

① 邱泽奇、乔天宇：《电商技术变革与农户共同发展》，《中国社会科学》2021年第10期。
② 琚丽娟：《城市化、金融发展对城乡收入差距的影响效应研究》，《西部金融》2013年第2期。
③ 李吴玥、方健雯：《城镇化、金融发展与城乡居民收入差距的关系研究》，《中国物价》2015年第8期。
④ 张世虎、顾海英：《互联网信息技术的应用如何缓解乡村居民风险厌恶态度——基于中国家庭追踪调查（CFPS）微观数据的分析》，《中国农村经济》2020年第10期。
⑤ 甘小立、汪前元：《互联网使用能提高农村居民幸福感吗？——基于信息获取视角的一个实证检验》，《产经评论》2021年第4期。

(三）数字技能提高农村地区非农业收入的影响机制分析和研究假设

就业是一个国家或地区最重要的民生之一，任何一个地区只有就业情况达到一定标准，地区的经济才能更好地发展，农村地区更是如此，数字技能主要通过网上招聘、自主创业以及人力资本的积累来提高农村地区的非农业收入。

1. 掌握数字技能的农民更易通过网络招聘，提高自己在非农行业就业的概率

数字经济的蓬勃发展推动了国内的企业快速发展，企业的快速发展也就意味着会出现大量的就业机会，现在大部分公司都是在招聘平台、社交平台及政府平台上进行线上招聘，所以农村地区居民想获得非农业就业机会，以及适应整个劳动力市场的变化情况就要具备一定的数字技能去互联网找寻这些公司的网上招聘广告，从而提高自己在非农行业就业的概率，提高自己的非农业的收入，实现包容性增长[1]。

2. 掌握数字技能的居民有更大的概率实现自我创业

随着互联网的设施、快递行业的逐渐完善以及金融业的支持，农村地区已具备了自主创业的基础，在中国已经有许多的农户开始了自主创业，在电商平台销售自己家乡的特色美食以及其他物品，甚至有的农户在电商平台做得非常好了，提高了自己的收入，也极大地扩展了自己的视野，另外也带动了同地区的其他农户的创业，大大地提高了整个地区的收入，这为其他地区的发展树立一个榜样，但是就如上文所说，要进行电商就要具备很专业的数字技能，相关的数字技能的具备是进行自主创业的前提，所以互联网的兴起在一定程度上激发了农户创业的热情，而数字技能则让农户具备了实现创业的能力[2]。

3. 数字技能能提升人力资本

疫情让网上学习变成了比较常见的学习方法，而许多社交App和直播App里出现了在大学才可以学习的精品课程和国内名校的课程直播，这让许多农户可以足不出户在家学习相关的课程，完成人力资本的升级，现在普遍认为农业投资的回报率低于其他的行业，因此许多农村

---

[1] 张卫东等：《互联网技能、信息优势与农民工非农就业》，《财经科学》2021年第1期。
[2] 王金杰等：《电子商务有益于农村居民创业吗？——基于社会资本的视角》，《经济与管理研究》2019年第2期。

居民不想从事农业活动，他们选择从网上学习相关的课程从而去其他的行业就业，这样可以提高自己的收入，但是在网上找寻相关的课程也是需要一定的数字技能才能找到自己所需要的课程去学习，所以数字技能可以让人力资本得到升级，从农业转移到其他行业从而提高收入。

根据以上讨论提出以下假设：

H3-6：掌握数字技能的居民可以提高自己在非农行业就业的概率，提高相关的收入，这种效果在农村地区更明显；

H3-7：掌握数字技能的居民有更大的概率实现自我创业，从而提高收入；

H3-8：无论是提高非农就业概率还是创业的概率都是因为获得了信息优势。

二 模型设定与描述性统计

本部分的实证数据来源于北京大学中国社会科学调查中心组织的中国家庭追踪调查（CFPS）。CFPS 从 2010 年开始调查，覆盖了全国除港澳台的其他省份，调查内容覆盖了个人、家庭、村居的一些基本情况。本部分用到了 CFPS 2014 年、2016 年、2018 年这三年个人与家庭基本情况调查数据。

核心解释变量数字技能（$digitalskill_{it}$）为虚拟变量，参考其他学者的研究，将从两方面考虑数字技能，一方面考虑数字技能从无到有产生的效应（个体上期未掌握数字技能，本期掌握此时赋值为1），另一方面考虑数字技能从有到优的效应（上期已掌握数字技能的个体，本期掌握的质量优于上期此时赋值为1），另外为了考虑不同的数字技能产生的效应，将数字技能分成娱乐社交技能（$enterskill_{it}$）、学习工作技能（$workskill_{it}$）、线上商务技能（$busskill_{it}$）三种。数字技能的数据来源于个人调查问卷中的"使用互联网进行学习、工作、娱乐、社交以及商务的频率"，本书参考其他学者的研究，认为以上活动超过一月一次就可以被认为掌握了相关的数字技能[①]。信息优势（$information_{it}$）也参考其他学者的研究，以个人调查问卷中的"将互联网作为重要的消息来

[①] 牟天琦：《数字经济与城乡包容性增长：基于数字技能视角》，《金融评论》2021 第 4 期。

源的程度"作为其代理变量,用1—5代表了五个等级,数字越大,说明越将互联网作为重要的消息来源①。另外借鉴前人的研究,主要用家庭收入($fincome_{it}$)和个人工资收入($pincome_{it}$)来衡量包容性增长的实现程度②③。在参考了其他学者的实证模型后,除了加入数字技能指标以外,还引入数字技能与城乡分布以及信息优势指标的交互项。基于上述描述,建立以下模型:

$$\text{Ln}(income_{it}) = \beta_0 + \beta_1 digitalskill_{it} + \beta_2 digitalskill_{it} \times urban_{it} \times information_{it} + \beta_3 \theta_{it} + \varepsilon_{it}$$

式中,为了防止收入中的一些极值对回归产生偏误,对所有的收入数据都进行了对数纠偏并且进行缩尾处理。在上述模型中,$urban_{it}$是户籍的虚拟变量,若个体来自农村则赋值为1,否则为0;θ_{it}是控制变量,参考以往的研究,对个体的年龄(age_{it})、婚姻状态($marriage_{it}$)、性别($gender_{it}$)、受教育年限($educ_{it}$)、健康状态($health_{it}$)、工作性质($employer_{it}$)、政治面貌($party_{it}$)、个体所在家庭的家庭规模($fmsize_{it}$)、个体所在省份当年的人均GDP($pGDP_{it}$)这些变量进行控制,这些变量都会体现在θ_{it}中;ε_{it}是模型的扰动项。上述数据中除了家庭收入、各省份人均GDP,其他的数据都来自个人调查问卷,家庭收入来自家庭经济调查问卷,省份人均GDP数据来自全国统计年鉴。除此之外,所有模型都控制了时间固定效应和省份固定效应。表3.9为主要变量的描述性统计。

表3.9　　　　　　　　　　主要变量描述性统计

变量	均值	中位数	标准差	最小值	最大值
fincome	10.24	10.55	1.21	0	15.21
pincome	4.25	4.02	4.54	0	13.12
digitalskill	0.21	0	0.41	0	1

---

① 张卫东:《互联网技能、信息优势与农民工非农就业》,《财经科学》2021年第1期。
② 张勋、万广华:《中国的农村基础设施促进了包容性增长吗?》,《经济研究》2016年第10期。
③ 张勋等:《数字经济、普惠金融与包容性增长》,《经济研究》2019年第8期。

续表

变量	均值	中位数	标准差	最小值	最大值
enterskill	0.16	0	0.37	0	1
workskill	0.11	0	0.31	0	1
busskill	0.09	0	0.29	0	1
urban	0.52	1	0.50	0	1
age	48	46	16.9	18	92
gender	0.49	0	0.50	0	1
marriage	0.83	1	0.40	0	1
educ	7.30	9	4.94	0	22
health	2.51	3	0.74	1	3
employer	0.30	0.29	0.46	0	1
party	0.09	0	0.28	0	1
fmsize	4.30	4	2.08	1	19
information	2.07	1	1.49	1	5

三 基准回归

表3.10显示了掌握数字技能对家庭收入影响的回归结果。列（1）至列（4）都是以家庭收入作为被解释变量。从列（1）的回归结果上来看，掌握数字技能对家庭收入的影响显著为正，并且在加入控制变量和年份、省份固定效应后，列（2）显示的结果依然显著。这就证实了数字技能能够提高中国居民的家庭收入水平。列（3）和列（4）报告的数字技能变量、城乡分布变量以及信息优势变量的交互项的回归结果显示，相比于城镇地区，数字技能对农村地区家庭收入的提升更加明显，并且这种提升主要是因为得到了信息优势。列（1）至列（4）的回归结果验证了假设H3-1和H3-3，即数字技能对中国居民的家庭收入的提升具有正向作用，而对农村地区的提升作用更为明显，并且这种提升作用主要是因为数字技能能够帮助居民获得信息优势。

表 3.10　　　基准回归：掌握数字技能对家庭收入的影响

变量	(1)	(2)	(3)	(4)
$digitalskill$	0.4100*** (0.1070)	0.4200*** (0.1090)		0.0220* (0.0130)
$digitalskill \times urban \times information$			0.0420*** (0.0040)	0.0137*** (0.0050)
$urban$		-0.2300*** (0.0990)		-0.2400*** (0.0112)
$information$		0.4000*** (0.0039)		0.04000*** (0.0039)
age		0.0220*** (0.0019)		0.0230*** (0.0019)
age^2		-0.0160*** (0.0019)		-0.00017*** (0.00002)
$gender$		-0.1500*** (0.0089)		-0.1500*** (0.0089)
$marriage$		0.1050*** (0.1390)		0.1050*** (0.0139)
$educ$		0.0470*** (0.0012)		0.0470*** (0.0012)
$health$		0.0540*** (0.0061)		0.0540*** (0.0061)
$fmsize$		0.1620*** (0.0026)		0.1600*** (0.0026)
$employer$		0.5530*** (0.0099)		0.5500*** (0.0098)
$pGDP$		0.6000*** (0.0681)		0.6040*** (0.0680)
$party$		0.1560*** (0.0173)		0.1600*** (0.0026)
常数项	10.17*** (0.381)	2.01*** (0.7180)	10.23*** (0.038)	2.02*** (0.7178)
省份固定效应	控制	控制	控制	控制

续表

变量	(1)	(2)	(3)	(4)
年份固定效应	控制	控制	控制	控制
R^2	0.0178	0.2693	0.0990	0.2693

注：括号里为经过异方差调整后的稳健标准误。*、**、***分别表示在10%、5%、1%的水平上显著，下同。

表 3.11 显示了掌握数字技能的程度对家庭收入的影响。表 3.11 中核心解释变量（$digitalskill$）为掌握数字技能的程度。从列（1）的回归结果可以看出数字技能掌握的程度对家庭收入具有正向的提升作用。列（2）在控制时间固定效应和省份固定效应以及加入控制变量后这一结果依然显著，这就证明了掌握数字技能越熟练的居民越有可能提高其所在家庭的家庭收入。列（3）和列（4）报告的数字技能变量、城乡分布变量和信息优势变量的交互项结果显示：相比于城镇，数字技能掌握的程度对农村地区的家庭收入的正向提升作用更明显，并且这种提升作用是因为数字技能帮助获得了信息优势。

表 3.11　基准回归：掌握数字技能的质量对家庭收入的影响

变量	(1)	(2)	(3)	(4)
digitalskill	0.490*** (0.0097)	0.129*** (0.0127)		0.109*** (0.0138)
digitalskill×urban×information			0.0540*** (0.0035)	0.0147*** (0.0044)
urban		-0.2250*** (0.0990)		-0.2420*** (0.0115)
information		0.0267*** (0.0042)		0.0248*** (0.0042)
age		0.0310*** (0.0017)		0.0248*** (0.0019)
age^2		-0.0020*** (0.0017)		-0.00018*** (0.00002)

续表

变量	(1)	(2)	(3)	(4)
gender		-0.1500*** (0.0089)		-0.1510*** (0.0089)
marriage		0.1050*** (0.0139)		0.1060*** (0.0139)
educ		0.0461*** (0.0012)		0.0461*** (0.0012)
health		0.0538*** (0.0061)		0.0537*** (0.0061)
fmsize		0.1618*** (0.0026)		0.1620*** (0.0026)
employer		0.5530*** (0.0099)		0.5300*** (0.0099)
pGDP		0.5463*** (0.0099)		0.6100*** (0.0681)
party		0.1519*** (0.0173)		0.1520*** (0.0173)
常数项	10.1400*** (0.0379)	8.3200*** (0.0620)	10.2300*** (0.0380)	1.9720*** (0.7172)
省份固定效应	控制	控制	控制	控制
年份固定效应	控制	控制	控制	控制
R^2	0.1300	0.2693	0.1015	0.2704

注：限于篇幅，后文未报告控制变量的回归结果。

四 稳健性检验

（一）数字技能对个人收入的影响

上文验证了数字技能对家庭收入的正向影响，为了防止单一指标对回归可能产生的偏误，现将家庭收入替换成个人收入进行稳健性检验，回归结果如表3.12所示。

表 3.12　　　　　　数字技能的掌握对个人收入的影响

变量	(1)	(2)	(3)	(4)
digitalskill	1.6200*** (0.0541)	0.0900* (0.0544)		-0.2230*** (0.0459)
digitalskill×urban×information			0.2240*** (0.0197)	0.1244*** (0.0161)
urban				-0.4270*** (0.0322)
information				0.1020*** (0.0120)
控制变量		控制		控制
省份固定效应	控制	控制	控制	控制
年份固定效应	控制	控制	控制	控制
R^2	0.1116	0.2095	0.0910	0.6385

表 3.13　　　　　　掌握数字技能的程度对个人收入的影响

变量	(1)	(2)	(3)	(4)
digitalskill	2.4690*** (0.0485)	0.1432* (0.4006)		-0.0380 (0.0456)
digitalskill×urban×information			0.3056*** (0.0174)	0.1428*** (0.0137)
urban				-0.486*** (0.0340)
information				0.076*** (0.0123)
控制变量		控制		控制
省份固定效应	控制	控制	控制	控制
年份固定效应	控制	控制	控制	控制
R^2	0.1481	0.6381	0.0982	0.6382

从表 3.12 和表 3.13 报告的回归结果来看,无论是数字技能的掌握,还是数字技能的掌握程度都对个人收入存在正向效应,并且农村地区的正向效应更加明显,这与数字技能对家庭收入的影响是一致的。

(二) 工具变量回归

考虑到基准回归模型中可能存在的因遗漏变量以及双向因果导致的内生性问题,所以接下来采用工具变量法进行稳健性检验。参考前人的做法,选取中国各省份的人均互联网宽带接入端口数量(*IV*1)以及平均每个家庭户接入宽带用户数量(*IV*2)作为工具变量。一方面,从内生性上来说,数字技能的前提就是较完善的互联网基础设施,只有互联网的基础设施达到一定程度,居民才有可能掌握数字技能并且提高其掌握的程度,而各省份的人均互联网宽带接入端口数量以及家庭户接入宽带用户数量在一定程度上代表了地区的互联网基础设施水平,与数字技能是高度相关;另一方面,从外生性来看,上述两个工具变量更多的是影响家庭的消费生活以及地区的互联网完善情况,并不会直接影响家庭的收入以及个人收入,所以,可以认为其满足"外生性"的条件。表 3.14 为工具变量的回归结果。

表 3.14　　工具变量法:掌握数字技能对家庭收入的影响

变量	(1)	(2)	(3)	(4)	(5)	(6)
	fincome					
	IV1		IV2		IV1&IV2	
digitalskill	0.897*** (0.3041)	−0.290 (0.1107)	0.904*** (0.3364)	−0.160 (0.4372)	1.370*** (0.263)	−0.634* (0.1570)
digitalskill×urban× information		1.2730*** (0.2211)		1.3820*** (0.2654)		1.2400*** (0.3140)
控制变量	控制	控制	控制	控制	控制	控制
时间固定效应	控制	控制	控制	控制	控制	控制
Kleibergen−Paap rkLMStatistic	30.16***	28.65***	29.35***	23.89***	24.69***	21.85***
Kleibergen−Paap rkFStatistic	29.61***	28.68***	23.59***	16.52***	12.36***	10.93***

续表

变量	(1)	(2)	(3)	(4)	(5)	(6)
	fincome					
	IV1		IV2		IV1&IV2	
Sargan P-Value	—	—	—	—	0.8308	0.1132
Anderson-Rubin WaldChi² Statistic	6.54*	5.63**	7.03**	5.25**	7.89***	5.21*

表3.15　　工具变量法：掌握数字技能的质量对家庭收入的影响

变量	(1)	(2)	(3)	(4)	(5)	(6)
	fincome					
	IV1		IV2		IV&IV2	
digitalskill	0.665*** (0.4554)	-0.380* (0.1107)	0.974*** (0.4256)	-0.192 (0.5674)	1.580*** (0.3560)	-0.358* (0.2680)
digitalskill×urban× information		1.458*** (0.3245)		1.569*** (0.3596)		1.450*** (0.2250)
控制变量	控制	控制	控制	控制	控制	控制
时间固定效应	控制	控制	控制	控制	控制	控制
Kleibergen-Paap rkLMStatistic	34.56***	29.68***	25.98***	30.56***	38.65***	39.85***
Kleibergen-Paap rkFStatistic	27.69***	25.48***	18.65***	20.65***	25.68***	24.56***
Sargan P-Value	—	—	—	—	0.5211	0.2256
Anderson-Rubin WaldChi² Statistic	8.56*	4.98**	6.23**	8.57**	6.25**	10.28*

从表3.14和表3.15的工具变量回归报告的各项工具变量检测结果可知，IV1和IV2满足工具变量的"内生性"以及"外生性"的要求，并且也通过了弱工具变量检验。从表3.14和表3.15的回归结果可以得出在处理内生性问题后，回归结果依然与基准回归结果相一致，即无论是掌握数字技能以及掌握数字技能的程度都对家庭收入有正向的影响效应，并且这种正向效应主要是因为数字技能帮助居民获得了信息优势。

(三) 样本选择偏误

因为本章的核心解释变量数字技能与个体的特征是相关的,所以除了遗漏变量和双向因果以外,样本的自选择偏差也是模型内生性问题的来源之一。所以本章采取了以往文献采用的赫克曼矫正法去处理,相关的回归结果如表 3.16 所示。

表 3.16 样本选择偏误检验:掌握数字技能对家庭收入的影响 (*IV*1)

变量	(1) 第一阶段 digitalskill	(2) 第二阶段 fincome	(3) 第二阶段 fincome
*IV*1	3.256*** (0.3990)		
digitalskill		0.546*** (0.0458)	0.469*** (0.0426)
IMR		-0.3121*** (0.0368)	-0.3056*** (0.0346)
digitalskill×urban×information			0.169*** (0.0156)
控制变量	控制	控制	控制
年份固定效应	控制	控制	控制

表 3.17 样本选择偏误检验:掌握数字技能的质量对家庭收入的影响 (*IV*1)

变量	(1) 第一阶段 digitalskill	(2) 第二阶段 fincome	(3) 第二阶段 fincome
*IV*1	4.156*** (0.4510)		
digitalskill		0.512*** (0.0469)	0.496*** (0.0486)
IMR		-0.3256*** (0.0423)	-0.3358*** (0.0428)

续表

变量	（1）第一阶段 digitalskill	（2） 第二阶段	（3）
		fincome	
digitalskill×urban× information			0.196***（0.0249）
控制变量	控制	控制	控制
年份固定效应	控制	控制	控制

从表 3.16 和表 3.17 报告的回归结果中可以看出，两个表格中的逆米尔斯比率都是显著的，这就在一定程度上说明了样本的选择偏差问题是确实存在的，而第二阶段的回归结果是控制样本选择偏误因素之后的回归结果。从结果可以看出，数字技能能够提高家庭收入，并且这种提高的效应在农村地区更为明显，而这种效应产生的原因是数字技能能够帮助居民获得信息优势。这与基准回归的结果是一致的。

五 不同数字技能对家庭收入的影响

表 3.18 和表 3.19 报告了掌握不同的数字技能和掌握不同的数字技能的程度对家庭收入的影响。从表 3.18 和表 3.19 中的列（1）可以看出无论是线上商务、娱乐社交还是学习工作的数字技能都对家庭收入有显著的正向影响，并且掌握的程度越高对家庭收入正向影响越明显。在加入控制变量之后，列（2）的回归结果显示，无论是掌握线上商务数字技能还是掌握线上商务数字技能的程度对家庭收入产生的正向影响在三种数字技能中最为明显。在进一步加入数字技能与城镇分布以及信息优势变量的交互项后，列（3）的结果显示，相对于城镇地区，农村地区的居民掌握线上商务技能和学习工作技能并且提高掌握的质量后可以更好地获得信息优势，从而显著地提高家庭收入，尤其是线上商务技能，对收入的提升更加明显；相反，娱乐社交数字技能却降低了家庭收入。这可能是因为，在农村地区掌握线上商务数字技能以及工作学习数字技能的人相对较少，这类人才属于稀缺性资源，所以其薪资水平可能更高，从而其家庭收入更高；掌握线上商务数字技能以及提高掌握水平

往往具有一定的知识壁垒,但是,一旦突破这层壁垒,就会获得其他的数字技能无法带来的信息优势,而农村地区的居民往往在获取信息尤其是一些富有价值的信息方面比不过城镇居民,所以农村地区居民掌握线上商务数字技能并且提高掌握的程度会更有利于其提高家庭收入。娱乐社交技能会显著降低农村地区居民的家庭收入。这可能是因为,农村地区的文化生活相对城镇地区比较单一,这样的环境很容易让居民沉迷娱乐社交,难以平衡工作和生活,从而可能影响个人工作状态,进而影响工作收入以及家庭收入,这也就验证了 H3-2。

表 3.18　　掌握不同的数字技能对家庭收入的影响

变量	(1)	(2)	(3)
	fincome		
workskill	0.1850*** (0.0253)	0.1150*** (0.0132)	0.0243 (0.0152)
busskill	0.1750*** (0.0198)	0.1430*** (0.0156)	0.0347 (0.0169)
enterskill	0.1690*** (0.0267)	0.0920*** (0.0128)	0.0690* (0.0146)
workskill×urban× information			0.1160*** (0.0147)
busskill×urban× information			0.1450*** (0.0179)
enterskill×urban× information			-0.0790* (0.0156)
控制变量		控制	控制
省份固定效应	控制	控制	控制
时间固定效应	控制	控制	控制
R^2	0.126	0.205	0.219

表 3.19　掌握不同的数字技能的质量对家庭收入的影响

变量	(1)	(2)	(3)
	fincome		
workskill	0.1720*** (0.0246)	0.1250*** (0.0135)	0.0256 (0.0168)
busskill	0.1760*** (0.0197)	0.1460*** (0.0161)	0.0378 (0.0174)
enterskill	0.1640*** (0.0246)	0.0980*** (0.0132)	0.0610* (0.0139)
workskill×urban× information			0.1250*** (0.0149)
busskill×urban× information			0.1520*** (0.0184)
enterskill×urban× information			-0.0650* (0.0164)
控制变量		控制	控制
省份固定效应	控制	控制	控制
时间固定效应	控制	控制	控制
R^2	0.118	0.209	0.223

六　数字技能与农民收入增长的机制检验

根据上述分析可以得出，数字技能可以显著地提升家庭收入和个人收入，并且对农村地区居民具有更明显的提升作用。那么数字技能是如何影响农民收入增长的，前面从多个方面提出的关于数字技能可以提高家庭收入的可能路径能否得到验证呢？

(一) 数字技能对非农就业的影响

在考察数字技能对非农就业的影响时，采用 logit 模型回归，将被解释变量换成"是否为非农就业"。回归结果如表 3.20 和表 3.21 所示。

表 3.20 和表 3.21 显示了数字技能对居民非农就业的影响，从回归结果来看无论是"是否掌握数字技能"还是"掌握数字技能的质量"都能提高居民非农就业的概率，这种效应在农村地区尤为明显，这也就验

证了 H3-6 和 H3-8。而在中国大部分地区，非农行业的平均收入是比农业的平均收入要高的，所以数字技能能够提高居民（尤其是农村地区的居民）非农就业的概率，也就是在一定程度上能够提高居民的收入，并且从列（4）的回归结果可以看出，线上商务技能对居民非农就业产生的正向效应是最大的，在前文中也提到，线上商务技能相较于其他的数字技能具有一定的技术壁垒，但是一旦打破壁垒，会比其他的数字技能更加能解决信息不对称等问题，其实找工作的过程就是一个不断接触信息、理解信息的过程，而掌握线上商务技能以及提高掌握的质量可以更好地帮助居民去挖掘、去识别信息，这是其他两种数字技能无法替代的。

表 3.20　　　　　　掌握数字技能对非农就业的影响

变量	（1）	（2）	（3）	（4）
	\multicolumn{4}{c}{nonagri-employment}
digitalskill	0.1280*** (0.0359)	-0.1670 (0.0248)		
digitalskill×urban× information		0.2420*** (0.1562)		
workskill			0.1640*** (0.0312)	-0.0166 (0.1124)
busskill			0.2140* (0.0263)	-0.1470 (0.1412)
enterskill			0.0987* (0.0325)	-0.1024 (0.1512)
workskill×urban× information				0.2412* (0.1532)
busskill×urban× information				0.3023*** (0.1642)
enterskill×urban× information				0.1235* (0.1745)
控制变量	控制	控制	控制	控制
省份固定效应	控制	控制	控制	控制
时间固定效应	控制	控制	控制	控制

表 3.21　　　　　掌握数字技能的质量对非农就业的影响

变量	(1)	(2)	(3)	(4)
	\multicolumn{4}{c}{nonagri-employment}			
digitalskill	0.1350*** (0.0378)	-0.1540 (0.0239)		
digitalskill×urban×information		0.2590*** (0.1596)		
workskill			0.1590*** (0.0268)	-0.0151 (0.1147)
busskill			0.2360* (0.0274)	-0.1410 (0.1324)
enterskill			0.0874* (0.0445)	-0.112 (0.1457)
workskill×urban×information				0.2521* (0.1532)
busskill×urban×information				0.3234*** (0.1659)
enterskill×urban×information				0.1349 (0.1874)
控制变量	控制	控制	控制	控制
省份固定效应	控制	控制	控制	控制
时间固定效应	控制	控制	控制	控制

(二) 数字技能对信贷资金可获得性的影响

为了考察数字技能对信贷资金可获得性的影响，本章采用"家庭当期是否有银行贷款和民间贷款"为被解释变量，如果有则取值为1，没有则取值为0，并且采用 logit 模型回归，其回归结果如表3.22所示。

表 3.22　　　　　掌握数字技能对信贷资金可获得性的影响

变量	(1)	(2)	(3)	(4)
	\multicolumn{4}{c}{loan}			
digitalskill	0.2360*** (0.0415)	-0.1262 (0.0342)		

续表

变量	(1)	(2)	(3)	(4)
	\multicolumn{4}{c}{loan}			
digitalskill×urban×information		0.4480*** (0.1451)		
workskill			0.1720*** (0.0264)	-0.0256 (0.1346)
busskill			0.1850* (0.0485)	-0.1730 (0.1318)
enterskill			0.0996* (0.0486)	-0.1156 (0.1418)
workskill×urban×information				0.2645* (0.1438)
busskill×urban×information				0.2846*** (0.1524)
enterskill×urban×information				0.1146 (0.1542)
控制变量	控制	控制	控制	控制
省份固定效应	控制	控制	控制	控制
时间固定效应	控制	控制	控制	控制

表 3.23　掌握数字技能的质量对信贷资金可获得性的影响

变量	(1)	(2)	(3)	(4)
	\multicolumn{4}{c}{loan}			
digitalskill	0.2570*** (0.0426)	-0.1156 (0.0365)		
digitalskill×urban×information		0.4680*** (0.1561)		
workskill			0.1810*** (0.0252)	-0.0326 (0.1458)
busskill			0.1980* (0.0496)	-0.1780 (0.1517)

83

续表

变量	(1)	(2)	(3)	(4)
	\multicolumn{4}{c}{loan}			
enterskill			0.1025* (0.0598)	−0.1259 (0.1319)
workskill×urban×information				0.3045* (0.1546)
busskill×urban×information				0.3236*** (0.1628)
enterskill×urban×information				0.1248 (0.1649)
控制变量	控制	控制	控制	控制
省份固定效应	控制	控制	控制	控制
时间固定效应	控制	控制	控制	控制

表3.22和表3.23报告了数字技能对信贷资金的可获得性的影响的回归结果。从结果来看，数字技能可以显著提高居民获取信贷资金的概率，而交互项的回归结果显示线上商务技能更能显著地提高居民尤其是农村居民获得信贷资金的概率，这就在一定程度上验证了H3-4。这是由于中国目前金融业的发展明显倾向城市，城市居民无论是对金融机构的了解，还是金融基础知识的理解，都远超农村地区居民，所以城市居民因地域和文化上的优势有更大的概率获得金融机构的信贷资金，农村地区居民相对而言获得信贷资金的概率较小，而数字技能尤其是壁垒相对较高的线上商务技能可以弥补这种由于地域带来的信息不对称。所以农村地区的居民掌握了数字技能以及提高掌握的质量后相比城市居民更容易提高获得信贷资金的概率。而获得信贷资金概率的提高可以提高自主创业以及进行投资的概率，进而提高其家庭收入。

（三）数字技能对创业决策以及创业成功率的影响

为了考察数字技能对创业决策的影响，本章采用了家庭经济问卷中的问答"过去12个月，您家是否有家庭成员从事个体经营或开办私营企业"，如果有赋值为1，没有赋值为0。本章将其作为被解释变量，依然采用logit模型回归，其回归结果如表3.24所示。

表 3.24　　　　　　掌握数字技能对创业决策的影响

变量	(1)	(2)	(3)	(4)
	\multicolumn{4}{c}{self-employ}
digitalskill	0.5610*** (0.0289)	−0.1262 (0.0342)		
digitalskill×urban×information		0.5970*** (0.1051)		
workskill			0.1380*** (0.0264)	−0.0432 (0.1458)
busskill			0.3870** (0.0541)	−0.2860 (0.1218)
enterskill			0.3280 (0.0389)	−0.1425 (0.1317)
workskill×urban×information				0.2987* (0.1342)
busskill×urban×information				0.3895*** (0.1446)
enterskill×urban×information				0.1876 (0.1145)
控制变量	控制	控制	控制	控制
省份固定效应	控制	控制	控制	控制
时间固定效应	控制	控制	控制	控制

表 3.25　　　　　　掌握数字技能的质量对创业决策的影响

变量	(1)	(2)	(3)	(4)
	\multicolumn{4}{c}{self-employ}
digitalskill	0.5780*** (0.0296)	−0.1159 (0.0374)		
digitalskill×urban×information		0.6120*** (0.1149)		
workskill			0.1420*** (0.0259)	−0.0416 (0.1446)

85

续表

变量	(1)	(2)	(3)	(4)
	\multicolumn{4}{c}{self-employ}			
dusskill			0.3960** (0.0523)	-0.2760 (0.1168)
enterskill			0.339 (0.0369)	-0.1356 (0.1324)
workskill×urban× information				0.3024* (0.1364)
busskill×urban× information				0.3986*** (0.1475)
enterskill×urban× information				0.1769 (0.1285)
控制变量	控制	控制	控制	控制
省份固定效应	控制	控制	控制	控制
时间固定效应	控制	控制	控制	控制

表 3.24 和表 3.25 显示了数字技能对居民创业决策的影响。从回归结果来看，掌握数字技能的家庭，创业的可能性也越高，并且掌握数字技能的质量越高，创业的可能性也越高。在引入交互项进行回归后，结果显示，数字技能对农村地区的家庭创业的促进作用更明显。因为相比于城镇地区的家庭，农村地区由于地域因素，家庭在创业时更容易面临信息壁垒等一些问题，而掌握数字技能可以通过互联网的信息交流有效缓解因为地域因素所带来的创业难度以及成本。

另外，从不同种类的数字技能对家庭创业决策的回归结果可以看出，线上商务技能对家庭创业决策的促进作用依然是最大的。在数字化信息时代来临之前，农村地区的家庭创业面临高额的创业成本、产品需求模糊等一系列的问题，这会在一定程度上打击农村地区创业的决心，但随着数字时代的来临，以线上商务数字技能为代表的数字技能可以有效解决这些问题，例如，现在在许多电商平台开设网店无论是资金门槛还是其他门槛都是比较低的。并且，可以通过产品信息反馈以及流量信息反馈等这些数字经济的产物去完善产品的需求与供应链。这样可以提高农村家庭创业的决心,从而实现增收,实现包容性增长。

上文考察了数字技能对创业决策的影响,接下来考察数字技能对创业成功率的影响。本章以当年同省份同城乡分布的平均资产收益率为标准,超过均值赋值为 1,否则为 0。以此为被解释变量,并且依然采用 logit 模型回归,其回归结果如表 3.26 所示。

表 3.26　　　　　掌握数字技能对创业成功率的影响

变量	(1)	(2)	(3)	(4)
	\multicolumn{4}{c	}{profit}
digitalskill	0.1415 (0.0574)	−0.3214* (0.1674)		
digitalskill×urban× information		0.4824*** (0.1241)		
workskill			0.2038*** (0.0874)	−0.0432 (0.2147)
busskill			0.0346 (0.0945)	−0.1150 (0.1945)
enterskill			0.0214 (0.0856)	−0.1180 (0.1824)
workskill×urban× information				0.6547** (0.2213)
busskill×urban× information				−0.2965 (0.2458)
enterskill×urban× information				−0.2714 (0.1975)
控制变量	控制	控制	控制	控制
省份固定效应	控制	控制	控制	控制
时间固定效应	控制	控制	控制	控制

表 3.27　　　　　　　掌握数字技能的质量对创业成功率的影响

	（1）	（2）	（3）	（4）
	\multicolumn{4}{c}{profit}			
digitalskill	0.1524 (0.0675)	-0.3417* (0.1874)		
digitalskill×urban× information		0.5028*** (0.1578)		
workskill			0.2356*** (0.0851)	-0.5180 (0.2372)
busskill			0.0371 (0.0968)	-0.1280 (0.1968)
enterskill			0.0275 (0.0906)	-0.1270 (0.1941)
workskill×urban× information				0.6749** (0.2425)
busskill×urban× information				-0.2968 (0.2547)
enterskill×urban× information				-0.2868 (0.1986)
控制变量	控制	控制	控制	控制
省份固定效应	控制	控制	控制	控制
时间固定效应	控制	控制	控制	控制

表 3.26 和表 3.27 显示了数字技能对创业成功率的影响的回归结果。结果显示，数字技能只对农村地区家庭的创业成功率有提升作用，而三种不同的数字技能中也只有学习工作数字技能才可以有效提高居民创业的成功率，这可能和农村地区家庭创业的项目选择有关，因为资金等有限，农村地区家庭在以往创业时往往选择一些要求较低，投入较少的线下实体店进行创业，但这种实体店往往会因为竞争过于激烈而失败。而在互联网数字时代，创业的项目是多而杂的，如果创业者能够沉下心来去学习相关的知识、技能和经验，那么无论是创业的机遇还是盈利的空间都会有一个较大的提升。所以表 3.26、表 3.27 的回归结果在

一定程度上验证了 H3-7 和 H3-8。

（四）数字技能对农产品市场价值的影响

为了考察数字技能对农产品市场价值的影响，本章将经过处理后的农产品市场价值作为被解释变量，并且采用 OLS 回归，其回归结果如表 3.28 所示。

表 3.28　　　　掌握数字技能对农产品市场价值的影响

变量	（1）	（2）	（3）	（4）
	\multicolumn{4}{c}{Value of agri-pro}
digitalskill	2.4571 (0.5647)	1.3410 (0.3246)		
digitalskill×urban× information		1.5874*** (0.3547)		
workskill			1.1270 (0.3462)	1.1140 (0.2742)
busskill			1.2490 (0.3876)	1.1350 (0.2647)
enterskill			2.1475 (0.4152)	1.2120 (0.2847)
workskill×urban× information				1.0650 (0.2324)
busskill×urban× information				1.0740 (0.2485)
enterskill×urban× information				1.2140** (0.2456)
控制变量	控制	控制	控制	控制
省份固定效应	控制	控制	控制	控制
时间固定效应	控制	控制	控制	控制

表 3.29　掌握数字技能的质量对农产品市场价值的影响

变量	(1)	(2)	(3)	(4)
	\multicolumn{4}{c}{profit}			
digitalskill	2.547 (0.5784)	1.385 (0.3348)		
digitalskill×urban×information		1.601*** (0.3641)		
workskill			1.146 (0.3648)	1.127 (0.2854)
busskill			1.267 (0.3945)	1.146 (0.2749)
enterskill			2.157 (0.4258)	1.324 (0.2974)
workskill×urban×information				1.112 (0.2245)
busskill×urban×information				1.192 (0.2648)
enterskill×urban×information				1.315 (0.2568)
控制变量	控制	控制	控制	控制
省份固定效应	控制	控制	控制	控制
时间固定效应	控制	控制	控制	控制

表 3.28 和表 3.29 报告了数字技能对农产品市场价值影响的回归结果，结果显示数字技能只对农村地区的农产品的市场价值有提升作用，并且三种不同的数字技能中只有娱乐社交数字技能对农产品的市场价值有提升作用。这是因为相比城镇，农村地区利用相关电商平台进行买卖农产品的人还比较少，所以对相关农产品的价格没有一个很清晰的概念，往往会造成"贱卖"，在农村地区信息的主要流通还是靠亲戚朋友之间的社交，居民往往在与亲戚朋友的交谈中获得一些相关农产品价格的信息，所以一旦掌握娱乐社交的数字技能并且提高掌握的质量也就会加快人与人之间的交流，也就会加快信息的流通，防止农产品被贱卖，从而提高

相关的收入。另外，农村居民也可以利用互联网了解农产品更加先进的种植以及培育技术，这样也可以提高农产品的市场价值。这也就验证了H3-5的观点。

七 实证研究结果

（一）数字技能通过信息优势渠道能显著提升农村居民的收入

通过研究发现，数字技能能够通过信息优势渠道显著地提升居民的收入，并且这种效应在农村地区更加明显。从作用机制来看，这一效应主要来源于数字技能的掌握及其掌握质量的提高让居民有能力从具有海量信息的互联网世界中识别和获取自己所需的信息，从而获得相关的信息优势。具体而言，信息优势可以帮助居民了解到更多的非农就业机会以及投资和融资渠道，也可以解决因地域原因带来的创业成本过高等问题，从而实现自主创业并提高获得超额盈利的概率；也可以了解到更多的产品的农产品价值信息以及种植和培育技术，从而提高农产品的市场价值。所以，也就证实了，在信息化数字化时代，要想缩小城乡差距，提高农民收入，从供给侧出发完善互联网的基础设施固然重要，但是从需求侧考虑去培养和提升居民的数字技能可能更重要。

（二）线上商务与学习工作数字技能提升农村居民收入的作用更加明显

从实证结果可以发现，相比于娱乐社交数字技能，线上商务和学习工作数字技能对居民收入的提升作用更加明显。随着互联网和数字经济的快速发展，无论是在日常生活，还是在工作中，信息已经变成了不可或缺的要素之一，所以，辨别和拾取这些信息的数字技能对信息化社会中的居民来说是不可或缺的，但是，随着互联网技术的快速发展以及居民素质的提升，有些信息获取的技术壁垒也越来越高。而这些信息往往是最有价值的，也是最能提升认知的，这对居民数字技能的要求也越来越高。娱乐社交数字技能在一定程度满足居民日常生活的需求，它对于提升居民的认知和获取关键的信息作用不大，而线上商务和学习工作数字技能对掌握者的要求更高，掌握这部分技能的居民可以更好地了解各地区的经济形势，并且作出合理的决策，从而提升自己的收入水平，这种效应对于本就缺乏信息优势的农村地区更明显。

第四章

中部脱贫地区农民就业现状及就业能力评价

为了更为深入地了解中部脱贫地区农民的就业能力现状，从而更有针对性提升中部脱贫地区农民的就业能力。本章运用2016年中国劳动力动态调查①数据和有关资料，基于熵值法确定权重，采用模糊综合评价方法评价中部脱贫地区农民就业能力现状，并与东、西部地区比较，分析中部脱贫地区农民就业能力与东、西部地区农民就业能力的差距。由于精准扶贫的开展，被确定为精准扶贫对象的贫困农民在生计状况和政策扶助方面与非精准扶贫对象存在较大差异，因而本章进一步将中部脱贫地区农民分为精准扶贫对象和非精准扶贫对象，分析中部脱贫地区精准扶贫对象和非精准扶贫对象就业能力之差异。

第一节 中部脱贫地区农民就业现状

一 中部脱贫地区农民对信息技术的适应能力较差

根据2016年中国劳动力动态调查数据，28.64%的中部脱贫地区农民完全不会阅读报刊，17.34%的中部脱贫地区农民阅读报刊的能力不太行，阅读能力的缺乏使其难以通过图书获得新知识，也难以明白工作

---

① 中国劳动力动态调查（China Labor-force Dynamics Survey，CLDS），由中山大学组织，通过对中国城市和农村的村居进行两年一次的追踪调查，建立的以劳动力为调查对象的综合性数据库，包含了劳动力个体、家庭和社区三个层次的追踪和横截面数据。

当中以文字方式表述的工作要求。超过半数的中部脱贫地区农民完全不会或者写信不太行，写作能力的缺乏使其难以将工作成果以书面的方式表达出来，构成职业发展的阻碍。中部脱贫地区农民文化水平低，导致其严重不适应现代化、信息化、数字化社会。现代社会互联网已经深入地影响着工作、学习、生活的方方面面，信息技术应用能力不仅影响生产的效率，还关系到中部脱贫地区农民对现代化生产和城市生活的适应能力。据统计，如图 4.1 所示，47.24% 的中部脱贫地区农民完全不会用手机发短信，12.56% 的中部脱贫地区农民用手机发短信的能力不太行；过半数的中部脱贫地区农民完全不会用银行 ATM 取款，10.30% 的中部脱贫地区农民使用银行 ATM 取款能力不太行；超过 2/3 的中部脱贫地区农民完全不会使用网上银行和网上买火车票。可见，中部脱贫地区农民的信息技术应用能力亟待提升以适应信息化社会和日常生活。

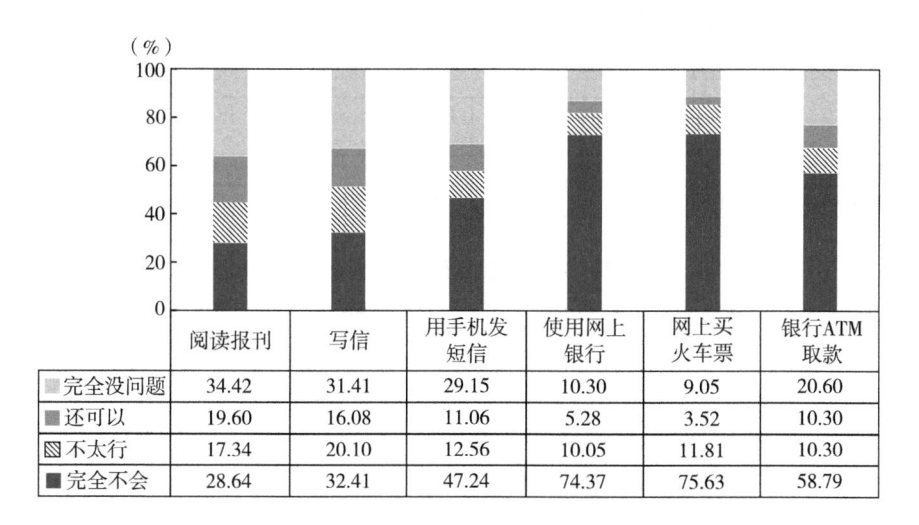

	阅读报刊	写信	用手机发短信	使用网上银行	网上买火车票	银行ATM取款
完全没问题	34.42	31.41	29.15	10.30	9.05	20.60
还可以	19.60	16.08	11.06	5.28	3.52	10.30
不太行	17.34	20.10	12.56	10.05	11.81	10.30
完全不会	28.64	32.41	47.24	74.37	75.63	58.79

图 4.1　中部脱贫地区农民就业能力频数分布

资料来源：笔者根据 2016 年中国劳动力动态调查整理所得。

进一步分析中部脱贫地区农民中精准扶贫对象和非精准扶贫对象的基本技能和信息技术应用能力，29.45% 的精准扶贫对象完全不会阅读报刊，28.09% 的非精准扶贫对象完全不会阅读报刊；完全不会写信的精准扶贫对象占比 33.13%，比非精准扶贫对象占比多 1.22%，中部贫困农民中非精准扶贫对象在阅读和写作方面的能力略强于精准扶贫对象。在信息技术应用能力方面,完全不会用手机发短信的精准扶贫对象占比为53.37%,比非精准扶贫对象多10.39%;81.60%的精准扶贫对象完全不会使用网上银行,82.82%的精准扶贫对象完全不会网上买火车票。因此,精准扶贫对象阅读、写作方面的基础技能和信息技术应用技能皆低于非精准扶贫对象,二者在基础技能方面的差距较小,在信息技术应用能力方面差距相对较大(见图4.2)。

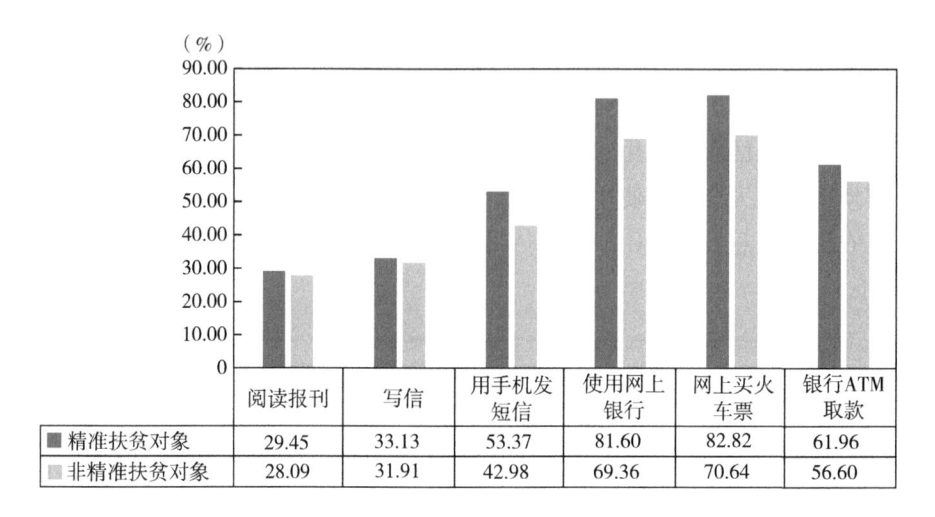

(%)	阅读报刊	写信	用手机发短信	使用网上银行	网上买火车票	银行ATM取款
精准扶贫对象	29.45	33.13	53.37	81.60	82.82	61.96
非精准扶贫对象	28.09	31.91	42.98	69.36	70.64	56.60

图 4.2 中部脱贫地区农民就业能力比较

资料来源:笔者根据2016年中国劳动力动态调查整理所得。

二 中部脱贫地区农民工作环境差

根据2016年中国劳动力动态调查数据,中部脱贫地区农民家庭年人均收入为4947.52元[①],其中精准扶贫对象为3843.30元,非精准扶贫对象为5708.72元,收入水平偏低,精准扶贫对象收入水平低于非精准扶贫对象。30.26%的中部脱贫地区农民对收入水平非常不满意或者不太满意。中部脱贫地区农民由于就业技能较低,往往从事脏、累、苦、差的工作,工作环境差,缺乏安全保护,这些都对其健康和安全造成威胁,10%的中部脱贫地区农民对工作安全性感到非常不满意或者不太满意,

---

① 因统计口径的原因,故该数据与表3.3的数据存在差异。

20%的中部脱贫地区农民对就业环境感到非常不满意或者不太满意。

三 中部脱贫地区农民工作时间长

根据2016年中国劳动力动态调查数据,约25%的中部脱贫地区农民每日工作时间超过11小时,22.43%的中部脱贫地区农民对工作时间非常不满意或者不太满意,每天觉得工作让其身心俱疲占比25%,一周数次觉得工作让其身心俱疲占比21.67%,22.08%的中部脱贫地区农民每天觉得工作对其压力很大,对工作感到非常满意或者比较满意的比例为43.4%,中部脱贫地区农民就业现状有待提升。

第二节 中部脱贫地区农民就业能力评价方法的选择和运用

模糊综合评价法是根据模糊数学理论对受到多种因素制约的对象作出综合评价的方法,它具有较强的系统性,能够较好解决一些难以量化的问题,将定性评价转为定量评价。本章将基于熵值法确定权重,采用模糊综合评价法评价中部脱贫地区农民的就业能力,增强评价的客观性和准确性。

一 确定指标权重

将农民就业能力分为4个等级,设评价等级集合为$V=\{V_1, V_2, V_3, V_4\}$,其中V_1表示"完全没问题",V_2表示"还可以",V_3表示"不太行",V_4表示"完全不会"。

借鉴USEM模型,根据农民受教育水平和认知程度的特点,剔除学科理解力和元认知维度,从基础技能和自我效能感两个维度构建农民就业能力评价指标体系,准则层集合表示为$W=\{W_1, W_2, \cdots, W_m\}$,本章$m$为2,指标层指标集合为$W_i=\{W_{i1}, W_{i2}, \cdots, W_{ij}\}$,其中$j$为指标层个数。

采用熵值法计算各子指标权重。熵值法是客观赋值的一种方法,指标的熵值越小,信息无序程度越低,指标在综合评价中效用越大,权重越大;指标的熵值越大,信息无序程度越高,指标在综合评价中效用越小,权重越小。

计算步骤如下:

(1) 设有 m 个方案,n 项指标,原始指标矩阵如下。

$$A = \begin{pmatrix} X_{11} & \cdots & X_{1m} \\ \vdots & \vdots & \vdots \\ X_{n1} & \cdots & X_{nm} \end{pmatrix}_{n \times m} \tag{4.1}$$

其中 X_{ij} 为第 i 个方案第 j 个数值。

(2) 数据的标准化处理。

对于正向指标:

$$X_{ij} = \frac{X_{ij} - \min(X_{1j}, X_{2j}, \cdots, X_{nj})}{\max(X_{1j}, X_{2j}, \cdots, X_{nj}) - \min(X_{1j}, X_{2j}, \cdots, X_{nj})} \tag{4.2}$$

对于负向指标:

$$X_{ij} = \frac{\max(X_{1j}, X_{2j}, \cdots, X_{nj}) - X_{ij}}{\max(X_{1j}, X_{2j}, \cdots, X_{nj}) - \min(X_{1j}, X_{2j}, \cdots, X_{nj})} \tag{4.3}$$

(3) 第 j 项指标下第 i 个方案占该指标的比重。

$$P_{ij} = \frac{X_{ij}}{\sum_{i=1}^{n} X_{ij}} (j = 1, 2, \cdots, m) \tag{4.4}$$

(4) 第 j 项指标的熵值。

$$e_j = -k \times \sum_{i=1}^{n} P_{ij} \log(P_{ij}) \tag{4.5}$$

式(4.5)中 k 与样本量有关,一般令 $k = 1/\ln m$,为解决 $P_{ij} = 0$ 时,无法计算 e_j 的情况,本书在 $P_{ij} = 0$ 时,用 0.0001 代替。

(5) 计算第 j 项指标的差异系数。

$$g_j = 1 - e_j \tag{4.6}$$

(6) 计算权重。

$$W_j = \frac{g_j}{\sum_{j=1}^{m} g_j}, j = 1, 2, \cdots, m \tag{4.7}$$

(7) 计算各方案的综合得分。

$$S_i = \sum_{j=1}^{m} W_j \times P_{ij} (i = 1, 2, \cdots, n) \tag{4.8}$$

采用熵值法计算确定权重可以提高模糊综合评价法的客观性，指标设定及权重如表 4.1 所示。

表 4.1　　　　　　　贫困农民就业能力评价指标体系

准则层	准则层权重	指标层	指标层权重
基本技能	0.95	阅读报刊	0.07
		写信	0.08
		发短信	0.12
		使用网上银行	0.27
		网上购买火车票	0.28
		银行 ATM 取款的能力	0.17
自我效能感	0.05	努力完成应做的事	0.35
		尽力做即使不喜欢的事	0.36
		尽力做即使很久才会有结果的事	0.29

资料来源：笔者根据 2016 年中国劳动力动态调查整理所得。

二　构建模糊关系矩阵

基于 2016 年中国劳动力动态调查中劳动力个体问卷数据，选取中国中部脱贫地区农民问卷调查数据，根据模糊关系矩阵隶属度计算方法，计算准则层下各指标对应的模糊关系矩阵如下：

$$R_1 = \begin{bmatrix} 0.33 & 0.18 & 0.18 & 0.31 \\ 0.30 & 0.15 & 0.20 & 0.36 \\ 0.27 & 0.10 & 0.12 & 0.51 \\ 0.10 & 0.05 & 0.10 & 0.75 \\ 0.09 & 0.04 & 0.11 & 0.77 \\ 0.19 & 0.10 & 0.10 & 0.61 \end{bmatrix} \quad (4.9)$$

$$R_2 = \begin{bmatrix} 0.12 & 0.66 & 0.18 & 0.04 \\ 0.09 & 0.67 & 0.20 & 0.04 \\ 0.12 & 0.71 & 0.14 & 0.03 \end{bmatrix} \quad (4.10)$$

三 计算综合评价值

结合采用熵值法确定的权重和模糊关系矩阵，选用 $M(\bullet, \otimes)$ 算子对农民就业能力进行综合评价。中部脱贫地区农民基础技能的综合向量为

$$U_1 = W_1 \circ R_1 = (0.07, 0.08, 0.12, 0.27, 0.28, 0.17) \circ$$

$$\begin{bmatrix} 0.33 & 0.18 & 0.18 & 0.31 \\ 0.30 & 0.15 & 0.20 & 0.36 \\ 0.27 & 0.10 & 0.12 & 0.51 \\ 0.10 & 0.05 & 0.10 & 0.75 \\ 0.09 & 0.04 & 0.11 & 0.77 \\ 0.19 & 0.10 & 0.10 & 0.61 \end{bmatrix}$$

$$= (0.1635, 0.0781, 0.1189, 0.6395) \quad (4.11)$$

同理，中部脱贫地区农民自我效能感的综合向量为 $U_2 = (0.1079, 0.6773, 0.1750, 0.0398)$，准则层的综合得分为

$$U = (0.95, 0.05) \circ \begin{bmatrix} 0.1635 & 0.0781 & 0.1189 & 0.6395 \\ 0.1079 & 0.6773 & 0.1750 & 0.0398 \end{bmatrix}$$

$$= (0.1607, 0.1080, 0.1217, 0.6095) \quad (4.12)$$

根据最大隶属度原则，最大隶属度为 0.6095，属于 [1, 2]，就业能力有待提高。对 U_1，U_2 向量中隶属于评价等级集合 $\{V_1, V_2, V_3, V_4\}$，即 $\{$完全没问题，还可以，不太行，完全不会$\}$ 分别赋值为 4，3，2，1。目标层的综合得分为

$$G = (0.1607, 0.1080, 0.1217, 0.6095) \bullet (4, 3, 2, 1)^T = 1.82$$
$$(4.13)$$

第三节 中部脱贫地区农民就业能力模糊综合评价结果

基于熵值法确定权重，采用模糊综合评价方法得到的就业能力综合评价值显示中部脱贫地区农民就业能力处于较低水平。为了从各指标层分析中部脱贫地区农民就业能力提升空间，需综合分析各指标层得分，

中部脱贫地区农民指标层得分如表 4.2 所示。

表 4.2　中国中部脱贫地区农民就业能力评价及区域比较　　单位：分

地区	得分	准则层	得分	指标层	指标层得分
中部地区	1.82	基本技能	1.77	阅读报刊	2.53
				写信	2.39
				发短信	2.13
				使用网上银行	1.49
				网上购买火车票	1.44
				银行ATM取款的能力	1.87
		自我效能感	2.85	即使身体不舒服，也会完成应该做的事	2.85
				即使不喜欢的事也会全力去做	2.81
				即使做一件事很久才有结果，也会尽力做	2.91
东部地区	1.98	基本技能	1.93	阅读报刊	2.59
				写信	2.49
				发短信	2.29
				使用网上银行	1.65
				网上购买火车票	1.61
				银行ATM取款的能力	2.13
		自我效能感	2.88	即使身体不舒服，也会完成应该做的事	2.94
				即使不喜欢的事也会全力去做	2.77
				即使做一件事很久才有结果，也会尽力做	2.94
西部地区	1.86	基本技能	1.81	阅读报刊	2.47
				写信	2.29
				发短信	2.05
				使用网上银行	1.56
				网上购买火车票	1.53
				银行ATM取款的能力	2.02
		自我效能感	2.82	即使身体不舒服，也会完成应该做的事	2.84
				即使不喜欢的事也会全力去做	2.77
				即使做一件事很久才有结果，也会尽力做	2.86

资料来源：笔者根据 2016 年中国劳动力动态调查整理所得。

评估显示，中部脱贫地区农民就业能力目标层的综合评分为1.82分，整体就业能力有待提高。从准则层评分看，中部脱贫地区农民就业能力中基础技能得分为1.77分，处于［完全不会，不太行］区间，表明中部脱贫地区农民基础技能亟待提高；自我效能感方面的指标接近3分，处于［不太行，还可以］区间，表明中部脱贫地区农民有较好的吃苦耐劳精神，对于工作、生活中应该做的事情能够克服身体、心理困难努力完成，能够承担责任。从指标层评分看，中部脱贫地区农民阅读报刊、写信、用手机发短信等技能处于［不太行，还可以］区间，但是使用网上银行、网上购票、ATM取款方面信息技术应用能力处于［完全不会，不太行］区间内。因此，要提高中部脱贫地区农民就业能力，不应局限于阅读、写作等基本能力，还应提高他们的信息技术应用能力，使其掌握现代化设备的操作与应用的技能，适应互联网时代和现代化生产的要求。

通过上述表4.2和图4.3可以看出，中国脱贫地区农民就业能力中部为1.82分、东部为1.98分、西部为1.86分。准则层面显示，中国脱贫地区农民的基本技能，中部为1.77分、东部1.93分、西部为1.81分，可见中部脱贫地区农民阅读、信息技术应用能力等方面的基本技能有待提升。从中国脱贫地区农民的自我效能感来看，中部为2.85分、东部为2.88分，西部为2.82分。指标层面显示，东部脱贫地区农民阅读、写信、发短信方面的基本技能普遍高，中部脱贫地区农民使用网上银行、网上购票、ATM取款的能力比较低，中部脱贫地区农民信息技术应用能力亟待提升。

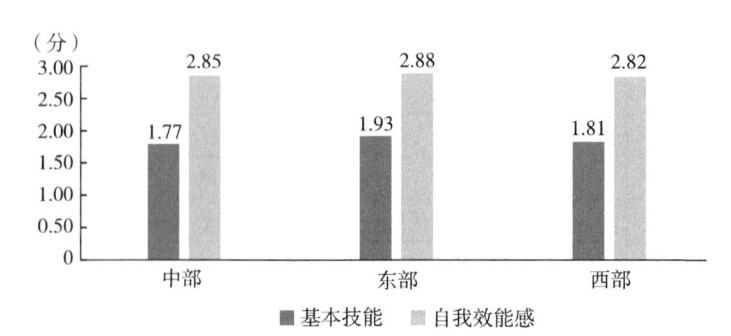

图4.3 贫困农民就业能力区域比较

资料来源：笔者根据2016年中国劳动力动态调查整理所得。

进一步将中部脱贫地区农民根据是否为精准扶贫对象进行划分,并与全国农民中精准扶贫对象和非精准扶贫对象的就业能力进行对比,结果如表4.3所示。

表4.3 中部脱贫地区农民精准扶贫对象和非精准扶贫对象的就业能力及比较

项目	中部地区		全国	
	精准对象	非精准对象	精准对象	非精准对象
目标层	1.75	1.87	1.82	1.92
准则层				
基本技能	1.69	1.82	1.76	1.88
自我效能感	2.88	2.84	2.84	2.85
指标层				
阅读报刊	2.54	2.52	2.48	2.55
写信	2.36	2.41	2.32	2.42
发短信	2.05	2.19	2.04	2.21
使用网上银行	1.39	1.56	1.50	1.61
网上购买火车票	1.35	1.49	1.46	1.56
银行ATM取款的能力	1.81	1.91	1.93	2.04
即使身体不舒服,也会完成应该做的事	2.87	2.83	2.85	2.88
即使不喜欢的事也会全力去做	2.81	2.81	2.80	2.77
即使做一件事很久才有结果,也会尽力做	2.96	2.88	2.89	2.91

资料来源:笔者根据2016年中国劳动力动态调查整理所得。

评估数据显示,中部脱贫地区农民中精准扶贫对象的就业能力综合评价值为1.75,非精准扶贫对象的就业能力为1.87,处于[完全不会,不太行]区间,中部脱贫地区农民中精准扶贫对象的就业能力低于该地区非精准扶贫对象的就业能力。从准则层面评价看,中部脱贫地区农民中非精准扶贫对象和精准扶贫对象的基本技能评价值皆处于[完全不会,不太行]区间,自我效能感处于[不太行,还可以]区间,中部脱贫地区农民的基本技能亟待提升,准则层评价值显示该地区非精准扶贫对象的基本技能评价值显著高于精准扶贫对象的基本技能评价值，中部脱贫地区农民中的精准扶贫对象的基本技能亟待提升。指标层面的评价值显示，中部脱贫地区农民中精准扶贫对象和非精准扶贫对象在阅读报刊、写信等基础技能和自我效能感方面的能力差异较小，非精准扶贫对象的网上银行使用能力、网上购票、使用ATM取款等信息技术应用能力高于中部脱贫地区农民中的精准扶贫对象。

中部脱贫地区农民与全国贫困农民就业能力的比较如图4.4所示。中部脱贫地区农民中精准扶贫对象和非精准扶贫对象的就业能力综合评价值皆低于全国农民中精准扶贫对象和非精准扶贫对象的就业能力综合评价值。准则层评价值的比较显示，中部脱贫地区农民中精准扶贫对象和非精准扶贫对象的基本技能低于全国农民中精准扶贫对象和非精准扶贫对象的基本技能评价值，中部脱贫地区农民的基本技能低于全国农民评价值水平。中部脱贫地区农民中精准扶贫对象的自我效能感高于全国农民中精准扶贫对象的自我效能感评价值，表明中部脱贫地区农民中精准扶贫对象有较好的自我效能感，有克服身体、心理方面的障碍完成应该完成的工作的恒心，并愿意为了达成长期目标不断努力，但是其就业能力受到基本技能短板的阻碍，其在阅读、写作、信息技术应用能力方面的阻碍严重制约了其就业能力的提升。

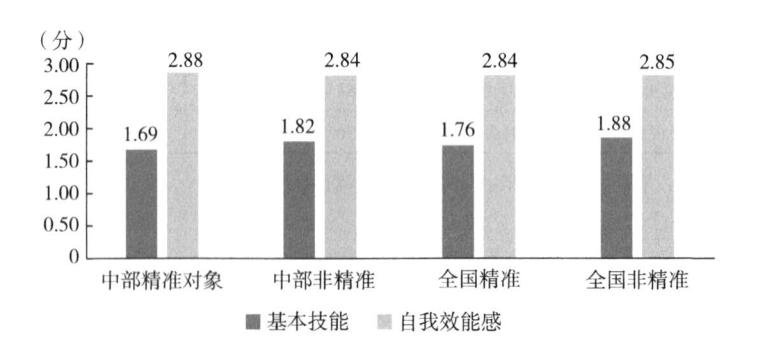

图4.4　中部脱贫地区农民精准扶贫对象与非精准扶贫对象就业能力比较

资料来源：笔者根据2016年中国劳动力动态调查整理所得。

中部脱贫地区农民中非精准扶贫对象的自我效能感低于全国农民中非精准扶贫对象的自我效能感评价值，其为完成工作任务克服阻碍的意志力和恒心有提升空间。指标层面评价值的比较显示，中部脱贫地区农民中精准扶贫对象和全国农民中精准扶贫对象在阅读报刊、写信、发短信等技能和自我效能感方面差别不大，其在使用网上银行、网上购票和 ATM 取款方面能力低于全国农民中精准扶贫对象，中部脱贫地区农民中精准扶贫对象的信息技术应用能力有待提升。中部脱贫地区农民中非精准扶贫对象基本技能方面的指标层指标评价值都低于全国农民的非精准扶贫对象的评价值水平，其中阅读报刊能力、写信能力、发短信能力方面的差距较小，使用网上银行、网上购票等信息技术应用能力方面的差距较大。中部脱贫地区农民中非精准扶贫对象的自我效能感指标层的评价值与全国农民中非精准扶贫对象之间差异较小。

综上所述，中部脱贫地区农民就业能力综合评价值低于东部地区和西部地区农民就业能力评价值。中部脱贫地区农民就业能力与东、西部农民的就业能力差异主要表现为基础技能水平较低，其中信息技术应用能力亟待提升。中部脱贫地区农民中精准扶贫对象的就业能力评价值低于非精准扶贫对象评价值，其在基础技能上的差异主要体现在信息技术应用能力上，信息技术应用能力的缺乏使其难以融入现代社会信息化发展，并制约其信息获取能力和对资源的运用效率，中国中部脱贫地区农民的信息技术应用能力亟待提升以适应当今互联网时代现代化生产的要求。在自我效能感层面，中部脱贫地区农民有较好的毅力和决心克服生活、生产方面的困难，具备较强的主动性和责任感以完成工作任务，与以往认为贫困农民致贫原因为"等、靠、要"的怠惰态度和追求短期目标不同，本章的自我效能感的评估指标显示，中部脱贫地区农民提升经济水平的主观能动性较好，并愿意为实现长远目标努力，精准扶贫对象的自我效能感评价值高于非精准扶贫对象，精准扶贫对象有更强的主观能动性，为了维持生计有更强的动力克服生理、心理阻碍完成工作任务，并愿意为了实现长期目标努力。因此，提升中部脱贫地区农民就业能力的政策应充分利用其主观能动性优势，注重提升其基本技能，尤其是信息技术应用能力。

第五章

可持续生计分析框架下中部脱贫地区农民就业能力影响因素的研究设计

根据第二章所述的可持续生计分析框架（SLA），就业能力作为重要生计能力，是可持续生计追求的生计结果之一，受到生计资本、脆弱性背景和结构与制度转变因素影响。据此，本章对中部脱贫地区农民就业能力影响因素进行研究设计。

第一节 理论假设

一 生计资本与就业能力的关系

H5-1：生计资本对中部脱贫地区农民就业能力有显著正向影响。

如第二章所述，可持续生计分析框架（SLA）由脆弱性背景因素、生计资本、结构与制度转变、生计策略和生计结果五个部分构成，其中生计资本包括自然资本、社会资本、物质资本、金融资本和人力资本组成。

在生计资本方面，劳动者通过教育、培训、迁移、保健等投资获取的人力资本积累对于其在劳动力市场上获取就业机会、维持当前岗位、适应经济变化和劳动力市场冲击有重要影响，人力资本还影响个人再就

第五章 | 可持续生计分析框架下中部脱贫地区农民就业能力影响因素的研究设计

业机会①。有学者进而采用实证分析证实了与工作相关的正规培训与教育对就业能力的积极影响②。也有学者认为，传统分析夸大了人力资本与就业能力的关系，忽略了年龄对就业能力的影响③。还有学者认为，健康状况影响农民选择从事的行业和工作，存在健康问题的农民更倾向于留在家乡务农，健康状况良好的农民倾向于兼业和务工④。

社会资本在农村劳动力获取就业信息和就业岗位过程中发挥着重要作用，一方面，农村聚居的生活模式使得家庭之间联系密切、彼此了解，有助于信息传播和社会资源的运用，"老乡"成为农民获取就业信息和工作岗位的重要渠道；另一方面，对于大多数未受过正规教育和培训的农民而言，某一领域知识和技能的掌握离不开社会关系中具备该项知识和技能的"前辈"的指导，"前辈"角色往往由同乡人和亲戚扮演。Granovetter⑤将社会资本关系划分为强关系和弱关系，存在于家人、亲戚、朋友之间的强关系对就业机会、岗位与就业收益有重要影响，存在于群体和社团之间的弱关系可以提供信息资源，增加就业概率。Lin⑥在证实了 Granovetter "弱关系"假设的基础上，进一步提出主要是资源的动用而不是关系强弱带来求职优势。社会资本反映人际方面的就业能力，描述一个人的社交技能以及他们可以得到的社交网络和支持，它涉及正式和非正式工作相关的网络⑦，这些社交网络影响和促进再就业的

---

① McArdle S., et al., "Employability during Unemployment: Adaptability, Career Identity and Human and Social Capital", *Journal of Vocational Behavior*, Vol. 71, No. 2, October 2007, pp. 247-264.

② Groot W., De Brink H. M., "Education, Training and Employability", *Applied Economics*, Vol. 32, No. 5, April 2000, pp. 573-581.

③ Bowman D., et al., "'Rusty, Invisible and Threatening': Ageing, Capital and Employability", *Work, Employment and Society*, Vol. 31, No. 3, 2017, pp. 465-482.

④ 俞福丽、蒋乃华：《健康状况、生活质量与农民就业行为的关联度》，《改革》2014年第12期。

⑤ Granovetter M. S., "The Strength of Weak Ties", *American Journal of Sociology*, Vol. 78, No. 6, May 1973, pp. 1360-1380.

⑥ Lin N., "Building A Network Theory of Social Capital", *Connections*, Vol. 22, No. 1, 1999, pp. 28-51.

⑦ DeFilippi R. J., Arthur M. B., "Boundaryless Contexts and Career: A Competency-Based Perspective", in Arthur M. B. and Rousseau D. M., eds. *The Boundaryless Career: A New Employment Principle for a New Organizational Era*, New York: Oxford University Press, 1996, pp. 116-131.

成功。还有学者研究表明，就业能力受到人力资本和社会资本的影响[1]。

金融资本指的是人们实现各生计目标的金融资源（包括家庭收入、金融资产、融资渠道等），现金及现金等价物的持有使得人们在调整生计策略方面有更多的灵活性。金融资本是生计资本中通用性很强的资本类型，与其他资本之间可以进行比较容易的转换。一方面，金融资本可支持个体接受专业教育和培训以掌握某项知识和技能。比如，为贫困家庭提供的学业贷款对农村子女接受高等教育、摆脱贫困有重要影响。另一方面，金融资本也影响着人们参与社会交往的行为，年节的"送礼"对于农民维持关系有重要作用，金融资本的缺乏可能会迫使农民放弃一些亲戚交往，从而削弱社会资本。金融资本通过向人力资本和社会资本转化从而对就业能力产生影响。

物质资本因与日常生产、生活息息相关而显得十分重要。比如，供水、能源供应等基础设施的匮乏会使人们的时间更多花在非生产活动诸如取水、收集燃烧用的木材等事务上，与此相关的机会成本制约人们去获得收入。又如，公共医疗的匮乏将对人们的健康产生不利影响，公共交通的不便使得人们难以将产品输出到外部市场，信息基础设施的缺乏将使得人们难以通过电视、网络等多渠道获取就业信息。

自然资本既包括无形公共物品，比如大气环境、生物多样性，也包括人们从事农业生产的耕地、林地、水田等。自然资本不仅对于从事种植、捕捞等与自然资源相关活动的人尤其重要，而且，空气质量也影响人们的健康，水土质量会影响农作物的产出水平。

二 脆弱性背景与就业能力的关系

H5-2：脆弱性背景对中部脱贫地区农民就业能力有显著负向影响。

脆弱性背景是指人们生产生活所处的外部环境受外部冲击影响的可能性。外部冲击以及与价格、生产、就业机会相关的季节性变化深刻影响人们的生计和对资本的获取，而且市场需求方面的冲击直接影响劳动

---

[1] Fugate M., et al., "Employability: A Psycho-Social Construct, Its Dimensions, and Applications", *Journal of Vocational Behavior*, Vol. 65, No. 1, June 2003, pp. 14-38.

者是否能够维持当前的就业岗位。例如，中美贸易摩擦使得家电、电子产品、机械设备等劳动密集型制造业出口受阻，从而减少制造业岗位，对主要集中就业于受冲击行业的劳动者造成威胁。外部冲击事件也对劳动者转换工作的决策产生影响，无论是工作之外的冲击还是与工作相关的冲击，甚至家庭成员生病都可能影响劳动者的就业决策。家庭负担越重，家庭劳动力的直接照顾责任越重，直接照顾责任与家庭劳动力的就业能力越会呈现负相关关系，家庭责任的压力进而会制约就业能力的发展[1]。此外，长期暴露在物理和化学危险中的员工就业能力更低[2]，不良的工作环境会影响劳动者的健康状况，增加其患职业病的风险，从而损害劳动者的就业能力。高危的工作环境会增加脆弱性，从而损害其劳动者的身体健康。因此，必须考量市场冲击、家庭负担、不良的工作环境等脆弱性背景对中部脱贫地区农民就业能力的负向影响。

三 结构与制度转变与就业能力的关系

H5-3：结构与制度转变因素对中部脱贫地区农民就业能力有显著正向影响。

结构与制度转变因素对贫困农民就业能力有重要影响。Lindsay[3]介绍了英国政府为促进失业群体和怠于工作的群体就业的两项措施，即工作社区（Working Neighbourhoods）和工作途径（Pathways to Work）。前者针对怠于工作群体，其居住的社区为其提供一系列的服务促使其尽快找到工作，后者将就业能力服务和认知行为治疗相结合，为客户解决健康问题。两项措施都具有"就业优先"的就业扶持政策特征，通过提供就业信息服务和短期培训，旨在促进失业者短时间内找到工作，促使其尽快进入劳动力市场。

"就业优先"的就业政策受到一些学者的批评。"就业优先"的就业政策"鼓励"失业者和怠于工作者尽快进入劳动力市场，意味着受助者

---

[1] 高春雷等：《新生代农民工就业能力影响因素研究》，《经济管理》2015年第12期。

[2] Berntson E., et al., "Predicting Perceived Employability: Human Capital or Labour Market Opportunities?", *Economic and Industrial Democracy*, Vol. 27, No. 2, May 2006, pp. 223-224.

[3] Lindsay C., et al., "New Approaches to Employability in the UK: Combining 'Human Capital Development' and 'Work First' Strategies?", *Journal of Social Policy*, Vol. 36, No. 4, August 2007, pp539-560.

可能需要接受低工资工作或者不合适的工作，而且短期的项目不能为存在严重健康问题、个人问题和社会问题的求职者提供个性化、灵活、长期的干预，帮助其解决就业[1]。"就业优先"的就业政策注重短期降低失业率，而人力资本发展（HCD）就业政策则注重提升失业者的长期就业能力，HCD就业政策主要通过提供长期培训、教育和健康服务、高质量的咨询服务等，提高人们的职业技能，使之具备相应的胜任力，扩大求职者的就业机会，同时其在劳动力市场上竞争力的提升有助于其找到工作并维持就业岗位，从而在工作中不断进步[2]。

在将个人和劳动力市场连接起来的过程中，人力资本发展就业政策侧重于高质量、可持续的效果，能够不断提升职业技能和获得在职提升的机会。政府在制定就业政策时，如果忽视提升求职者的长期发展能力，求职者容易陷入短期培训—短期就业—短期培训的恶性循环，因此政府制定的就业政策应将关注的重点放在提升求职者的长期就业能力上。总之，政府的就业政策和提供的提升个体就业能力方面的培训等支持性公共资源正向影响中部脱贫地区农民就业能力的提升。

第二节　模型构建

依据可持续生计分析框架，就业能力作为获取非农收入的一种能力，是生计结果的重要部分，受到脆弱性背景、生计资本和结构与制度转变因素的影响。本书构建多元线性回归模型来检验可持续生计分析框架各部分对中部脱贫地区农民就业能力的影响，因变量为就业能力，自变量为脆弱性背景因素、生计资本（包括人力资本、物质资本、社会资本、金融资本、自然资本）因素、结构与制度转变因素。脆弱性背景主要表现为受到外部冲击影响的可能性，生计资本主要体现为家庭对各核心资本的占有和使用，结构与制度转变体现为政府、企业、公益组织等机构的支持。本书假定解释变量符合外生性假设。线性回归方程设

---

[1] Dean H., "Reconceptualising Welfare to Work for People with Multiple Problems and Needs", *Journal of Social Policy*, Vol. 32, No. 3, July 2003, pp. 441–459.

[2] Peck J. and Theodore N., "Exporting Workfare/Importing Welfare to Work: Exploring the Politics of Third Way Policy Transfer", *Political Geography*, Vol. 20, No. 4, May 2001, pp. 427–460.

定如下：

$$Y=\beta_0+\beta_c X_c+\beta_1 X_1+\cdots+\beta_6 X_6+\beta_7 X_7+\varepsilon$$

式中：Y 为中部脱贫地区农民就业能力；X_c 为控制变量（性别、年龄、省份），$X_1 \sim X_5$ 分别为人力资本、物质资本、自然资本、金融资本、社会资本，X_6 为脆弱性背景因素，X_7 为结构与制度转变因素；β_0 为截距项；β 为待估参数；ε 为相互独立且服从正态分布的随机扰动项。采用熵值法确定权重，指标及权重如表5.1所示。

表5.1　　　　　　　　农户可持续生计测量指标体系

测量指标		权重	指标公式
控制变量			
年龄			
性别			
省份			
生计资本（A）			
人力资本（H）	家庭成员平均健康状况（h_1）	0.04	$H=0.04 \times h_1+$ $0.05 \times h_2+0.91 \times h_3$
	成年家庭成员平均受教育状况（h_2）	0.05	
	获得的专业技术职业资格证书数量（h_3）	0.91	
物质资本（P）	基础设施占比（p_1）	0.47	$P=0.47 \times p_1+0.53 \times p_2$
	互联网的使用情况（p_2）	0.53	
社会资本（S）	可以讨论重要问题的人数（s_1）	0.92	$S=0.92 \times s_1+0.08 \times s_2$
	和邻里、街坊及其他居民的熟悉程度（s_2）	0.08	
金融资本（F）	家庭总收入（f_1）	0.11	$F=0.11 \times f_1+0.89 \times f_2$
	是否拥有金融资产（f_2）	0.89	
自然资本（N）	拥有的可从事农业活动土地数量（n_1）	0.94	$N=0.94 \times n_1+0.06 \times n_2$
	自然环境（n_2）	0.06	
脆弱性背景（V）			
遭遇犯罪侵害可能性（v_1）		0.16	$V=0.16 \times v_1+$ $0.60 \times v_2+0.24 \times v_3$
吃到假药或伪劣食品可能性（v_2）		0.60	
被传染某种传染病可能性（v_3）		0.24	
结构与制度转变（G）			
所处村庄是否享受过劳动力外出务工服务（g_1）		1	$G=g_1$

109

一 因变量就业能力

本书依据 USEM 模型，从基本技能和自我效能感两个方面构建中部脱贫地区农民就业能力评价指标。在基本技能层面，从阅读报刊、写信、用手机发短信、使用网上银行、网上购买火车票、银行 ATM 取款的能力六个方面来衡量，"完全没问题"赋值为 1，"还可以"赋值为 0.66，"不太行"赋值为 0.33，"完全不会"赋值为 0。自我效能感从以下三个方面衡量：①就算身体有些不舒服或者有其他理由可以休息，我也会努力完成每日应该做的事；②就算是我不喜欢的事，我也会尽力去做；③就算一件事需要花好长时间才能有结果，我仍然会不断尽力去做。"非常同意"赋值为 1，"同意"赋值为 0.66，"不同意"赋值为 0.33，"非常不同意"赋值为 0。以上述六个测量指标采用熵值法确定权重，权重见表 5.1，从而计算出中部脱贫地区农民就业能力测量值。

二 自变量生计资本

生计资本是人们获取生计来源、抵御风险和冲击的基础。

生计资本由人力资本、物质资本、社会资本、金融资本、自然资本组成，各种类型的生计资本在一定条件下相互转化，生计资本影响人们抵御来自各方面的冲击并从中恢复的能力，也受到脆弱性背景的影响。在一定的结构和制度环境下，生计资本决定了生计策略的选择和生计结果，生计资本的获取对人们摆脱贫困有重要意义，生计资本是可持续生计分析框架的核心，也是设计和实施巩固脱贫成果政策的切入点。

（一）人力资本

人力资本决定了家庭和个体运用其他资本的能力，设定的评价人力资本的指标有：家庭成员平均健康状况、成年家庭成员平均受教育水平、家庭成员获得的专业技术资格证书数量。家庭成员健康状况中，"非常健康"赋值为 1，"健康"赋值为 0.75，"一般"赋值为 0.5，"比较不健康"赋值为 0.25，"不健康"赋值为 0。成年家庭成员受教育水平中，"大专及以上"赋值为 1，"高中或中专"赋值为 0.75，"初中"赋值为 0.5，"小学"赋值为 0.25，"文盲及未上过学"赋值为 0。家庭成员获得的专业技术职业资格证书数量体现家庭成员专业技术水平，按数目赋值。

(二) 物质资本

物质资本既包括交通、供电、供水、医疗、教育等基础设施，也包括家庭生产、生活用到的固定资产。本书从村庄通电、通路、通水、通电话、公交车站、集贸市场、水利设施、公共的垃圾环卫设施、卫生站、信用合作社 10 项基础设施的占比情况衡量贫困居民所处村庄的基础设施情况。以互联网的使用情况来衡量家庭对固定资产的占有，"既使用电脑上网也使用手机上网"赋值为 1，"使用电脑上网或使用手机上网"赋值为 0.5，"不上网"赋值为 0。

(三) 社会资本

社会资本体现的是为实现生计目标能够动用的社会资源。社会资本对于脱贫地区农民获得就业信息、就业渠道发挥着重要作用。本书采用"能够讨论重要问题的人数"衡量社会资本的广度，采用"和邻里、街坊及其他居民的熟悉程度"衡量社会资本的深度，前者按数目赋值，后者按李克特五级量表赋值。

(四) 金融资本

金融资本体现的是家庭的现金流入及持有的现金等价物。本书采用家庭年人均收入衡量家庭的现金流入，采用家庭是否持有金融资产衡量现金等价物。

(五) 自然资本

自然资本对从农业活动中获取全部或者部分生活来源的人有重要影响。对于从事农业生产的农民来说，农作物不仅影响农民家庭是否能满足基本生活需求与维持家庭成员的营养，而且是农民获取基本收入的重要来源。自然资本包括大气环境、水土保持、生物多样性等无形公共物品，也包括人们直接从事农业生产的土地。本书采用家庭人均拥有的耕地、林地、果园、池塘（鱼塘）、菜地面积来衡量家庭可直接从事农业活动的土地，按面积赋值；采用空气污染、水污染、土壤污染状况测量自然环境状况，"非常严重"赋值为 0，"比较严重"赋值为 0.33，"不太严重"赋值为 0.66，"一点也不严重"赋值为 1。

第六章

可持续生计分析框架下中部脱贫地区农民就业能力影响因素的实证研究

本章通过对2016年的中国劳动力动态调查数据的劳动力个体问卷、家庭问卷、村居问卷的匹配，筛选出397个中部脱贫地区农民样本，样本涵盖山西、安徽、江西、河南、湖北、湖南中部地区6个省份，其中精准扶贫对象162个，非精准扶贫对象235个。精准扶贫对象和非精准扶贫对象的农民在家庭状况和受政府政策扶持力度上有差异。因此，本书以是否为精准扶贫对象为标准将中部脱贫地区农民分为精准扶贫对象和非精准扶贫对象[①]，分别分析其生计状况和就业能力。

第一节 中部脱贫地区农民就业能力与可持续生计状况

根据第五章对中部脱贫地区农民就业能力与可持续生计指标的设定，中部脱贫地区农民就业能力与可持续生计各项指标如表6.1所示。

[①] 中国的精准扶贫对象识别标准有人均纯收入、"两不愁三保障"因素、义务教育、基本医疗、住房安全五个方面，识别的精准扶贫对象主要有低保户、精神病患者、五保户、家庭经济困难且学业负担重的、低收入家庭中的重病患者或重度残疾的家庭。

第六章 | 可持续生计分析框架下中部脱贫地区农民就业能力影响因素的实证研究

表 6.1　中部脱贫地区农民就业能力与可持续生计状况

变量	平均数	标准差	最小值	最大值
就业能力	0.289	0.288	0	1
人力资本	0.059	0.064	0.01	0.98
家人平均健康状况	0.599	0.196	0	1
成年家人平均受教育状况	0.544	0.226	0	1
专业技术资格证书数量	0.035	0.263	0	4
物质资本	0.587	0.096	0.45	0.91
基础设施占比	0.640	0.132	0.40	0.90
互联网使用情况	0.540	0.136	0.50	1
社会资本	0.290	0.262	0	1
可以讨论重要问题的人数	2.030	2.245	0	8
和邻里熟悉程度	0.713	0.231	0	1
金融资本	0.021	0.047	0	0.89
家庭人均年收入	4947.520	4719.460	0	33333.33
是否拥有金融资产	0.008	0.087	0	1
自然资本	2.335	2.250	0.03	1
人均土地数量	2.450	2.100	0	8
自然环境	0.788	0.215	0	1
脆弱性背景	0.725	0.149	0.30	1
遭遇犯罪侵害可能性	0.766	0.117	0.25	1
吃到假药或伪劣食品可能性	0.702	0.205	0	1
被传染某种传染病可能性	0.753	0.138	0.25	1
结构与制度转变	0.068	0.252	0	1
总计	\multicolumn{4}{c}{397}

资料来源：笔者根据2016年中国劳动力动态调查整理所得。

就业能力值越接近于1，就业能力越高；越接近于0，就业能力越低。中部脱贫地区农民就业能力平均值为0.29，就业能力普遍偏低。生计资本的获取和利用对中部脱贫地区农民维持生产、生活需要有重要意义。具体来说，人力资本方面，家人平均健康值约为0.6，健康状况良好；家人平均受教育评价值为0.5，平均受教育程度为初中水平；专业技术职业资格证书平均数为0.035，中部脱贫地区农民总体专业技术技能较低。物质资本方面，基础设施占比平均值为0.64，农村基础设施建设情况中等；仅一半的中部脱贫地区农民家开通了互联网，互联网在农村的普及率有待提升。社会资本方面，中部脱贫地区农民平均有两个可以讨论重要问题的人，和邻里、街坊及其他居民的熟悉程度良好，中部脱贫地区农民间的同质性难以形成有效的社会支持。金融资本方面，中部脱贫地区农民人均年收入约为4948元，拥有金融资产平均值为0.008，金融资本是中部脱贫地区农民的短缺资本，人均年收入较低，金融资产缺乏。自然资本方面，中部脱贫地区农民人均耕地面积为2.45亩，家庭耕地少而零散，难以形成大规模产业化农业生产，水、土壤、空气等自然环境平均值为0.79，中部地区农村自然环境状况良好。

在脆弱性背景方面，该值越接近1，脆弱性背景越高；越接近0，生计越稳定，脆弱性水平越低。人们受到外部冲击威胁的可能性越大，其生活的环境越脆弱，中部脱贫地区农民遭遇犯罪侵害可能性、吃到假药和伪劣食品可能性、被传染某种传染病的可能性平均值皆高于0.7，中部脱贫地区农民生活的环境具有较高脆弱性，面临外部威胁可能性高。结构与制度转变层面，政府、企业、公益组织对农村的就业服务平均值为0.07，政府、企业、公益组织对脱贫地区农民发展方面的投入都处于较低水平，亟待提升中部地区政府、企业、公益组织对脱贫地区农民就业的扶持力度。

以家庭是否为精准扶贫对象为分类变量，计算出中部脱贫地区农民中精准扶贫对象和非精准扶贫对象就业能力和可持续生计量化指标值，进一步比较二者在就业能力和可持续生计上的差异，统计分析结果如表6.2所示。

表6.2　　　中部脱贫地区农民就业能力与可持续生计状况

变量	精准扶贫对象 均值	精准扶贫对象 标准差	非精准扶贫对象 均值	非精准扶贫对象 标准差
就业能力	0.265	0.279	0.306	0.293
人力资本	0.061	0.057	0.058	0.068

续表

变量	精准扶贫对象 均值	精准扶贫对象 标准差	非精准扶贫对象 均值	非精准扶贫对象 标准差
家人平均健康状况	0.568	0.210	0.620	0.183
成年家人平均受教育状况	0.562	0.233	0.533	0.220
专业技术资格证书数量	0.043	0.232	0.030	0.283
物质资本	0.578	0.076	0.593	0.108
基础设施占比	0.649	0.129	0.634	0.135
互联网使用情况	0.515	0.087	0.557	0.160
社会资本	0.290	0.250	0.291	0.270
可以讨论重要问题的人数	2.006	2.140	2.047	2.319
和邻里熟悉程度	0.739	0.243	0.696	0.222
金融资本	0.020	0.070	0.022	0.019
家庭人均年收入	3843.302	3969.755	5708.721	5042.271
是否拥有金融资产	0.012	0.111	0.004	0.065
自然资本	0.345	0.238	0.329	0.258
人均土地数量	2.511	2.008	2.407	2.164
自然环境	0.827	0.212	0.761	0.214
脆弱性背景	0.729	0.145	0.721	0.153
遭遇犯罪侵害可能性	0.752	0.113	0.776	0.120
吃到假药或伪劣食品可能性	0.710	0.201	0.697	0.208
被传染某种传染病可能性	0.762	0.114	0.747	0.152
结构与制度转变	0.074	0.263	0.064	0.245
N	162		235	

统计结果显示，中部脱贫地区农民中，精准扶贫对象就业能力比非精准扶贫对象就业能力更低，二者不具有较大差异。精准扶贫对象与非精准扶贫对象在生计资本方面差异较大。人力资本方面，中部脱贫地区农民家庭成年家人受教育程度和专业技术职业资格证书方面无明显差异，但是精准扶贫对象的家人平均健康程度低于非精准扶贫对象，精准扶贫对象家庭成员的健康状况总体制约了家庭经济水平的提升；物质资本方面，中部脱贫地区农民中非精准扶贫对象的物质资本水平明显高于精准扶贫对象，其所处农村的基础设施条件无明显差异，非精准扶贫对

象的家庭联网程度高于精准扶贫对象，其接触现代化资讯的机会和能力高于精准扶贫对象，比精准扶贫对象有更多的机会获取有价值信息，适应现代化发展要求。金融资本方面，非精准扶贫对象的人均年收入高于精准扶贫对象，经济状况优于精准扶贫对象，精准扶贫对象家庭成员不利的健康状况增加了其对医疗、看护方面的需求，金融资本的短缺进一步限制了其生活水平，加剧了其贫困程度。精准扶贫对象在日常生活中更加注重维护亲戚、邻里等社会关系，精准扶贫对象和邻里的熟悉程度高于非精准扶贫对象，社会资本一定程度上缓解了精准扶贫对象在人力资本、金融资本上的不足，亲戚、邻里、街坊、朋友之间的互助关系一定程度上弥补了其在农忙时劳动力的短缺和对病人的看护费用的缺乏。自然资本方面，精准扶贫对象和非精准扶贫对象在人均土地数量上无明显差异，精准扶贫对象所处村庄的空气、水、土等受污染程度低于非精准扶贫对象所处村庄，自然资源质量更好，二者可从事农业活动的土地数量无明显差异。

在脆弱性背景因素方面，中部脱贫地区农民脆弱性背景值超过0.7，无论是精准扶贫对象还是非精准扶贫对象的脆弱性背景处于高水平，非精准扶贫对象遭遇犯罪侵害的可能性高于精准扶贫对象，精准扶贫对象吃到假药或伪劣食品可能性、被传染某种传染病的可能性高于非精准扶贫对象，其抵御冲击并从中恢复的能力弱。精准扶贫对象和非精准扶贫对象受到的政府、企业、公益组织提供的就业服务都处于较低水平，其中精准扶贫对象受到更多的政策扶持。

综上所述，中部脱贫地区农民的生计资本水平较低。中部脱贫地区农民受教育程度较低，获得的专业技术职业资格证书较少，技能水平低，人力资本水平低；所处村庄通水、通电、交通、诊所、医院等基础设施配备水平中等，仅一半左右的农村家庭使用互联网，互联网的普及率在中部脱贫地区农民中有待提升，非精准扶贫对象的互联网使用情况优于精准扶贫对象。中部脱贫地区农民之间较为熟悉，但是相互之间受教育程度和生活阅历方面的相似性使其难以形成较为有效的社会支持，整体社会资本水平低。金融资本是中部脱贫地区农民中的稀缺资本，非精准扶贫对象的人均年收入水平高于精准扶贫对象，经济状况更好；中部贫困地区农民人均土地面积少，零散的耕地不利于农业生产率的提升。中部脱贫地区农民的脆弱性背景较高，中部地区农村治安、监管、卫生方面的问题使其具有较大的受到犯罪侵害、食用假药及伪劣产品和感染传染病的可能性，从而对中部脱贫地区农民的生命、财产安全造成重大隐患。结构与制度转变方面，政府、企业、公益组织在促进中部脱贫地区农民提升就业能力方面的扶持力度处于较低水平，精准扶贫对象受到的扶持力度高于非精准扶贫对象，整体扶持力度亟待提升。

第二节 自相关检验

本节使用 Stata 软件对数据进行自相关检验，自相关矩阵结果如表6.3所示。

表 6.3 解释变量自相关系数

变量	人力资本	自然资本	金融资本	物质资本	社会资本	脆弱性背景	结构与制度转变
人力资本	1.000						
自然资本	0.003	1.000					
金融资本	−0.031	−0.078	1.000				
物质资本	0.155	−0.253	0.027	1.000			
社会资本	0.021	0.116	−0.024	−0.025	1.000		
脆弱性背景	−0.081	−0.036	−0.004	−0.137	−0.061	1.000	
结构与制度转变	−0.061	0.136	−0.022	−0.118	0.005	−0.005	1.000

自相关系数较小，不存在明显自相关关系，各指标 VIF 均远远小于10，不存在多重共线性。VIF 值如表6.4所示。

表 6.4 多重共线性检验

变量	VIF	1/VIF
物质资本	1.13	0.88
自然资本	1.09	0.92
脆弱性背景	1.06	0.95

续表

变量	VIF	1/VIF
人力资本	1.05	0.95
社会资本	1.03	0.97
结构与制度转变	1.03	0.97
金融资本	1.02	0.98
平均 VIF	1.05	

第三节　异方差检验及解决方法

残差与拟合值的散点图显示负向的趋势，初步判断存在异方差。如图 6.1 所示。

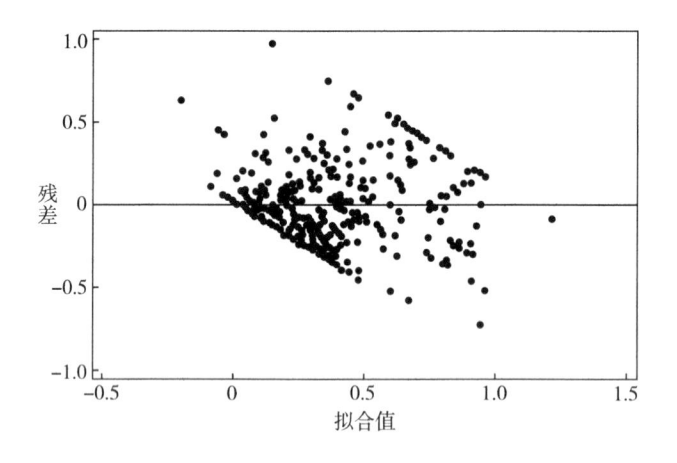

图 6.1　残差与拟合值的散点

本节采用 White 特殊检验方法对数据进行异方差检验，异方差使得方差估计式 $Var(b \mid X) = \sigma^2 (X'X)^{-1}$ 不再是估计量方差的一致估计，White 检验采用方差一致性估计检验是否存在异方差。

White 检验的思路是检验误差项方差与解释变量、解释变量的平方以及解释变量之间的交互项之间的相关关系。本书样本容量较大，

White 一般检验将使得自由度偏少,因此本书采用 White 特殊检验节省自由度,怀特特殊检验使用的回归模型如下:

$$e^2 = a_0 + a_1\hat{Y} + a_2\hat{Y}^2 + v \tag{6.1}$$

式中:$\hat{Y}$ 为就业能力拟合值;e^2 为误差项方差;$\hat{Y}^2$ 为就业能力拟合值的平方;$\hat{Y}$ 代表所有解释变量的线性函数;$\hat{Y}^2$ 代表所有解释变量的平方项和交互项线性函数,同方差原假设为

$$H0: a_1 = a_2 = 0 \tag{6.2}$$

回归总体显著性检验的 F 统计量的 P 值为 0,小于 0.05,拒绝原假设,存在异方差,异方差检验结果如表 6.5 所示。

表 6.5 异方差检验结果

Source	SS	df	MS	\multicolumn{2}{c}{Number of obs = 397}
Model	0.3912	2	0.1956	\multicolumn{2}{c}{F (2, 394) = 67.5500}
Residual	1.1409	394	0.0029	\multicolumn{2}{c}{Prob>F = 0}
Total	1.5321	396	0.0039	\multicolumn{2}{c}{R-squared = 0.2553}
				\multicolumn{2}{c}{Root MSE = 0.0538}
usq	Coef.	Std. Err.	t	P>|t|	[95%Conf. Interval]
y	0.1098	0.0131	8.36	0	0.0840 0.1356
ysq	−0.0015	0.0229	−0.07	0.947	−0.0466 0.0436
_cons	0.0069	0.0038	1.8	0.073	−0.0007 0.0144

原模型存在异方差性使得最小二乘法的估计不再有效,于是采用 WLS(加权最小二乘法)处理异方差,但是 WLS 要求已知异方差的具体形式,在未知异方差的具体形式时,采用可行的 FGLS 方法估计出异方差的函数形式,然后采用 WLS 估计。具体步骤如下:

(1) 对式(6.1)进行 OLS 回归,得到残差平方项及其自然对数 $\ln e_i^2$;

(2) 对下列方程进行回归,得到拟合值 $g_i = \ln e_i^2$;

$$\ln e_i^2 = a_0 + \beta_c X_c + \beta_1 X_1 + \cdots + \beta_7 X_7 \tag{6.3}$$

(3) 计算 g_i 的指数:

$$\hat{h}i = \exp g(i) \tag{6.4}$$

（4）将 $\hat{h}i$ 作为对原模型异方差函数形式的估计对原模型进行 WLS 估计，权重为 $\dfrac{1}{\sqrt{\hat{h}i}}$，变化后的模型为

$$\frac{Y}{\sqrt{\hat{h}_i}}=\frac{\beta_0}{\sqrt{\hat{h}_i}}+\beta_c\frac{X_c}{\sqrt{\hat{h}_i}}+\beta_1\frac{X_1}{\sqrt{\hat{h}_i}}+\cdots\beta_7\frac{X_7}{\sqrt{\hat{h}_i}}+\frac{\varepsilon}{\sqrt{\hat{h}_i}} \tag{6.5}$$

第四节 实证结果

本书在多元回归模型设定和指标测定基础上，采用 WLS（加权最小二乘法）对异方差进行处理，改进模型后实证检验可持续生计分析框架各部分对中部脱贫地区农民就业能力的影响，并按是否为政府精准扶贫对象进一步分类检验中部脱贫地区农民中精准扶贫对象和非精准扶贫对象就业能力的影响因素差异，多元回归分析结果如表6.6所示。

表6.6　　　　中部地区农村贫困农民就业能力模型估计

变量	贫困农民	精准扶贫对象	非精准扶贫对象
出生年份	0.013*** (−14.73)	0.014*** (10.74)	0.012*** (10.84)
性别	0.049* (−1.86)	0.130*** (3.21)	0.004 (0.11)
省份	−0.001 (−0.57)	−0.005 (−1.41)	0.000 (−0.20)
人力资本	0.389** (−2.41)	−0.119 (−0.30)	0.438** (2.39)
物质资本	0.436*** (−3.83)	0.648** (2.17)	0.340*** (2.63)
自然资本	0.114** (−2.09)	−0.046 (−0.46)	0.182*** (2.61)
金融资本	0.859*** (−3.69)	0.945*** (4.26)	0.581 (0.60)

续表

变量	贫困农民	精准扶贫对象	非精准扶贫对象
社会资本	0.078 (-1.58)	-0.113 (-1.34)	0.120* (1.93)
脆弱性背景	-0.199** (-2.49)	0.059 (0.50)	-0.358*** (-3.34)
结构与制度转变	0.006 (-0.09)	-0.053 (-0.49)	-0.026 (-0.31)
常数	-24.874*** (-14.47)	-27.804*** (-10.63)	-24.12113*** (-10.61)
r^2	0.438	0.52	0.442
r^2_a	0.423	0.49	0.417
N	397	162	235

注：括号内为 t 值；*、**、*** 分别表示在10%、5%、1%的水平上显著。

从多元回归结果看，年龄和性别对中部脱贫地区农民的就业能力有显著影响，年轻人精力充沛，对新知识有更强的接受能力，身体更强壮，更能适应现代化快节奏高强度的工作，就业能力更高；男性的就业能力比女性强。

从就业能力影响因素看，第一，中部脱贫地区农民生计资本对就业能力有显著正向影响，生计资本中人力资本、金融资本、物质资本、自然资本对中部脱贫地区农民就业能力有显著正向影响，H6-1成立。这说明人力资本方面，家庭成员整体健康状况越好，个体花费在照顾家人上的时间和精力越少，越能够集中注意力提升个人能力。家庭潜移默化地影响个体的价值观和性格，家人的总体受教育程度越高，在某一领域有所专长，越有可能激励个体追求更高的学历水平，提升技能水平和就业能力。物质资本方面，家庭配备手机、电脑等设备，连接互联网，有利于增强个体对外界信息和学习资源的获取能力，增强其信息技术应用能力，提高对现代信息化社会的适应能力。金融资本方面，一方面，家庭经济状况越好，个体可支配用于提升就业能力的资源越多；另一方面，金融资本的宽裕也使得个体有更多的机会从原来重复、低价值的劳动中脱离出来，提升自我能力，抓住机遇，从而形成收入与能力提升的良性循环。自然资本方面，土地是中部脱贫地区农民获取生计来源的重要资本，对维持家庭基本需求和为抚养、教育下一代提供资金支持有重要作用，为中部脱贫地区农民就业能力提供最基础也是最基本的支持。因此，提高中部脱贫地区农民健康水平、受教育水平和开展职业技能培训，为其提供更好的金融支持，提高农业生产率，节约消耗在低效能农业生产上的时间和精力，增加互联网在农村的普及率，增强中部脱贫地区农民对资讯信息的获取能力等，都有利于提升其就业能力。

第二，脆弱性背景对中部脱贫地区农民就业能力有显著负向影响，中部脱贫地区农民面临的生计环境脆弱性越高，越不利于其提升就业能力，H6-2成立。脆弱性环境会降低个体对就业能力提升的回报期望，中部脱贫地区农民生活的环境脆弱性越高，面临不利外界威胁的可能性越大，越不利于其就业能力的形成。

第三，结构与制度转变因素对中部脱贫地区农民就业能力影响总体不显著，假设H6-3不成立。制度转变因素对中部脱贫地区农民就业影响总体不显著，这说明政府、企业、社会公益组织对脱贫地区农民就业方面投入的扶持力度很低，帮助脱贫地区农民外出务工服务较少，未能为提升贫困农民就业能力提供有效支持，在提升中部脱贫地区农民就业能力上缺位，同时也存在政府提供的培训普及率低，实用性低，对中部地区农民就业能力提升效果不明显等问题。

此外，本书进一步按照是否为政府精准扶贫对象细分发现生计资本对中部脱贫地区农民中的精准扶贫对象和非精准扶贫对象的影响存在差异。物质资本和金融资本对精准扶贫对象的就业能力有显著正向影响；人力资本、物质资本、自然资本、社会资本对非精准扶贫对象的就业能力有显著正向影响。脆弱性背景对中部脱贫地区农民中精准扶贫对象没有显著影响，对非精准扶贫对象有显著负向影响。

中部脱贫地区农民中精准扶贫对象的就业能力受到物质资本和金融资本的影响。中国长期以来采用的二元结构体制，造成了中国农村的基础设施建设长期"欠债"，基础薄弱，虽然近年来投入了大量的资金，但是，中国中西部地区的农村基础设施建设还有很大的发展潜力，与城市相比差距还很大，还远远满足不了农业现代化建设的需要，严重影响了乡村振兴战略的实施。[①] 精准扶贫对象的物质资本水平较低,一方面是传统基础设施如教育、医疗、交通等还不完善,另一方面是通信和信息设备配置不足,互联网在精准扶贫对象群体中的普及率不足,对资讯和信息资源的获取能力不足,物质资本上的不足影响其能力的提升。

金融资本是精准扶贫群体中的短缺资源,金融资本不仅对及时为家庭患病成员获得医疗救助从而恢复家庭成员的就业能力有重要影响,而且对维持下一代人力资本投资从而提升下一代就业能力,阻断贫困代际转移有重要影响。精准扶贫对象的脆弱性背景虽然处于较高水平,但是受到国家政策兜底保障,脆弱性背景因素对其就业能力影响不显著。

人力资本、物质资本、自然资本、社会资本对中部脱贫地区农民中非精准扶贫对象就业能力有显著正向影响关系,脆弱性环境因素对非精准扶贫对象就业能力有显著负向影响关系。家人平均受教育水平影响中部贫困农民中的非精准扶贫对象的阅读能力、写作能力等基本技能和信息网络利用能力,从而直接影响其对新事物的学习能力和适应岗位要求变化的能力。家人的平均健康水平影响其对就业能力提升能够投入的时间、精力。社会资本从两个方面影响中部贫困农民中的非精准扶贫对象的就业能力:一是社会资本在中部脱贫地区农民获取就业信息、转换就业方面扮演重要角色。以亲戚、朋友、老乡组成的社会关系网可以促进就业信息传递,一定程度上为就业岗位、岗位收益信息的可靠性提供保障,除此之外,社会关系网跨地域、跨行业的就业信息传递和社群互助有利于个体适应市场需求变化,实现劳动力跨地域、跨行业转移。二是社会资本有利于中部脱贫地区农民中的非精准扶贫对象维持工作岗位和获得岗位晋升。中国社会自古以来就是人情社会,关系网的存在增强了雇主对被推荐人的信任,被推荐人也受到人情的约束而有意识约束自我以达到岗位胜任目标从而利于维持岗位。社会关系网的强弱也关系到被推荐人在岗位内获取资源的机会和能力,从而影响岗位晋升。

高脆弱性环境阻碍中部脱贫地区农民就业能力发展主要表现在以下三点:一是家庭负担给中部脱贫地区农民带来经济和心理负担。一方

[①] 陈宗胜、朱琳:《论完善传统基础设施与乡村振兴的关系》,《兰州大学学报》2021年第5期。

面，由于中国农民养老保障尚不完善，父母的赡养问题绝大部分由个体、家庭承担，加重中部脱贫地区农民经济负担，有因年迈或疾病失去生活自理能力的老人需要照顾的家庭需要投入更多的时间、金钱、精力用于赡养老人，家庭责任更重；另一方面，中部脱贫地区农民的子女教育、抚养负担限制其进行自我能力提升可用的时间和资源。家庭负担还可能迫使其从事高危险、高强度的工作，威胁其健康和生命安全，以致长期减损中部脱贫地区农民就业能力。二是中部脱贫地区农民的社会保障程度低，不完善的社会保障使其面对自然灾害、失业、经济危机等冲击时抵御能力弱，导致健康和经济状况严重受损，就业能力降低。三是高脆弱性背景降低了中部脱贫地区农民对人力资本投资的预期回报，从而严重制约了中部脱贫地区农民自我就业能力提升的积极性。高污染、高危险的生活环境降低了个体对于自身寿命的预期，从而降低了人力资本投资的总体预期回报。高度脆弱的宏观环境还会增加自我能力投资的风险，影响中部脱贫地区农民提升就业能力的积极性。

第七章

可持续生计下的中部脱贫地区农民就业能力提升策略

尽管2020年12月底中国832个贫困县全部摘帽，全国所有建档立卡贫困户均已脱贫摘帽，但是，为了巩固扶贫脱贫攻坚成果，尤其是为了抵御新冠疫情带来的冲击，促进乡村振兴和农业农村现代化，国家政策规定帮扶政策仍然是脱贫不摘帮扶、不摘政策、不摘帮扶力量，帮扶政策延续到2025年12月。因此，需要基于实证分析结果，根据可持续生计分析框架各部分对就业能力的影响提出相应对策，以提升中部脱贫地区农民就业能力，并进一步考虑精准扶贫对象和非精准扶贫对象就业能力影响因素差异，吸纳各地区相关的行之有效的经验，提出有针对性的继续帮扶策略。

第一节 中部脱贫地区精准扶贫对象就业能力提升策略

一 提升精准扶贫对象的物质资本水平

根据中部脱贫地区农民就业能力模糊综合评价结果，中部脱贫地区农民的就业能力低于全国平均水平，差异主要体现在信息技术应用能力上，中部贫困农民的信息技术应用能力亟待提升。中部地区农村的网络基础设施建设不完善，农村的通信较差，互联网应用设备在中部脱贫地区农民家庭普及率低，物质资本方面的不足限制了中部脱贫地区农民对有价值信息的获取水平。同时，中部地区农村的教育资源少，医疗水平低，交通不便，影响中部脱贫地区农民的就业技能、健康状况及其职业发展中的就业转移，物质资本的不足间接影响了其就业能力的发展。

提升中部脱贫地区农民的就业能力必须继续提升中部脱贫地区的物质资本水平，尤其应关注中部脱贫地区信息技术基础设施的建设，增加互联网的普及率。一是加强农村基站的建设和管理，提高农村地区网络基础设施水平，为中部脱贫地区农民提供联网优惠，降低农村地区通信和网络资费水平，从而提升互联网在中部脱贫地区农民中的普及率。二是构建农村信息化建设的融资机制。农村的宽带网络、数字电视网络和基站建设，都是要有资金来支持的。信息基础设施的持续改善和应用范围扩大，是农村信息化长期持续发展的前提。因此，需要构筑出一套适合农村信息化建设的融资机制，由国家为农村信息基础设施建设提供一部分的资金，引导社会资金进入，拓宽资金的来源，减轻财政的负担，从而形成以政府为主、市场为辅、社会广泛参与的多元化的供给机制。国家应该加大对那些位置较偏、经济水平低、财政压力大、信息化建设水平相对落后的偏远地区农村信息基础设施的投资力度，从而缩小城乡和各地区农村信息基础设施建设水平之间的差距，提高农村信息基础设施建设的整体水平。三是提高中部脱贫地区农户的信息设备配备水平。制定激励政策，促进科技产品下乡，引导信息技术企业投入农村网络普及活动之中，并鼓励信息技术企业进驻乡村。信息技术企业进驻乡村，可以对乡村信息基础设施的建设起到一定的推动作用。因此，政府应该为进驻乡村的信息技术企业提供与之相对应的扶持政策，比如在企业办公场所、人员聘用、生产用地、税收等方面制定减免优惠政策。这种鼓励和扶持的方式不但可以促进农村的信息基础设施建设，而且，信息技术公司的进驻还可以为乡村引进大量的人才，拓展乡村电商渠道。以信息技术赋能乡村产业发展，推进乡村各产业的融合发展，有助于农业人口向非农产业转移，从而促进乡村的经济发展。[①] 四是实施"数字乡村发展行动计划"，建立起数字农业园区、农业物联网基地和智慧农场，

[①] 夏涌博、王承武：《数字乡村战略背景下农村信息基础设施建设存在的问题和对策研究》，《甘肃农业》2022年第11期。

对智慧农业平台和农业农村大数据中心进行改造和升级,促进各种数据的共网共享。继续推进农产品的追溯工作,推动大数据智能监控平台的应用。大力发展农村智慧交通、智慧电网、智慧气象。建设村级一体化公共服务信息系统,提高农村公共事务网上办理的快捷、便利程度。

提升中国中部脱贫地区农民的就业能力还应完善贫困农村的教育、医疗、交通等基础设施建设,提高农村地区的教育、医疗水平,从而为中部脱贫地区农民就业能力的持续发展建立良好的物质基础。当前中部脱贫地区基础设施的建设仍然存在着一些"短板",要对中部脱贫地区基础设施的现实状况进行准确把握,根据各地基础设施短缺程度,对基础设施供给的先后次序进行科学评估和确定,并对基础设施最薄弱的问题进行分片分区域的解决。对中部脱贫地区来说,最突出的问题是交通基础建设投资不足,交通基础设施方面的建设仍然存在着较大的投资缺口,交通网络连接不够,覆盖面还很有限。因此,在农村道路的建设方面还需要进一步加强,进而做到村镇与城市之间、村与村之间的道路通畅。还应强化对农村道路的安全隐患排查,实行道路养护管理责任制。[①]

目前,中国中部脱贫地区的基础教育还处于较低水平,义务教育在均衡和质量水平上还呈现出明显的"乡村弱"现象。在一些边远地区,农村学校,特别是农村小规模学校和寄宿制学校中基础条件差的学校仍然不少。这些学校办学硬件比较差,老师的待遇低,尤其是缺少稳定的有经验的老师,严重影响了中部地区农村基础教育的发展。此外,中国乡村的医疗网点建设水平较低,城乡医疗条件分布不均,医疗资源配置水平较低,一些基层卫生服务机构业务用房无法得到满足。中国医疗卫生发展的不均衡与不充分性还没有从根本上改变,各层级医院的医疗资源配置还需要进一步优化。基层医疗机构及其医疗设备的薄弱严重影响了农村医疗卫生水平的提高,也导致省级医疗机构仍然担负着许多常见病、多发病的诊断和治疗任务,"基层首诊,双向转诊,急慢分治,上下联动"的三级医疗服务模式还没有形成。农村医疗卫生发展的"双

---

① 陈宗胜、朱琳:《论完善传统基础设施与乡村振兴的关系》,《兰州大学学报》2021年第5期。

下沉、两提升"措施（医学人才下沉和优质医疗资源下沉，提升基层医疗卫生机构服务能力、提升群众满意率），在精准性、创新性和实效性上仍存在严重不足。省级医院对基层医院的诊疗水平、医院管理和人才梯队建设等的引领示范和促进作用还需要增强。这些都说明中国医疗条件仍需改善。在国家全面推进乡村振兴战略的新历史条件下，应该把共同富裕作为目标，对城乡之间的教育、医疗等公共服务进行统筹，在对农村行政区划进行调整的前提下，按照共同富裕的目标要求，对农村公共服务进行强化，促进优质资源的全面覆盖。一是要确保基本的教育扶助政策总体不变，进行动态监测，及时将防止返贫的监测对象纳入教育资助范围。让优秀的教育资源流向农村，持续提升教育的公平性，加速推动新时代的城乡义务教育共同体的建设，打造小而优的农村学校，实现农村地区义务教育学校的标准化升级。与此同时，要制定相关的激励制度，将教师的奖励和职称评定与农村的教学经历联系起来，从而将优秀的教师资源引导到农村。二是对城市和农村的卫生资源进行统筹规划。要从根本上改善中国乡村医疗卫生状况，关键是要不断完善乡村卫生服务体系，提高基层医疗机构的诊疗水平，让农民能够安心、方便、有效就医。要努力提高县级医院的水平，推进高质量医疗资源的下沉，完善县级医共体和城乡医联体，推进县级医院和乡镇卫生院等的基本设施的补缺。加快对医疗资源的整合，落实好村级卫生服务的兜底工程，强化村级卫生服务组织的建设，做好对村级医疗人员的定向培养工作，推进农村医疗卫生一体化的发展。①

二 增强精准扶贫对象的金融资本获取能力

中部脱贫地区农民就业能力影响因素结果显示，金融资本对中部脱贫地区农民就业能力有显著的正向影响，对精准扶贫对象的就业能力影响显著。精准扶贫对象家庭成员的健康状况较差，医疗支出和看护需求较大，但是，其人均年收入低，金融资产缺乏。金融资本缺乏的结果是：一方面限制了个体用于恢复健康和发展能力的可支配资金，进一步

---

① 余丽生等：《共同富裕视角下缩小城乡差距的公共服务体系研究》，《经济研究参考》2022年第7期。

损害了个体能力发展的健康基础和物质保障，另一方面限制了中部脱贫地区农民为提升就业能力参加培训的可用资金，可能迫使其着眼于眼前利益，放弃提升就业能力的机会。因此，增加中部脱贫地区农民扶持资金，尤其是增加精准扶贫对象对金融资本的获取能力，有利于提升中部脱贫地区农民中精准扶贫对象的就业能力。具体提升策略如下。

第一，各级金融机构要与精准扶贫对象建立好对接关系，在政策的引导和驱动下，让贫困农民对金融机构产生信任，逐渐构建精准金融帮扶机制，提高对农户的小额贷款的发放量，进而让中部脱贫地区农户能够得到更多的发展资金，提高他们的自身可持续发展能力。

第二，针对扶贫对象的实际情况和需要，制定相应的信贷政策，在此基础上，实施对贫困农民的金融帮扶举措。对贫困农民进行经常性的金融知识教育，构建和健全多元的信贷服务体系，以提高贫困农民的可持续生计能力。可以将扶贫监测对象和农村低收入农民等重点人群作为目标，与保险公司建立常态化、长效化精准扶持机制，采用"政府+保险"的保障方式，当保障对象出现因病、因学、因灾等重大风险时，及时启动保险赔付。另外，还可以为医疗、教育负担重的中部脱贫地区农民家庭提供医疗、学业补助或贷款等金融支持，增加其恢复健康和发展个体能力的资金基础。为贷款接受继续教育和技能培训的中部脱贫地区农民提供一定时间的免息贷款，鼓励其进行人力资本投资，进一步提升其在劳动力市场上的竞争力。

第三，要健全和加强防止返贫的金融制度建设。制定统一的扶助标准，在对象、标准和管理费用上给予明确的扶持政策。加大对扶贫金融政策的统筹协调和监督管理，充分发挥金融对扶贫工作和政策的支持作用，不断巩固脱贫成果。

第二节　中部脱贫地区非精准扶贫对象就业能力提升策略

一　提高农村的机械化水平和农业生产率

中部脱贫地区农民人均土地面积少，零散的耕地不利于农业生产率的提升，也降低了农民采用机械代替手工劳作的积极性和动力，农业生产率的低效导致人力资本在农业劳作上的浪费，限制了中部地区农民从农业劳动中抽出时间和精力提升其就业能力。基于自然资本对中部脱贫地区农民就业能力的影响，可从以下几个方面予以支持。

第一，为中部脱贫地区农民提供农业活动相关指导和帮助，比如为其提供免费的优良种子，并配备农业站为其提供农业生产咨询等利农措施，提高土地资源利用效率，充分利用互联网资源帮助农户将农产品推入市场，实现自然资本向金融资本的转化，提供免费的非农培训项目，从而进一步实现金融资本向就业能力提升的转化。

第二，传统小农生产方式限制了农业生产机械化水平，农业劳作的低效率导致大量的农村劳动力滞留，限制了农村劳动者的个人能力发展。与传统的畜力和人力相比，农业机械的应用提高了劳动生产力，改变了农业生产要素的投入比重，优化了农业生产要素的配置，也改变了农业从业者的耕作方式，推动了农业生产环节的规范化，从而可以有效地防止农业生产要素的投入出现冗余。因此，要加强对农业机械化的推广和补贴，推动用机器来代替人力，进一步提高农业劳动生产力。要构建农业机械跨区作业的服务平台，多举措支持农业机械进行社会化服务，提高农业的机械化专业化程度。[①] 应鼓励土地承包、合作社经营等灵活的农业生产方式，引进资本，提高农业生产效率，进一步解放农村劳动力，使得中部脱贫地区农民中非精准扶贫对象具备多项技能，能够将发展的重点从农业生产扩转到与第二、第三产业的有效融合上。

二 加大非精准扶贫对象的人力资本投资

中部脱贫地区农民的人力资本和社会资本都处于较低水平。在人力资本方面，中部脱贫地区农民受教育程度平均为初中水平，受教育程度较低，获得的专业技术职业资格证书较少，技能水平低。低文化程度使其难以适应工业化生产的要求，在求职过程中处于弱势地位，工作稳定性不高。另外，低文化程度也使中部脱贫地区农民陷入低质量就业循

---

① 郑晶、高孟菲：《农业机械化、农村劳动力转移对农业全要素生产率的影响研究》，《福建论坛》（人文社会科学版）2021年第8期。

环，低文化程度往往迫使其从事建筑、运输等需要繁重体力劳动的行业，工作时间长，工作强度大，重复的低水平体力劳动耗用大量时间和精力，甚至长期损害健康，不利于巩固脱贫攻坚成果与高质量发展。中部脱贫地区农民无多余的时间和精力提升自身就业能力，随着年龄增长和科技进步，中部脱贫地区农民在劳动力市场中的竞争力逐渐降低。在社会资本方面，社会关系网不仅为中部脱贫地区农民提供就业信息和就业帮助，而且有利于其融入城市生产生活，提升适应能力。大量农民工通过熟人或者亲戚介绍获取工作，农民群体以一轮带一轮的方式进城从事非农就业。家庭成员既是血缘纽带联系的群体，也是利益共同体。但是其邻里、朋友、结识的同伴的文化层次相对较低，难以形成较好的职业同群效应以促进技能提升和知识交流。邻里之间的互助频繁，但主要集中于日常生活，且因彼此自身能力和资源限制难以形成长期支持以促进就业能力的提升。高质量社区支持的缺位，使得中部脱贫地区农民不论是在找工作过程中还是日常生活中遇到困难时无法及时得到帮助。鉴于人力资本和社会资本对中部脱贫地区农民中非精准扶贫对象就业能力有显著正向影响，因此提升中部脱贫地区农民的就业能力应主要着眼提升其人力资本，辅以社会资本的支持。因此本节主要对如何进一步增强中部脱贫地区农民的人力资本，尤其是数字技能的提升进行研究，社会资本的支持将在第七章第三节进行研究。

要进一步增强中部脱贫地区农民的人力资本，通过提升中部脱贫地区农民的健康水平、受教育水平、专业知识和职业技能，来增强其在劳动力市场上的竞争力。其中，为中部脱贫地区农民提供就业能力方面的培训，提升培训的有效性，并将政府培训和就业结合起来，形成与劳动力市场需求相适应的农民培训体系，以此提升中部脱贫地区农民的长期就业能力是关键途径。

加强中部脱贫地区农民培训，既要包括一般技能的培训，也应该包括数字技能的培训。随着互联网和数字经济的快速发展，无论是在日常生活还是在工作中，信息已经变成了不可或缺的要素之一，所以辨别和获取这些信息的数字技能对信息化社会中的居民来说也是不可或缺的。数字技能已成为影响人们生产、生活的重要因素。数字技能按照种类的不同可分为：线上商务技能、娱乐社交技能以及学习工作技能。掌握这些技能的人们可以更好地了解经济形势和社会需求,从而作出合理的决策,及时提升自己的收入水平,这种效应对于本就缺乏信息优势的农村地区更为明显。但是,由于教育、年龄等方面的原因,当前农民群体是所有不同职业的人群中数字技能最缺乏的,尤其是中部脱贫地区。正如前面分析的那样,中部脱贫地区农民的就业能力低于全国平均水平,差异主要体现在信息技术应用能力上。因此,加强对脱贫地区农民的数字技能培训,改善农民的数字技能,提升农民对数字技能和数字经济的认知程度,是巩固脱贫攻坚成果的重要途径。利用以数字经济为代表的新型经济增长动力去帮助这些偏远农村地区实现经济的快速发展,以数字经济方式振兴乡村是目前农村经济发展的当务之急,也是当前政策实施的侧重点。利用科技力量助推农业农村现代化,是与目前中央政策相一致的。比如,2022年,中央网信办等十部委联合印发了《数字乡村发展行动计划(2022—2025年)》,提出了八大举措,其中包括运用互联网技术采取网络帮扶拓展深化行动。《2022年数字乡村发展工作要点》提出了30项重点任务,强调要强化人才培养,继续对农户进行移动电话使用技术和网络安全的培训与教育,提高农户的数字素质和个人信息保护能力。2024年中央网信办秘书局、农业农村部办公厅、国家发展改革委办公厅等部门联合印发《数字乡村建设指南2.0》,提出要建立健全省、市、县三级数字乡村建设工作机制。强化多元共建完善政产学研用多方协同共建机制,引导企业、高校、科研院所、行业协会、社会组织等广泛参与,为数字乡村建设提供资金、技术、人才等方面支持。加快数字乡村建设相关标准的制定修订、宣贯和实施,为推进数字乡村建设工作提供参考和指引。具体而言,政府和社会对中部脱贫地区农民数字技能的培训应抓好以下几个方面。

第一,对农民进行数字化能力的培养,重点应放在新媒体场景的运用能力和线上工作学习能力上,也就是通过对农民数字化能力的培养,使其能够在生产、生活、学习等方面有效地运用互联网技术,较为熟练地掌握数字化能力,搭上数字经济发展的"快车道"。为此,要做好以下几点:一是要提升培训内容与农民在数字技能学习的匹配度,根据不同场景、不同对象,进行有针对性的培训内容设计。在应用场景方面,要加速建设智慧农业,推动物联网、人工智能、云计算、大数据等数字技术与种植业、养殖业、渔业等产业的深度结合，帮助农民掌握相应的技能，提升农业生产力和农产品的增值能力。二是要把农村电商的发展推向一个新的高度，加强对农村电商相关技能的培训，促进农业龙头企业、农民合作社、家庭农场等的数字化应用；或者与电商平台进行深度合作，促进农业产业链、供应链和价值链的升级，加快特色农产品的线上销售，提高农产品的利润水平，促进农民增收。三是要大力发展乡村数字化新业态，深入发掘乡村特有的自然和人文资源，大力推广以"直播带货"为代表的新型商业模式，拓宽乡村收入来源，大力发展智慧旅游、休闲农业、创意农业和体验农业，让更多的农户享受到数字经济带来的好处。

进而言之，农民对于数字技能的要求是动态变化和不断提升的，每一个人对于数字技能的需求是不一样的。因此，政府还应当注意到这种变化，并作出相应的政策调整，针对不同的群体及其不同要求，制定相应的数字技能培训方案，开展有针对性的培训。可以对种养大户、家庭农场主、农民合作社的骨干，还有返乡创业者，进行一次有针对性的数字技能培训，并将培训内容与产业发展需求相结合，重点培训智慧农业、农村电商、手机应用、网络直播等技能，从而提升农民的数字化和专业化发展能力，以数字经济赋能农业发展。在很多偏远地区，留守妇女大部分是没有工作的，因此，可以在网络平台发布一些其他地区的女性提升了数字技能后，顺利找到工作或是完成了自主创业的视频，通过示范引导偏远地区的妇女主动地提高自己的数字技能。在对留守妇女和中老年人群进行培训的时候，主要是训练他们如何使用电脑、手机等电子产品。更进一步，对他们进行农村电商、直播电商、短视频电商等基本信息技术的训练，培养他们掌握最基本的数字技能，增强互联网思维，提升他们在当今数字化时代的生存和发展能力。

第二，在培训模式上，可以与地方的高职院校联合，为脱贫地区的农户搭建一个信息化学习平台，同时也可以组织志愿者送数字技能到村镇，给农户送知识、送技能。不断探索新的适合农民的数字技能培训方式，减少一些枯燥的理论训练，多一些交互性强、趣味性强的实战训练，调动他们的学习积极性和学习热情，提高他们的实际操作能力。职业院校应该将服务乡村振兴战略作为社会服务的重点，把农民数字素养与技能培养作为发展的一个支点，发挥各自学校的专业优势与特点，将其充分地融入各项数字乡村振兴行动实践与重点任务当中，并在服务实践过程中对农村数字化转型升级所需、所缺、所用进行深入地了解，以此作为开发农民数字素养与技能课程的重要依据，进一步优化教学资源的配置，促进数字技术赋能农民增收。①

三 降低中部地区农村生活环境的脆弱性

中部脱贫地区农民生活环境的脆弱性背景较高。中部脱贫地区农民生活的村庄普遍存在社会治安差和卫生水平低等问题，这些问题使其面临更大的遭遇犯罪侵害风险及患病风险。违法犯罪活动给农民的生命、财产安全造成严重威胁，不利于其积累资本提升就业能力；宽松的医药、产品安全监管给假药、伪劣产品在农村的流通大开方便之门，假药、伪劣产品威胁中部脱贫地区农民非精准扶贫对象的健康和生命安全；农村普遍存在的随地倾倒垃圾、乱倒废水、饮水安全等卫生环境问题导致其面临更大的感染疾病风险，低医疗卫生水准使该问题雪上加霜，增加了中部脱贫地区农民非精准扶贫对象患病风险，从而对中部脱贫地区农民的生命安全造成重大隐患。

脆弱性背景对中部脱贫地区农民的就业能力有显著负向影响。因此，巩固中部脱贫地区农民脱贫攻坚成果，必须继续减低中部脱贫地区的环境脆弱性。降低中部脱贫地区农村环境脆弱性，应从以下几个方面努力。

第一，要加大对农村药品和产品质量的市场监督。与城市市场相比，农村市场的监管更加困难，因此要健全法律体系，增加对假冒伪劣商品的查处力度。要将各个主体的监管热情都激发起来，尤其要让监管部门经常去乡村开展维权的培训工作，推广药品、产品质量和安全标准的识别知识，增强贫困农民抵御假药、伪劣产品的意识，提高农村贫困农民对假药、伪劣产品的识别能力，动员受到损害的知名品牌企业积极参与并协助政府打击假冒行为。要充分利用媒体的力量，展开宣传和监

---

① 孙俊娜等：《数字技术赋能农民增收：作用机理、理论阐释与推进路径》，《改革》2023年第6期。

督，将假冒伪劣产品生产商、肆意大规模售卖经销商等意图参与假冒伪劣产品生产和销售的企业，列入失信名单，并向全社会公开。还要运用人工智能和大数据等新技术来提升监管的效能。要把监督工作纳入政府部门的评估系统中，夯实相关部门的主体责任，让主管人员担负起治理打假的主要职责，坚决遏制假药、伪劣产品在农村的流通。

第二，政府应提升农村地区的社会治安水平。应降低中部脱贫地区农民遭受犯罪侵害的风险，打击黑恶势力，遏制农村地区赌博风气，树立良好的农村风气，从改善社会治安方面降低中部脱贫地区生活环境的脆弱性。要强化和创新中部脱贫地区的社会治理，持续改善社会治理方式，坚持问题导向，把专项治理和系统治理、综合治理、依法治理、源头治理结合在一起。要重视乡村基层组织尤其是村"两委"的建设，这些基层组织是乡村社会安定的重要组织保障，对农村社会治安秩序的维持和矛盾纠纷的化解发挥了重要的作用。乡村社会治理要强化党的领导，充分发挥政府的主体作用，充分调动全社会的积极性，使综合治理成为社会治理的有效方式。要加强社会的道德建设，对社会行为进行规范，协调各方面的利益，对社会矛盾进行化解，进而协调社会关系。但是，单纯从道义上的制约是不够的。道德约束无法像法律、规章那样清晰地规定村民的权责，依法治理因而势在必行。依法治理就是要强化法律的保护，要用法治的思想和方法来解决各种社会矛盾和纠纷，解决各种社会问题，提高社会治理的法治化水平。同时，还要坚持源头治理，既治标又治本，标本兼治、重在治本。要建立和完善村镇的综合服务管理平台，通过服务平台及时了解农民的各种利益诉求，并对其进行协调，从而从根源上将可能危害社会和谐稳定的各类深层次问题和矛盾予以化解。要加强治安监管，在主要路口、重点场所增加监控探头的布设。完善环乡环村治安防控网络建设，保障和提高广大农民的安全感。[①]继续加大对违法犯罪行为的打击力度，维护农村社会治安稳定，降低农民因社会治安造成的风险。

第三，要改善农村地区卫生水平。应降低中部脱贫地区农民患病风

[①] 杨胜慧、赵一盟：《乡村振兴背景下农村治安现状及思考》，《公安学研究》2021年第1期。

险，纠正农民不合理的垃圾处理方式，进行垃圾合理投放和分类处理的宣传教育，形成良好的垃圾处理模式。加强农村水源保护，注意农民饮用水安全，降低中部脱贫地区农村环境脆弱性背景，进而为巩固和提升中部脱贫地区农民的就业能力提供良好外部环境，提高中部脱贫地区农民整体的健康水平，提升其就业能力。当前，对农村生活垃圾处理，只有社会效益，没有经济效益，所以许多公司或机构都不愿意参与对农村生活垃圾的处理，农村生活垃圾处理的费用来源主要为国家和当地的政府，资金存在着巨大的缺口。因此，必须加强对农村垃圾处理工作的政策引导，为其提供必要的人力、财力、物力支持，并建立相应的法律法规，拓宽资金渠道，以多种方式来筹集资金。同时，要结合当地的具体条件，选用合适的垃圾处理方法和技术。为了更好地推进对农村生活垃圾的分类收集和资源化利用，实现对其进行规范、有序地收集，并对其进行科学的处理，各有关部门还应该加大对农村生活垃圾合理便捷分类的管理力度，加速制定出一套科学的分类方法和行为规范。同时，积极开展农村生活垃圾处理的新技术和新方法的研究和开发。例如，采用"太阳光—生物反应器"的处理技术，可以利用微生物对废弃物进行好氧发酵，将垃圾转变为肥料。又如，采用"垃圾与污水创新处理工艺"的处理技术，可以将垃圾和生活污水放入生物反应器中进行发酵和退肥，就地填埋。[1] 在改善农村饮用水环境方面，住房建设、水利、卫健等政府部门还要继续做好饮用水安全的全方位大检查，做好地质灾害点、山塘水库、农村低洼地区困难群体的饮水安全工作。例如，做好孤寡老人、脱贫户、监测对象等困难群体的安全饮用水帮扶工作。要全面排查农村饮用水供水管网破损、滴漏等情况，对已有水源地的泄漏进行排查，加固渗漏点，及时地发现和解决新增饮水安全问题。水利部门还应加强对饮水脱贫工程的建设管理与保护，加速推进全员全域全覆盖的城乡供水一体化建设，进一步巩固改善和提高农村饮水工程建设的攻坚成果，有效地保证农村群众的饮用水品质，进一步改善中部脱贫地区农村的生活环境。

---

[1] 张成兴等：《农村生活垃圾处理现状及对策研究》，《中国农村卫生》2017年第7期。

第三节 改善中部脱贫地区农民就业能力提升的制度环境

一 提高就业能力服务的水平

关于如何通过提高就业能力服务的水平，以提升中部脱贫地区农民就业能力，主要包括两个方面，一是完善和改进中国的公共就业培训制度，二是完善和改进中部脱贫地区的就业服务制度。关于前者，因其与中部脱贫地区农民就业能力提升有直接的关联，牵涉面比较广，本书将在第八章专门研究，本部分主要研究后者，就完善和改进中部脱贫地区的就业服务制度进行论述。

第一，人社部门要建立和完善农村的就业服务体系，实现贫困劳动力的全面、稳定的就业，防止"返贫"现象的发生，并将巩固拓展脱贫攻坚成果同乡村振兴有效衔接。具体而言，要做好以下几项工作。

首先，建立和健全脱贫地区农民就业监测制度。按照县、乡、村三级"一网体系、多点监测"的工作方针，运用"大数据+小分析"的工作方法，对脱贫农户等重点群体的就业进行持续的动态管理。以监测数据为基础，深入细致地进行农村贫困人口的家庭走访，及时了解农村贫困人口的就业状况和就业培训需求，针对就业质量较差、收入较低的农村贫困农民，进行"一对一"的重点精准帮扶。通过岗位推荐、创业扶持、技能培训等方式帮助他们实现再就业；同时，对就业登记制度中的相关数据进行动态更新，达到数据精准、帮扶精准、管理精准的目的。

其次，要建立和完善就业提升体系。完善农村社区的就业服务功能，建立贫困农民就业信息库，为有意向获得非农就业岗位的农民制作简历，完善其就业技能、就业经验等必要的求职信息。要充分利用互联网优势，将贫困农民求职信息同劳动力市场需求进行匹配，拓宽他们的就业渠道，形成以农村社区为依托的就业网络支持。要加强就业信息的发布，每隔一段时间，就进行一次企业的招聘情况和岗位空缺情况的调查，将企业的招聘信息进行整理和汇总，并透过网站、人力资源市场、微信和抖音等媒体，即时进行招聘信息传递。

与此同时，以乡村基层就业服务平台为基础，展开线下招聘信息的宣传。县乡政府部门将企业缺工信息汇总表和各项惠民政策及时张贴到乡镇、村，让广大村民对所在地区企业的招工动态有一个全面的了解，并从中挑选出自己心仪的就业岗位。加强就业载体的扶贫增效作用，健全就业企业、工业园区、就业扶贫车间、专业合作社、公益岗位等就业平台建设。尤其要充分发挥帮扶车间就业载体作用，建立"企业+致富带头人+就业扶贫车间+脱贫户"等利益机制，形成脱贫户、企业、村集体及特色产业"四方受益"的共赢格局。

第二，要建立、完善和实施就业补助政策。一是要研究和制定各种类型的就业补助政策。对在管辖范围内的园区和扶贫车间就业的贫困人口，从财政拨款给予工资补贴。同时，对在园区内工作的贫困农民，发放交通补助。二是要保证补助政策的执行。通过这些补贴政策的实施，进一步激发贫困人口的工作积极性，增强其工作的内在动力。

第三，要加强特色劳务品牌的建设。要积极推动劳务品牌的培育，针对不同地区产业的发展特点，加强对当地特色品牌的培育与创建。在这个过程中，不仅劳务品牌技能、劳务品牌带头人培养起来了，品牌的辐射能力也不断增强。通过品牌的影响力赢得市场的"金字招牌"，充分发挥劳务品牌在吸纳就业中的引导功能，带动更多的贫困农民实现收入增长。

二 提高社会保障水平

中部脱贫地区农民面临较大风险，比如养老风险、健康风险、在从事非农工作时的失业风险、劳动权益受损等。但是，现阶段中国社会保障还不够健全，针对农民工的社会保险机制尤为欠缺，农民抵御风险冲击的能力弱，不利于其提升就业能力从而摆脱贫困。因此，可从以下几个方面为中部脱贫地区农民就业能力提升提供良好的制度和政策软环境。

第一，加强贫困农民劳动权益保护，加强贫困农民就业的劳动合同管理，落实农民劳动权益保障，杜绝拖欠农民工工资情况，提高贫困农民劳动权益的保障水平。

第二，完善社会保障体系，尤其是完善针对农民工群体的失业保险制度。这有利于降低失业风险对中部脱贫地区农民的影响、提升其抵御市场冲击的能力，在失业和陷入贫困中间建立缓冲带，从而有利于中部脱贫地区农民适应劳动力市场变化，提升就业能力。

第三，加大政府转移支付力度，解决中部脱贫地区农民养老保险问题。应提高中部脱贫地区农民的养老保险待遇，减轻中部地区贫困农村家庭赡养老人的负担，从而有利于个体投入更多的时间、精力用于就业能力的提升。

第四，进一步巩固基本医疗保障成果，继续推进健康帮扶乡村建设。实施农村特困人员、低保对象、防止返贫监测对象等困难群体的医疗倾斜政策，为上述重点帮扶对象提供免费的健康体检、健康教育、用药指导等服务，保证已脱贫的农民不会因为疾病而返贫。在脱贫攻坚的目标任务结束后的5年过渡期之内，进一步优化和调整农村医保扶贫政策，建立起一套有效的防范化解农户因病返贫致贫和返贫的长效机制，实现由集中医疗资源巩固脱贫成果，向统筹基本医保、大病保险、医疗救助三重制度常态化保障体制的顺利过渡。

第八章

基于中部脱贫地区农民就业能力提升的公共就业培训制度创新

从前文对中部脱贫地区农民的生计资本尤其是人力资本的研究中可以看出，中部脱贫地区农户人均受教育程度为初中水平，获专业技术职业资格证书平均数比较小，中部脱贫地区农民总体专业技术技能较低，也就是说，中部脱贫地区农民的人力资本不足，就业能力比较弱。因此，政府作为脱贫地区农民人力资本投资的重要主体，不断改善政府公共就业培训的工作，提升中部脱贫地区公共就业培训绩效，这对提升中部脱贫地区农民的就业能力和生计资本有重要的价值，本章专门对此加以研究。

公共就业培训是由政府出资并加以管理的，是主要针对缺乏就业能力的社会成员进行的职业培训，是政府公共就业服务体系的重要组成部分。中国的公共就业培训起始于20世纪80年代的企业职业技术培训。公共就业培训是目前脱贫地区农民的就业能力提升的主要渠道，其中对农民的公共就业培训项目涉及多个政府部门，包括农业农村部、人力资源和社会保障部、国家乡村振兴局、教育部、科技部等。其中，国务院扶贫办实施的雨露计划、农业农村部实施的高素质农民培育计划、人力资源和社会保障部实施的国家乡村振兴重点帮扶地区职业技能提升工程是当前最主要的涉农就业培训项目。这些项目资金投入可观，对于如何提高培训的效果是关键问题，改善和提升这些项目的绩效还有很大的空间。公共就业培训是一项系统工程，其效果与公共就业培训资金的供给方式、培训补贴的支付方式、绩效评价方式、监管方式有密切的关系，只有从公共就业培训的供给方式、支付方式、绩效评价方式、监管方式等方面进行制度创新，才能使中国公共就业培训的绩效得以提升，进而发挥其在促进就业，推动经济发展，提升劳动者就业能力方面的更大效益，尤其使其在巩固脱贫攻坚成果，促进乡村振兴，促进农业农村现代化方面发挥重要作用。

第一节 中国公共就业培训供给方式的选择和制度创新

公共供给、市场供给和混合供给是社会产品供给的三种最基本的方式。由于公共就业培训具有正外部性，如果完全交由市场供给，那将导致社会福利的损失，更何况公共就业培训本身就特别强调公益性，因此，在公共就业培训中完全采用市场供给方式是不适宜的。那么，就公共供给、混合供给两种方式而言，哪一种方式更有效率，更有助于公共就业培训绩效的提升呢？

一 公共就业培训供给方式的效率分析

（一）培训的公共供给的效率分析

就培训的公共供给而言，尽管培训的费用是由国家补助的，但是它的社会成本还是存在，这一点可以从图 8.1 中看到。因为在提供公共产品时，消费者不会付出任何代价，所以不会出现一条需求曲线。但是，依然有 MU 的社会边际效用曲线，那么 P_1 就是它的均衡价格，Q_1 就是它的最优生产量。但是，因为消费者不需要支付任何费用，所以当没有了价格约束时，人们往往会想方设法地利用这些资源，直至其边际效益为 0，或者出现过度使用。在公众需求的驱动下，政府仍然会增加对培训的投资，从而导致消费者个体和整个社会的边际效用远小于其生产的边际成本，导致了效率的损失。例如，此时的消耗总量等于 OL，此时所造成的效率损失就是 EMN 的区域，将导致效率损失大于社会效益的不经济现象。因此，我们可以看出，只有当培训供给能满足每个消费者，同时又不存在过度消费时，才可能采用公共供给的方式，否则是不适合的。正如图 8.1 所示，培训的最优供应数量为 Q_1，这时，培训提供的单位社会成本（税收）为 P_1；当其超出 Q_1 的供给量后，就会出现效率损失①。

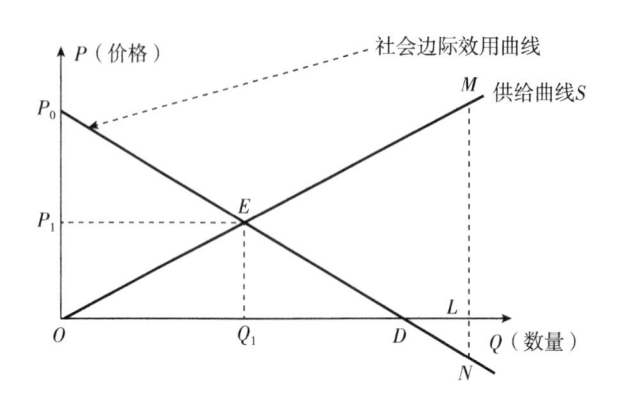

图 8.1 培训的公共供给

（二）培训的混合供给的效率分析

培训的混合供给，是以市场为导向、以价格为基础、由市场和政府共同供给的方式。政府以财政补助的方式支持私人部门进行培训，两者共同提供培训服务。由于就业培训作为一种准公共物品，存在着一定的正外部性，如果完全使用市场供给的方法，消费者会因对其价值的估计不足而减少消费，导致消费量的下降；而生产者对其收益低估而减少供给，导致供给量的下降。所以，需要用财政补贴的方法来使消费的价格或生产成本下降，从而提高消费的数量，增加供给的数量。培训混合供给方式的经济效率分析如图 8.2 所示。相对于市场供给方式而言，尽管个人的消费需求曲线 DD 不变，社会边际效用曲线 MU 也不变，但在政府的财政补助下，供给曲线则出现了下移。结果显示，当有了政府的资金补助后，由于教育机构的成本减少，供给曲线会由 S 向 S_1 下移，价格从 P_1 向 P_3 下移、消费量则从 Q_1 向 Q_3 递增。尽管还是有 BE_2E_1 的效率损失，但是与最初的 AE_2E 相比效率损失更小。由此可以看出，政府对培训的补助，对于提高培训的社会需求和减少因市场失灵带来的效率

---

① 王磊：《公共教育支出分析——基本框架与我国的实证研究》，北京师范大学出版社 2004 年版，第 26 页。

损失都是有益的。进而言之，如果通过政府的补助，可以让供给曲线继续向右移动，使得消费价格降到 P_4，就可以将培训的外溢效益全部弥补回来，社会对培训的消费量可以达到 Q_2，市场失灵被矫正，也就不会出现效率损失了[①]。

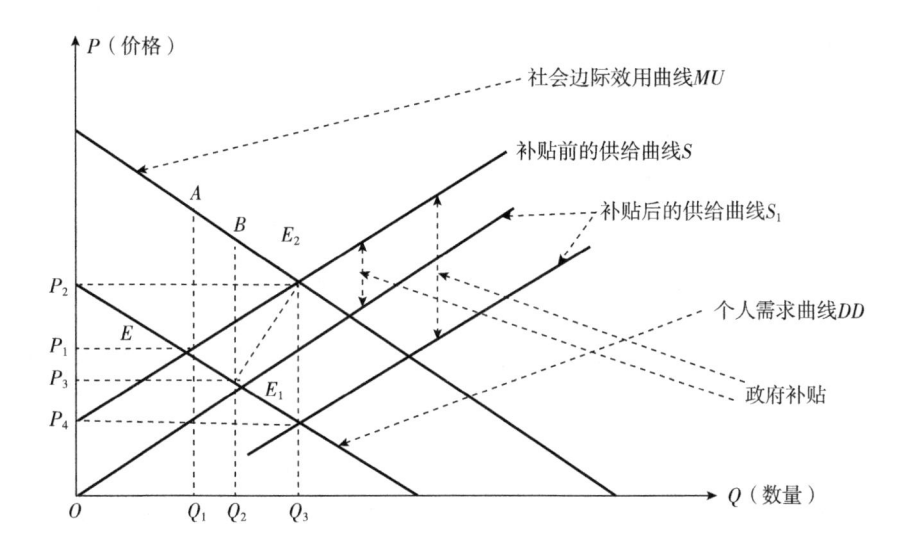

图 8.2 培训的混合供给

通过以上的对比研究可以发现，培训作为一种具有效用外溢效应的准公共物品，不宜只靠市场提供，否则，其供给将低于社会最优水平。因而，政府的介入对于增加和改善培训的供给是必要的，但这并不意味着所有的培训全都要由政府包办下来。对于个人来说，培训既是一项消费，又是一项能为自己创造更多收益的重要的人力资本投资。所以，应当充分考虑发挥市场机制的作用，采用混合式的培训供给模式。

二 中国公共就业培训供给方式的选择

从理论上讲，准公共物品的供给应当符合效率、公平、能力和宏观调控等四个原则。

---

① 王磊：《公共教育支出分析——基本框架与我国的实证研究》，北京师范大学出版社 2004 年版，第 27—28 页。

（一）效率原则

以效率为基础，按效率优先的原则来对供给方式进行选择，实质上是一种资源配置方式的选择。公共供给方式是政府配置资源的方式，市场供给方式是市场配置资源的方式，而混合供给方式是二者的有机结合。不同的供给方式所产生的资源配置效果有很大的差异，其差异既与资源配置的体制有关，也与资源配置的领域有关。在选择培训供给方式时，首先应遵循效率原则。通过以上分析研究发现，就业培训这一类准公共产品，混合提供方式具有更高的效率。

（二）公平原则

基于公平原则的供给方式的选择，实际上也是完善准公共产品的分配机制的一项重要选择。市场供给是一种"初次分配"机制，公共供给是一种"二次分配"机制，而混合供给是二者的结合体。任何分配机制，都应当兼顾效率与公平原则，就业培训作为一种分配机制也不例外。因此，供给方式的选择也要遵循公平原则。公平包含了两个层面：经济公平和社会公平。市场经济的本质要求是经济公平，它强调收入和投入的对称性。社会公平是社会正义的客观要求，它要求人们的机会平等和合理的财富分配。中国实施的就业培训具有很强的目的性和针对性，目的是要让一部分就业相对困难的社会成员能够顺利地就业，制度设计的初衷是要实现社会公平。因此，政府需要通过再分配进行转移支付。然而，在就业培训中，每个人都会得到收益，收益与成本的相对应是市场交易的基本规律，如果违反了这一基本规律，不但会降低效率，而且还会造成新的不公正。从这个角度来讲，受训者自己也应该缴纳一定的培训费用。

（三）能力原则

以支付能力为基础来确定供给方式，实质上是一种成本补偿机制的选择。不同的供给方式，其成本补偿机制也不尽相同。公共供给采用了社会补偿机制，市场供给则是个人补偿机制，混合供给采用的是社会和个人成本分担机制。因此，供给方式的选择也受费用承受能力的限制。在目前的条件下，参加公共就业培训的人员的家庭经济条件普遍不佳，他们的补偿能力都很弱。特别是脱贫地区的农民，他们的收入比较少，当他们的生活问题还没有得到很好解决的时候，他们没有经济能力大幅提高由预期收入所决定的培训投资，政府出资和社会资助因而成为必须。

（四）宏观调控原则

供给方式的宏观调控原则是对宏观控制手段的选择。公共产品供给方式对供给和需求的影响是不一样的，供给方式的选择应符合国家的宏观调控目标。准公共产品供给由供给主体的动机与能力决定，而需求由消费者的支付能力与消费意愿所决定。当前，中国公共就业培训的宏观背景是，在国家经济高质量发展和企业对技术工人的需求大幅增加的情况下，存在着具有较高劳动技能的劳动力供给不足的问题。因此，大量的农村劳动力需要提升就业能力和创业能力。这样，既可以使他们不会因为贫困而在后续的竞争中处于弱势，从而让他们的收入得到持续提高，又可以满足企业高质量发展对个人技能提升的需求。因此，政府希望通过增加对公共就业培训的投入和宏观调控，来解决影响经济高质量发展的上述关键问题。

20世纪70年代以前，学界对于公共产品的研究多与政府行为相关联，将公共产品供给主体定位为单一的政府，据此形成了公共产品理论体系，并对公共产品供给体系的设计和实践发挥了指导作用。20世纪70年代后，由于福利国家财政危机和政府失灵加剧，经济学提出公共产品的生产是可以被分割的，根据市场机制由市场来供应的新观点新理论，主张可以有私人供给、地方供给、社区自主供给、志愿供给四种供给主体。到了20世纪90年代，由政府、企业、非营利组织和居民多个主体参与公共物品供给，已经成为一种有很大影响力的经济学理论主张。

由上述分析可知，准公共产品的混合供给不仅能够维持大量的准公共产品的供给，而且能够维持较大量的准公共物品的需求，并产生最大的效率。同时，基于公平的考虑，在公共就业培训中，宜采取混合供给方式。再者，因为在中国供给就业培训的目标人群都属于弱势的群体，他们的经济承受能力有限，因而适合采用混合供给方式。而且，在政府看来，在公共就业培训方面的投入，能够推动中国经济持续发展、优化产业结构，所以，中国公共就业培训采用混合供给是科学而又切实可行的选择。

三 中国公共就业培训供给及其在农村地区的制度创新

（一）采用中央财政主导，各级地方财政共同筹措的经费筹措模式

就业培训的外部性，不但会导致企业和个人投资的积极性下降，还会影响到当地的投资积极性，因此，应该按照成本和效益对称的原则，对成本进行分担。当存在着利益空间外溢时，公共就业培训需要各级政府共同筹措资金，都应有不同程度的财政投入。要坚持中央财政、省级财政、市财政、县财政四方共同负担、共同筹集资金，劳动力输出地和输入地共同负担，中央财政为主导的原则。国家可以通过财政转移支付的形式，对就业培训进行财政支持。同时，随着财政收入的提高，政府在公共就业培训方面的投资还需逐步加大。

（二）加强各级政府财政对公共就业培训经费预算的执行和管理

作为一种准公共产品，就业培训有着俱乐部产品特性，并且存在着一定的外部性，因此，它需要由政府来提供支持和供给，并使其制度化和规范化，从而保证政府的供给到位。为此，各级政府财政既要确保公共就业培训资金及时足额到位，又要强化对公共就业培训资金执行情况的监管与审计监督。

（三）建立诱导不同利益相关者积极参与公共就业培训的机制

正如前文所述，基于效率、公平、能力和宏观调控等原则，混合供给方式是中国公共就业培训的一种科学选择和现实选择。如何引导各类利益相关方积极参与公共就业培训，为构建以政府为主导的多元化公共就业培训投资体系创造条件，是当前公共就业培训应关注的问题。具体就中国中部脱贫地区农民公共就业培训而言，在吸引农民积极参与新型职业农民培训方面应当进行以下方面的制度创新：一是公共财政要进一步增加对培训的补贴，提高补贴标准，尽量降低农民个人所要支付的费用。二是通过制定"先培训后就业"的配套政策，使农民能够主动接受培训。通过对职业技能鉴定费用的适当调整，以吸引更多的受训者参与职业技能鉴定，为农民工就业打造一张"名片"。三是在培训的地点、时间和方式的选择上，要考虑到农民的需求和意愿，使培训更加便利。四是结合农村实际要适度延长培训周期，增强培训的累积效应。

第二节　中国公共就业培训资金补贴方式的比较和创新

在公共就业培训的运作模式中，政府公共就业培训的资金补助方式是关键。培训资金补贴给谁，意味着谁在公共就业培训中掌握主动权，对于公共就业培训的绩效有重要的影响。

一　中国公共就业培训资金补贴方式的比较

目前，中国公共就业培训主要采用政府主导与市场主导两种模式，并在此基础上形成了培训资金的间接补贴方式和直接补贴方式两种不同的补贴方式。培训资金的间接补贴方式，主要是指对培训对象进行免费培训，培训资金补贴给培训机构；而直接补贴方式是将培训资金直接补贴给受训者个人或用工企业。

（一）间接补贴

培训资金的间接补贴方式的理论假设为：受训者不具备理性与判断能力，在公共就业培训中处于被动地位，只会顺从于安排。用人单位并不直接参与公共就业培训的全过程，它只招聘经过培训的合格人员，用人单位的用工需求完全公开，政府管理部门有能力搜寻到所有企业用工信息。在这种情况下，整个公共就业培训的重担便落到了政府管理部门和培训机构的肩上。公共就业培训的委托人是政府管理部门，而公共就业培训的代理人是培训机构。培训机构直接担负着培训工作及其日常管理任务，其努力程度与培训质量、培训成本相关。政府管理部门会根据培训机构的努力程度来支付培训补贴资金，但政府管理部门实际上是不能完全观察到培训机构的努力程度的，或者说观察的成本是无限的。所以，政府主管部门只能采用结果检验的方法，也就是通过观察学员的学习情况，来反观培训机构的努力程度，并据此支付报酬。这样的检验同样既费时又费力，而且极易造成管理的不可控。可见，培训资金的间接补贴方式将导致以下结果：一方面，间接支付并不能充分激发个人与企业的参与公共就业培训的积极性；另一方面，政府对间接支付的监管也非常不容易。

(二) 直接补贴

1. 培训资金直接补贴给受训者个人

这种补贴方式的积极意义在于，对受训者进行培训经费的直接补助，使受训者成为公共就业服务市场的主体。由学员自己来选择培训机构，这将使培训更有针对性，更有效率，更能激发学员的学习积极性。然而，这种方法的前提条件是，学员要有较高的学习意识，且具备一定的自主选择能力。然而，当前中国中部脱贫地区公共就业培训的目标群体以文化水平较低的农民为主。因此，这就要求政府提供相应的服务。同时，也需要培训机构将培训内容与岗位技能要求结合起来，采取合适的培训方式，并对整个培训过程进行监管。

2. 培训费用直接补助给企业

培训费用直接补助给企业也是培训经费直接补贴方式之一，其特色和优势尤为显著。一是有利于实现公共就业培训目标。公共就业培训的目标就是通过对学员的培训，让他们的技能得到提高，从而促进他们的就业，而给企业直接补助培训资金，便于将培训与就业更好地结合。二是企业在培训过程中能起到主体作用。企业既是培训活动的策划者，也是培训活动的实施者。一方面，企业在培训的过程中，会将企业文化和岗位技能要求融入其中，这样可以有针对性地对员工的技能水平进行提升，从而增强产品的竞争力；另一方面，通过培训，员工可以在企业获得一种归属感，并对企业文化产生一种认同感，从而降低了企业人员的流动，增强了就业的稳定性，也提高了就业的质量，这对于帮助就业困难群体就业有着非常重要的作用。在培训方式上，企业可以自行培训，也可以采取与培训机构合作培训或委托等方式。企业会有目的地选择具有较高培训质量的培训机构，这也促进了培训机构的优胜劣汰，提升整个培训市场的水平。

二 中国公共就业培训资金补贴方式创新的基本思路

改革中国公共就业培训资金补助模式，必须充分考虑影响公共就业培训运行的各种因素，应当充分考虑各利益主体的行为特点与行为目标，重点关注用工企业、学员个体在公共就业培训中的利益诉求。公共就业培训的运行机制，指的是通过对培训方式方法、经费运作程序与方式的设计,在政府、受训者、培训机构、用人单位之间,形成一个利益联结的有机体系。由于这一制度中的各个利益主体具有不同的行为特点与目标,因此,我们应以其行为特点与目标为基础来进行运行机制设计。在中国公共就业培训诸多利益关系方中,企业与学员的行为与目标对公共就业培训目标的影响最大,因此,如何协调企业与学员的利益是创新和完善公共就业培训机制的关键。

具体来说,政府管理部门作为公共事业的组织管理者,其工作遵循的是公正与效率相结合的原则。公平体现在培训对象的选择上。在初始阶段,公共就业培训应以处于困境中的弱势群体为首要目标。但在培训过程中,还应注意提高培训的效率,不然不仅会造成资源的浪费,而且不能实现提升就业能力的目的。效益原则是指以一定的经费最大限度地解决最大数量的劳动力的培训与就业问题。为此,政府应在培训制度的设计,特别是在培训费用的支付方面进行改革和创新。

受训者作为一个接受补助的对象,难免要考虑在接受培训的过程中的投入和回报、机遇和风险等问题。就学员而言,当他们作出参与培训的决策时,会将目前的培训投资费用与将来的期望获利现值相比较。只有当未来净收益的现值超过接受培训成本时,作出参加培训的决策才是理性的。其中,净收益指的是在未来的整个生活周期中,工资上升收入的现值;而成本指的是由于培训而舍弃的现时收入和培训所引起的费用等。据此,我们可以得出如下结论。①年轻人更愿意接受培训。由于年轻人受过培训后,他们的人力资本投资可以得到更长时间的投资回报,他们的净收入也会更高。②受教育程度越高,越有参与培训的意愿。毕竟学历越低,知识接收和消化的难度就越大,需要花费的学习时间也就越多。③培训前与培训后的收入差异较大者,其对培训的偏好越高。就目前的状况来看,由于大部分留守在农村的农民年龄偏大,文化程度偏低,所以他们接受培训的回报时间很短,培训的费用也很高,这不利于贫困农民作出参加培训的选择。综上所述,学员参与培训的成本或代价主要体现在培训的时间与培训的花费上,风险在于培训能否为学员提供稳定的未来收益。在培训过程中,若受训者没有选择的权利,且不能确定其未来收益和效果,则很容易作出不参加培训的决策。

根据新公共服务理论①，培训机构是为劳动者生产培训服务的组织，是公共就业培训的重要主体。除了接受委托进行公共就业培训，培训机构还可以面向社会急需的专业技能进行培训。大部分的培训机构都是以盈利为目标的，它们在培训过程中会尽量避免风险，尽量用最小的费用来获得最大的收益。如果没有政府的监管，他们就有可能为谋取自己利益而损害学员的利益。比如，在培训质量和培训时间上打折扣。

企业作为培训产品的最终使用者，通过使用培训后的劳动者，能对培训机构培训活动的成效作出更好的检验。由于培训有很强的外部性，企业不愿意组织不能给自己带来直接收效的培训，如果政府能够提供直接的培训资金补贴，或者是培训机构能够对具备企业所需要的技能的员工进行培训，而且能在资金上给予一定的优惠，那么，企业也会非常愿意参加，关键在于如何制定出具体的激励制度。

当前，中国农民的公共就业培训项目还主要采用费用间接补贴的方式，即由培训机构对农民进行免费培训，培训资金补贴给培训机构。针对这种情况，需要拓宽制度设计的思路，引入个人直接补助、发放培训券、个人培训账户等直接补贴的方式，逐步让农民有更多的培训项目的选择权，由他们自己来选择自己急需和感兴趣的培训项目，以提升培训效果。当然，由于农民文化水平比较低，信息不对称，即便是政府采取赋予农民培训选择权的安排，农民的选择也有可能是盲目的。所以，公共服务机构也必须收集和发布详细、客观的培训信息，帮助农民能及时掌握相关的培训信息。此外，对于希望外出打工的农民来说，本来自身就缺乏技能，就业能力比较弱，如果在参加培训时就能明确就业岗位，外出打工农民参与培训的积极性就高多了。所以，订单培训、政府直接向企业购买培训成果等制度安排对于农民工是有吸引力的。

三　中国农民公共就业培训项目经费补贴制度的创新设计

正如前文所指出的，在中国的公共就业培训机制改革中，应充分考虑到各利益主体的行为特点和目标，各利益主体最关心的就是政府对培

---

① ［美］埃莉诺·奥斯特罗姆:《公共事物的治理之道：集体行动制度的演进》，余逊达等译，上海译文出版社2000年版，第209—211页。

训资金的补助支付方式；同时，应当考虑到公共就业培训的总体成效与受训者、企业的关系最为密切。因此，本部分进一步重点探讨农民公共就业培训项目的培训资金补助支付方式的创新设计，以调动农民和企业参与的培训积极性。

（一）农民培训补贴个人账户制度设计

1. 设计依据

培训补助的个人账户类似于培训券，它的理论前提是：受训者是一个理性的人，在一定的约束下，他会寻求自身的利益最大化。当他所面对的培训项目有很多种可以选择时，他能凭自己的判断作出理性的选择。在取得脱贫攻坚全面胜利的今天，脱贫地区的农民素质也在不断提高，除了有些项目依然采用培训资金拨付给培训机构之外，面对新一代农民的一些项目可以采用将培训资金拨到培训对象个人账户的方式，比如实施高素质农民培育计划等。

设计培训补贴个人账户，把培训补助直接发放给农民个人，实现了公共就业培训的人本化、数字化、便捷化，形成了农民、培训机构、政府的"三赢"局面。一是设立农户培训个人账户，使得农民就业培训更符合市场需要和劳动者自身意愿。培训账户的资金可以在比较长的期限内由农民自主择机使用，有利于激发农户参与培训的热情。二是培训机构在以市场为导向的培训竞争平台上，迫于农户自主选择项目的竞争压力，必须不断地改善自己的培训水平。这有利于培训机构的优胜劣汰和整体水平的提高。同时，政府对承担政府补贴培训项目的培训机构和培训项目进行全面的公示，社会各界可以对其进行监督。三是政府把培训补助资金直接发放给农户，不仅使农户直观地感受到了国家的政策带来的好处，而且加强了对政府采购培训的监管，体现了"以人为本"的思想，使政策效果得到更大程度的发挥。

2. 补助对象

符合法定劳动年龄且有较强就业意愿和技能提升需求的农民。

3. 补助标准

根据当地经济状况，对个人账户进行注资。个人账户中的资金，不能转让，不能继承，也不能提取现金。

4. 补助程序

①凭培训账户卡和身份证到当地农村劳动力就业服务机构或相关的网站、App进行信息查阅、咨询和报名。农村就业服务机构核实劳动者的身份，回答劳动者关于政府补贴培训各种相关政策的咨询，对有培训需求的劳动者进行指导，由劳动者自主选择培训项目和培训机构。②劳动者凭培训账户卡和身份证到培训机构登记，并与培训机构签订《培训协议书》。培训机构应当按照《培训协议书》，根据培训计划和大纲，认真开展培训工作，确保培训效果。有关部门和机构还应组织学员参加职业技能考核鉴定。③从农民个人账户上划账支付培训费。在培训完成之后，农村就业服务机构会对培训结果展开绩效评估，通过考核达到标准并且符合政府补贴培训的相关规定的培训项目，在受训者同意后将培训费用从农民个人账户上支付给培训机构。

（二）企业培训农民工补贴制度设计

1. 设计的依据

公共就业培训旨在提升社会成员的就业能力，帮助社会成员尽早找到工作，提高其生活水平。企业是就业培训服务的最终用户，企业的培训是最有针对性的，而且是最有效的。但是，由于外部性的原因，企业并不想负担所有的培训费用。因此，政府对用工企业的直接补助能够引导企业更好地组织农民工的培训，从而提升培训的效果。进一步说，这一制度还能降低公共就业培训的管理费用。相比委托给培训机构进行培训，政府部门对企业负责的公共就业培训的监管更容易。这一制度设计主要解决了三个方面的问题：一是解决农民公共就业培训与企业的工作岗位需求不匹配的问题，使培训与企业的岗位技能直接对接起来；二是解决短期公共就业培训就业率低，就业稳定性不高的问题；三是有助于解决公共就业培训效率的问题。

2. 补贴对象

在工商行政管理部门登记注册，合法纳税，按照规定支付了农民工培训费用，没有欠薪记录，与所申报的农民工依法签订了一年以上的劳动合同，工作时间已经超过半年，并缴纳了社会保险的各类用工企业。

3. 补贴标准

按照不同的纳税规模，不同的行业性质，不同的用人单位的信用状况，制定不同的补贴标准。

4. 补助程序

①企业凭《工商营业执照》和税务部门出具的纳税证明、企业培训计划、新招农民工名单等信息，到政府相关部门进行初步审核。②根据经批准的培训计划，对农民工进行技能培训，培训结束后，对受训农民工进行技能测试，并对合格者授予合格证书。③企业应填写《申请培训补贴支付登记表》，持经培训人员签名的人员名单、培训合格证书、身份证复印件、劳动合同，到上级主管部门办理培训补贴的结算手续。④经办机构审查相关材料，对符合补助标准的，由银行将补助资金汇至企业账户。

第三节　中国公共就业培训绩效评价的制度创新

一　推进中国公共就业培训绩效评价主体的多元化

评价主体的多元化，是保证公共就业培训绩效的关键。目前，中国公共就业培训的绩效评价大多以政府职能部门的评价为主，因此，采用多元化的公共就业培训绩效评价主体成为当务之急。在中国，除政府主管部门之外，公共就业培训的评价主体还可以组织或委托行业组织、企业以及第三方专业机构，对培训机构的培训质量和培训效果进行评价，并及时公布评价结果。尤其要引入会计、审计等第三方机构来进行公共就业培训的监督，将有助于提升公共就业培训的实效性。换言之，引入第三方机构，是推进中国公共就业培训绩效评价制度创新的关键所在。根据部分地区的试点经验，在引入第三方机构评估时，应当在具体操作中注意如下问题。

（一）在选择独立的第三方评估时，要强调招标和择优

对参加投标的会计师或审计事务所，要严格审核，以其投标报价、综合实力、优惠条件等为依据，择优选择会计师或审计事务所，开展公共就业培训项目的第三方监督评价工作。

（二）在对第三方机构的责任认定上，要采取"合同约定"的方式

合同内容应当包括：①关于内容的约定。为使第三方评估能更好地

融入政府部门的日常工作中,合同应对评估的内容作出明确的规定。要根据有关的项目管理办法、资金管理办法,对各培训机构的资金使用、开班情况等各方面进行考核。②关于时间的约定。为了防止垄断,从合约签署之日算起,有效期为一年。一年之后,将对第三方机构进行再次招标。对违约机构将立即取消其投标资格,并禁止其参加后续的投标。③关于第三方机构责任的约定。第三方机构要依照合同的规定,向政府主管部门提供绩效评价报告,具体内容包括:实施评价的过程、采取的措施、效果、发现的主要问题、处理建议、项目的总体评价等,并对报告的内容负责。如果第三方机构不能真实地反映出培训机构的问题,则应承担相应的法律责任。④关于第三方机构权利的约定。

(三)对于第三方机构,政府主管部门要坚持"验收合格,支付费用"的原则

政府部门要定期对培训机构进行例行检查和随机抽样调查,以验证第三方机构所提供的信息的真实性。同时,还要检查第三方机构是否遵守了合同的规定,履行了自己的义务等情况,在验收合格后将剩余的经费支付给相关第三方机构。

二 创新中国公共就业培训绩效评价方法

公共就业培训是一个系统工程,涉及的对象广,部门、层级多,环节复杂,即便是针对农民的就业培训项目绩效评价也不可能都统一为一种方式,但不管采用什么方法,需要遵循以下几个基本原则。一是准确性。指使用某种方法进行绩效评价时,评价出来的结果与实际情况相符,其评价结果与实际值之间误差小,有比较高的效度。二是可靠性。主要指用同一套评价指标体系和方法评价某一项目的绩效时,其评价结果的变化概率不大,具有可靠性;也就是评价指标的客观性比较强,不受评价者主观因素的影响。三是实用性。指绩效评价指标和方法易得到评价者和被评价者理解和掌握的程度。毕竟公共就业培训的绩效评价是一项常规工作,不能太复杂,否则不太容易操作,但这并不意味着降低指标体系的科学性。从目前来看,建议分类、分层来设置指标体系,即根据各公共就业培训项目的目标、特点来分别设置各自的绩效评价指标体系,并且将评价某一区域的公共就业培训绩效指标体系与评价培训机

构的公共就业培训绩效指标体系分开来设置。具体的科学评价方法设计如下。

（一）采用逻辑分析法来评价中部地区公共就业培训项目的绩效

逻辑分析法是在20世纪90年代的西方政府管理改革中被重视起来并得到逐步完善的政府绩效分析的重要方法之一[①]。将逻辑分析方法运用于中部脱贫地区公共就业培训项目绩效评价，首先应寻找公共支出的投入与产出的内在关联；再将过程与结果结合起来进行研究，将培训绩效目标转化为可测量的指标，对培训项目的绩效进行评估；并对其存在的问题进行分析，进而明确各利益主体的权利、责任和义务，不断改进，实现预期的培训效果。与其他政府服务项目类似，公共就业培训也是一个投入—产出的过程，对其进行效益评估，能够反映出培训项目在多大程度上实现了从投入到产出的转化，从而反映培训项目的产出对项目目标实现的贡献度，体现出培训项目的管理水平。运用该方法，既能评估培训项目的直接效果，又能衡量培训项目所产生的中长期效果，以及培训的社会影响和社会效益。此外，运用逻辑分析法，还可以按产出、效果、影响的思路，探寻影响项目绩效的主要因素，并区分内因与外因，进而提出更有针对性和科学性的对策。公共就业培训绩效的"逻辑分析法"运用如图8.3所示。

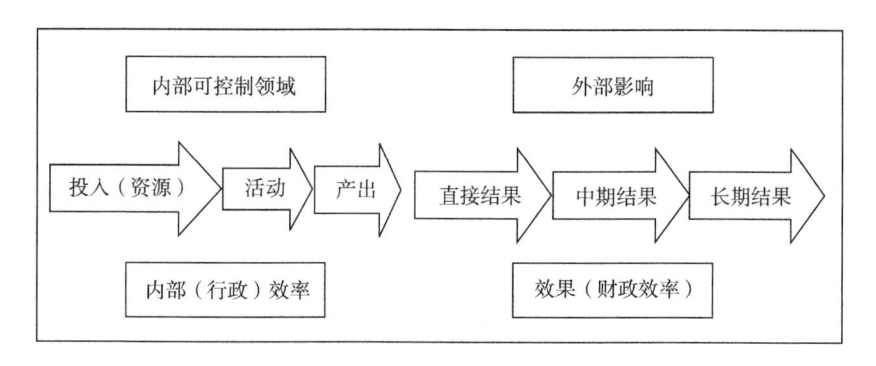

图8.3 绩效逻辑分析模型

资料来源：马国贤：《政府绩效管理》，复旦大学出版社2005年版。

---

① 马国贤：《政府绩效管理》，复旦大学出版社2005年版，第357页。

(二)采用柯克帕特里克培训评估模型来评价培训机构的培训绩效

柯克帕特里克培训评价模型是由柯克帕特里克于1959年提出的四层级培训评价法，它包括四个层级：反应层面、学习层面、行为层面和结果层面，是当前最常用的一种培训评价模型。在培训成效评价中，反应层面是最低层级的。主要内容有学员对讲师的满意程度、对课程内容的满意程度、对课程结构的满意程度、对培训方法的满意程度和对培训管理的满意程度。学习层级的评价是指学员对于培训内容的掌握情况，主要是测试学员对于培训内容的理解和接受程度等。行为层级则是对学员在培训过程中所学到的技能与知识的转化情况，以及学员的工作表现是否有所改善进行衡量。这个层级的评价可从受训者的上级、下属、同事，以及受训者自己等几个角度来评价。结果层级的评价则是用于评价上述改变（反应，学习，行为）对企业发展所产生的有形的正面影响。这一阶段的评价被提升到了组织的高度[①]。

公共就业培训也是由一系列培训项目所构成的，虽然其费用来源、支付方式、培训对象、培训内容和培训时间有自身的特点和要求，但实质上仍然是一种培训，一般培训项目的评价方法同样适用。柯克帕特里克的培训评估模型尤其强调培训结果的评价，将培训评估的重点放在受训者的反映上，对培训效果的考察由浅入深、由易到难、由低到高，从观念到行为再到结果的改变，同时易于理解和操作。柯克帕特里克的培训评估模型的上述特点和优势正好是公共就业培训机构绩效评价所需要和关注的。因此在培训机构设置公共就业培训绩效评价指标体系时，可以运用这一评价模型，如表8.1所示。

表8.1　　　　　　　　柯克帕特里克培训评估模型应用

评估层面	评估内容	常用的评估方式
第一级 反应层面	主要针对受训者的学习满意度，例如受训者对培训方案的反应、对培训讲师的教学意见、对培训内容是否合适、方法是否得当的看法等培训项目建议	问卷、面谈、电话调查、观察法、座谈等

---

① ［美］雷蒙德·诺伊：《雇员培训与开发》，徐芳等译，中国人民大学出版社2007年版，第167页。

续表

评估层面	评估内容	常用的评估方式
第二级 学习层面	主要针对受训者对培训内容的掌握程度进行评估,例如受训者的知识、技能、态度、习惯等方面是否提高	考试、现场演示、讨论、角色扮演、提问、演讲、学习心得、报告等
第三级 行为层面	主要评估受训者在工作行为和表现方面产生的变化程度,例如受训者是否应用培训所学于工作上,受训者的行为有何改进	绩效考核:行为观察、访谈、前后对照、职能评鉴、任务项目、360度评估法
第四级 结果层面	主要评估培训是否对公司的经营成果产生影响,例如培训为部门或公司经济效益的提高产生多大贡献	绩效指标法:成本效益分析、客户满意度、质量、数量、利润、投资回报率等指标考核

三 优化中国中部脱贫地区公共就业培训绩效评价指标体系

公共就业培训的初衷就是要帮助就业困难的社会成员实现就业,所以,将培训就业率等结果指标作为培训效果评估的主要指标,这与公共就业培训的主旨是相一致的,而且具有很强的针对性。与此同时,公共就业培训的过程监督困难,过程评估指标不具有可测性,而结果指标如就业率、技能鉴定通过率等具有更高的可测性,特别是在与激励机制相结合的情况下,可以更好地激发培训机构的积极性,协调好委托—代理关系。

将就业率作为中部脱贫地区公共就业培训效果评估的一个重要指标,需要解决的相关问题是:如何界定就业,如何获得受训者的就业信息。一是这里的"就业"不仅是指企业用工,还应该包括农户自己从事农业生产或自主创业。企业聘用以劳动合同为准,自己从事农业生产以收入为准,自主创业以工商税务登记为准。二是各类公共就业培训项目要尽早建设好相关信息体系,在设计上,要注意信息系统的开放性、兼容性,因此可以对一些相关信息系统进行集成,例如,将人力资源和保障部门管理劳动力的管理服务系统与现有的社会保障系统进行集成,高素质农民培训信息系统可以与农村发展信息系统相连接。随着信息系统的不断完善,就业信息的获取就会更加方便和准确。

职业技能鉴定通过率是指经国家职业技能鉴定并取得国家职业资格证书的学员所占的比重。职业技能鉴定是根据职业技能等级标准，对劳动者职业技能等级进行评定的活动。在中国，职业技能鉴定是由经人力资源和社会保障部门批准的鉴定机构对劳动者进行的职业技能测试和鉴定。中国自 1994 年起实施职业资格证书制度，至今已有将近 1 亿人通过了职业技能鉴定。以技能鉴定通过率作为公共就业培训绩效评价指标，具有很好的可衡量性和可获得性。但是，其关键所在是必须具备一定的先决条件。一是必须保证足够的培训时间。其中，单项技能培训一般要三个月以上才能达到职业技能等级标准，有些工种甚至更久，而各类公共就业培训一般只有一个月不到的培训时间，如何平衡二者是问题的关键点。二是培训内容应符合国家职业标准的要求。三是解决好职业技能鉴定经费补助的问题。参加职业技能鉴定是要付费的，而参加公共就业培训学员本身就很难找到工作，他们的财力不足以负担这些成本，所以，政府必须给予一定的补助。现在，不少的省份已经对农民工参加职业技能鉴定有了明确的补助政策。总之，要把职业技能鉴定的通过率当作对公共就业培训效果评估的一个主要指标，需要政府增加对公共就业培训的投资，培训机构增加培训的课时，完善培训的内容与方法，对职业技能鉴定的费用进行补贴。另外，从 2014 年开始，为了推动简政放权、放管结合，国务院先后分七批取消了 433 项职业资格许可和认定事项，给以技能鉴定通过率作为公共就业培训的评价指标带来了难度，因此针对农民的技能鉴定有必要设计更有针对性的更具体的技能等级和标准。

第四节 中国公共就业培训规范运行和监管创新

目前，中国对公共就业培训的监管仍处于探索之中，其目标在于构建一套既符合现代公共管理思想又符合中国国情的公共就业培训监管体系，使之成为中国现代化治理体系的有机组成部分。公共就业培训监管体系的重点是，要在监管主体、监管方式、监管内容等方面进行实践探索和科学设计。

一 以法律作为中国公共就业培训监管的基本依据

法律是公共服务监管的依据和保障。尽管《中华人民共和国职业教育法》在 2022 年修改后，明确了国家应采取措施，组织开展农业技能培训、返乡创业就业培训和职业技能培训，培养高素质乡村振兴人才，为农村劳动力培训提供了最基本的法律依据，也提供了继续探索和改革新的思路。但是，目前中国与公共就业培训直接相关的法律尚未建立起来，更未形成配套的相关法律体系。目前，中国的公共就业培训管理主要以政府的行政命令为主，在权威性和有效性上有所欠缺。中国的公共就业培训正处在分块管理、共同推进的阶段，加上中国地域广袤，经济发展水平存在差异，管理基础也存在差异，所以要在全国范围内制定一部涵盖城乡的公共就业培训的专门法律，时机还不够成熟，但可以在部分地区先行试点，对农民的就业培训问题先进行地方性立法，为在全国范围内加快农民培训的立法和法律支持体系建设做好准备。这也是许多发达国家依法监管农民公共就业培训的成功经验。

二 以公平竞争作为培训机构准入的基本原则

在目前广泛使用的公共就业培训的提供者与生产者分离的市场供给模式下，政府与培训机构之间已经形成了"委托—代理"关系。在此过程中，委托方与代理方的利益目标常常不一致。因而，政府作为委托人择优选取适合于公共就业培训的培训机构，并使其保证公共就业培训目标顺利实现，且效益最大化，是公共职业培训市场健康发展的关键。通过公开招标、公平竞争，择优选取能够承担政府培训项目的培训机构，可以从各方面和各环节中，防止逆向选择现象和道德风险问题的出现。而且，这也是能够通过建立委托代理关系，达到自身利益最大化的基本措施和关键。所以，对培训机构的筛选，以及对培训机构的工作行为与工作成果进行有效的监督与激励，就显得尤为重要。

在目前培训需求日益增大的过程中，将已有的培训机构和培训资源进行整合，使其更好地发挥出自己的作用，这对于公共就业培训工作无疑有着十分重要的积极意义。与此同时，也应该意识到，对已有的培训机构和培训资源进行整合，应该以公平竞争为前提，鼓励各类培训机构按照法律的规定，通过公平竞争的方式进入培训市场，其主要目的是为公共就业培训服务，而不是救活培训机构。唯有如此，才能有效地提高就业培训的质量。为保证各培训机构之间的公平竞争，对培训机构准入制度的设计应注意以下几个方面：一是允许各种类型的符合资质的培训机构都能参与公共培训项目的招标竞争；二是聘请第三方作为招标代理，政府管理人员不直接介入。

三 以多重监管手段来提升公共就业培训效果

公共就业培训过程的监控，是培训质量提高和培训效果提升的重点和难点。在实践中，即便是具备一定的能力与经验的培训机构，为了追求利益的最大化，也可能将自身的目标置于公共服务目标之上。为了防止代理人的机会主义行为给委托人带来的损失，应该采取两项措施：一是制定相关的制度，监督培训机构的培训行为与培训过程。二是建立一系列基于培训成果的激励机制。

在对公共就业培训的质量进行监督的时候，首先应制定出培训的质量标准，从师资、教学设备、教材、教学内容、教学课时、教学方法、教学评价等方面进行规范化要求，将整个培训过程标准化。其次，要充分运用现代科技手段，在培训监督方式上进行创新。一是构建信息化管理体系，将接受培训学员的基本情况，如姓名、性别、身份以及培训的专业、培训的时间，都记录在电子档案中，以便通过就业培训的信息系统来监督培训过程。二是抽取一定比例的受训者进行电话回访，主要是对受训者的个人意愿、相关的个人身份资料、个人缴费、培训情况和效果等进行了解和确认。三是可以利用信息化的手段来实现对培训的全程监督。至于培训成果的激励机制，主要是针对培训结果而言的。由于培训过程的监控成本较高且难以实施，培训项目若能产生一种"剩余"，使得在完成了一定的目标后，培训机构可以共享该剩余，将极大地提升培训的效率。因此，运用经济学的方法，设计出一套有效的激励机制，来调动培训机构的积极性，对于促进公共就业培训的发展就显得非常重要。

各地在实践中也不断地探索和完善对公共就业培训的监管，尤其是利用信息手段进行监管。以江西省的"雨露计划"为例，江西扶贫办公室于 2013 年联合省财政厅发布《江西省雨露计划培训项目管理办法（试行）》，将"雨露计划"的补贴资金直接发放到农户，并对"雨露计划"实施效果进行评价。2015 年 6 月，在国家扶贫开发办公室等制定的《关于加强雨露计划支持农村贫困家庭新成长劳动力接受职业教育的意见》发布后，江西扶贫办对《雨露计划管理办法》进行了修订，并制定了实施细则，进一步推进和优化了"雨露计划"的实施。此后，江西扶贫办在深入调研、广泛征求意见的基础上，联合多个部门，于 2018 年 10 月 9 日发布《关于进一步做好雨露计划政策落实工作的通知》，从培训对象、培训机构、补贴时间、补贴标准等多个方面进行了规范，对"雨露计划"补贴的申请程序进行了简化。将"户申请，村证明，乡审核，县审批"的繁杂手续，改为与全国统一的数据比对，实行校领导与乡级干部双重核查责任制。接受培训的学员名单通过公示，并报县级扶贫部门审批后，由财政部门直接将培训补贴拨付给受训的贫困农民的账户中。被补助的贫困农民不需要证明和跑路，就能全部享受到补贴政策，大大提高了工作效率，增强了群众的满意度。

第九章

农民工技能提升专题研究：江西脱贫县 A 公司的调查

修水县地处江西省西北部，修河的上游，毗邻湖南、湖北。修水县辖 19 镇 17 乡，面积为 4502 平方千米，人口 87 万人。修水是著名的革命老区，是秋收起义的重要策源地，又是历史文化繁荣之地和旅游胜地。但是，修水作为一个山区县，经济欠发达，是国家扶贫开发工作重点县和省定特困片区县。

脱贫地区农民转移到非农产业，是增加收入、脱贫致富的重要途径，直接关系到脱贫攻坚成果的巩固和共同富裕的实现。农民工的如何适应现代企业和岗位技能的要求，不断提升职业技能是问题的关键。本章选择地处国家扶贫开发工作重点县修水县的 A 公司为个案，对该公司操作工的技能提升问题进行专题研究。通过访谈、问卷调查等研究手段对该公司的企业操作工的技能现状进行了分析，对影响操作工技能提升的因素进行了实证研究，对如何建立更加符合企业需要和产业发展方向的操作工技能提升方案提出了具体的意见。由于 A 公司的操作工主要是当地的农民工，因此，本章也可以看作对农民工培训的专题研究。

第一节　A 公司操作工基本结构及技能现状

一　企业概况

江西省修水县 A 公司成立于 20 世纪 80 年代，目前拥有配套的现代化机械加工生产设备，主要为客户提供叉车、铲土运输机械等工程机械产品，是一家集研发、生产、销售、服务于一体的机械制造公司。该公司管理团队优秀，专业技术人员知识精良，企业一线工人积极上进。目前该公司已形成一套具有企业自身文化底蕴的现代化机械制造企业科学管理系统，并结合自身特点，建立了工艺规程、标准操作规程、岗位操作规程的科学化管理体制。

二 调查方案拟定

（一）访谈

本章在理论研究、文献分析、实地调研的基础上，结合A公司相关岗位说明书进行了访谈提纲的设计，并对公司生产部门操作工进行单独访谈。本次访谈的内容主要涉及操作工所在岗位需具备哪些技能、公司对工人的培训现状、影响技能发展的因素等。访谈时间在2019年1月。

（二）问卷调查

问卷设计是在分析相关文献、解读A公司操作工人岗位说明书的基础上，结合工人访谈内容进行了相应的完善和补充，最后完成调查表。问卷的内容主要可以分成两个部分：一是关于工人的基本信息，具体包括了年龄、工龄、学历、收入、参加培训情况、技能等级水平等；二是工人技能水平影响因素的Likert五级量表，具体分为四个维度，每个维度下设有不同的指标。

根据实地调查发现，A公司从事机械产品制造的操作工人共200人，2019年1月份在现场发放200份问卷，得到150份有效问卷，有效率为75%。

三 操作工人基本情况

（一）年龄结构

在工人年龄分布上，绝大部分工人年龄集中在36—45岁，25岁下以及56岁以上的工人较少，具体结构如图9.1所示。随着制造业转型升级的进程加快，科技进步使得新技术和新设备不断涌入企业，相应地，对工人的操作技能要求也在不断提高，新一代的青年技术工人将承担起企业生产的重担，而根据对A公司的调查，该公司拥有的青年工人比例偏小，应不断引进并培养新一代青年技工以促进企业持续发展。

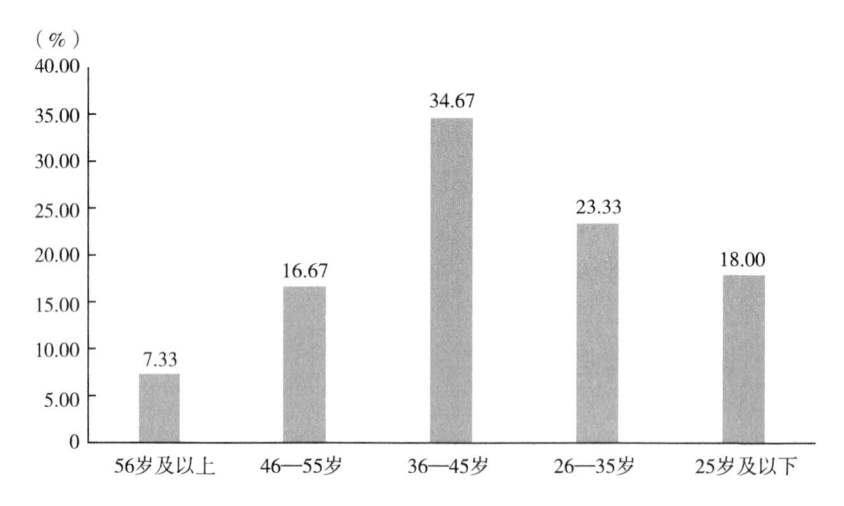

图 9.1　A 公司工人年龄结构

（二）学历结构

该公司操作工人的受教育水平主要分布在小学及以下、初中、高中、中专层面，大专及本科学历的工人非常少，两者仅占 11%，没有硕士及以上学历的工人。从 9.2 图中的比例分布可以看出，该公司工人的总体学历水平较低。个人受教育水平在一定程度上影响其学习能力及适应新事物的能力，公司应运用更多人才激励措施，以吸引更多更高学历的人才进入公司，提高工人队伍的整体水平。

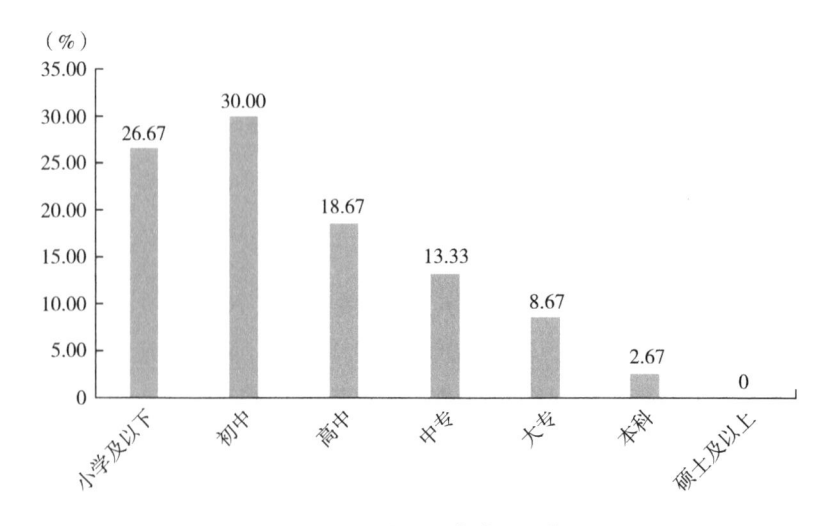

图 9.2　A 公司工人学历结构

(三) 工资水平

通过对调查问卷数据整理看出（见图9.3），该公司操作工的月工资水平绝大部分集中在4000元以下，6001元及以上的不足3%。工资水平普遍偏低，工人对收入的满意度也较低。较本省其他企业工资水平而言，该公司的操作工工资福利亟待提高。此外，由于该公司工人工资与相应技能水平挂钩，技能等级越高，工资水平越高。

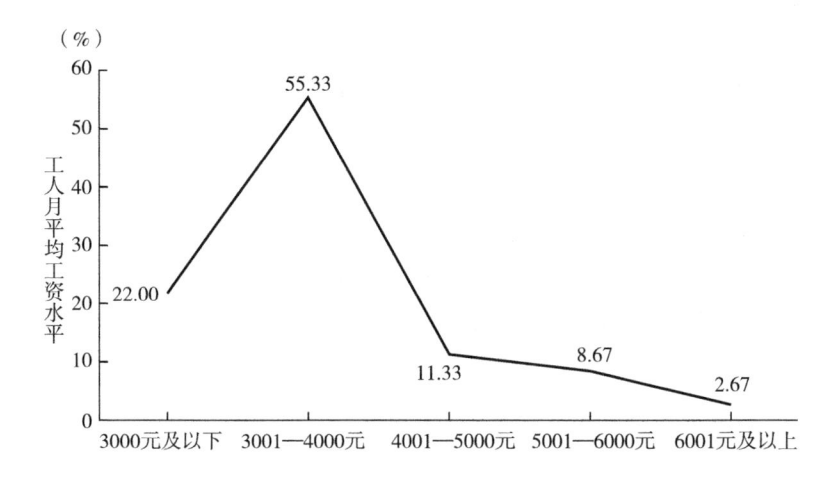

图9.3 A公司工人月工资水平

(四) 操作工来源

从数据统计结果表9.1来看，该公司工人主要来自附近的农民工，少部分来自职业院校毕业的学生及其他企业跳槽的工人。近年来，随着城市化进程的加快，越来越多的农民进入到邻近城镇务工以增加家庭收入，该公司70%以上的工人是农民工。从学校毕业的学生占比为18%，比例偏小。据了解，公司在招收工人时往往会考虑这两者的比例问题。农民工对工作环境和薪资待遇的要求一般，做事较为刻苦，但由于受教育水平的限制，在技能水平上往往没有较大进步，因而需要经过较长时间的实践来熟悉自己的本职工作；院校毕业的学生拥有的理论知识较多，但实际动手的操作能力较差，因职业发展问题导致的流动性也较大，职业稳定性比较差。

表 9.1　　　　　　　　　A 公司工人来源情况

工人来源	人数（人）	占比（%）
农民工	106	70.67
院校学生	27	18.00
其他企业工人	17	11.33

（五）培训情况

1. 培训频率

从问卷数据（见图9.4）可知，A 公司93%以上的工人每年接受的技术培训在两次及两次以下，仅有6%左右的工人得到了3—5次的技术培训。其中，3—5次的培训主要是针对技术等级较高的工人，对技术等级较低的工人开展的培训次数明显不够。新技术和新设备的引进，要求公司对现有工人进行更高要求的技术培训。因而公司应加大对较低技能水平工人的培训力度，提升整个操作工队伍的操作技能。

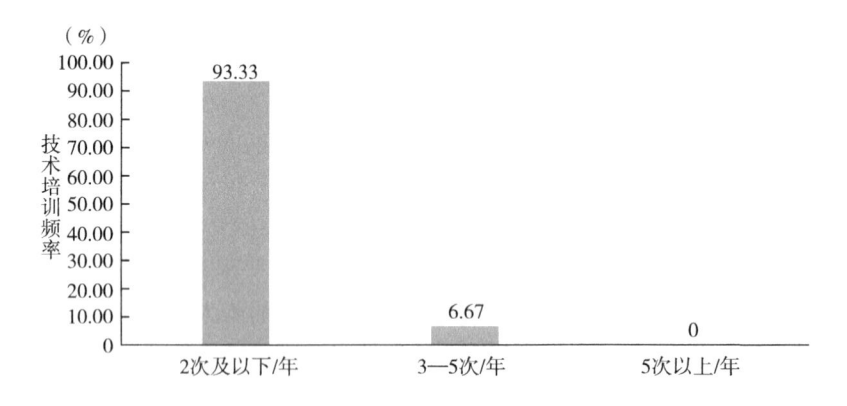

图 9.4　A 公司技术培训频率分布

2. 培训满意度

如图9.5所示，工人对公司开展的技术培训，"不满意"和"非常不满意"占了76.67%的比例，从中可以看出个人对培训满意度很低，技术培训效果不佳。由于公司对技能等级水平较低的工人重视程度不高，培训时间较短，导致培训效果不显著，工人对培训的满意度也就较低。

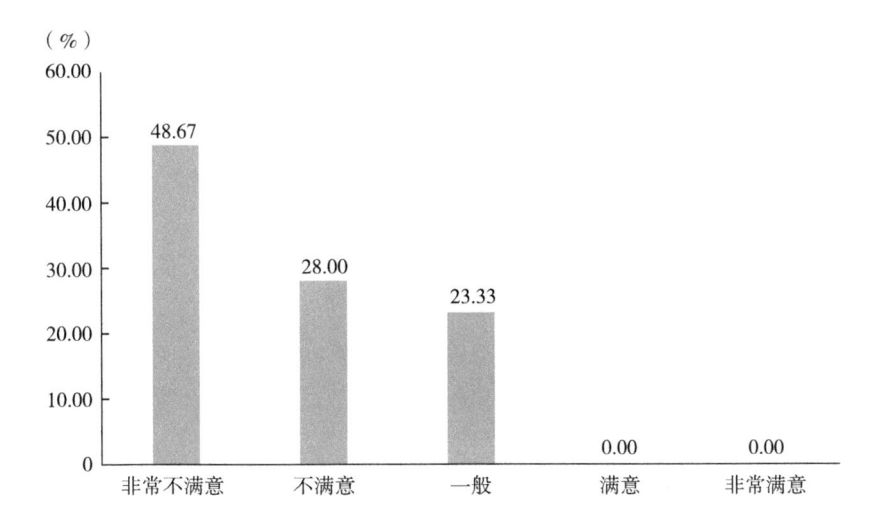

图 9.5　A 公司工人对技术培训的满意度

四　操作工技能现状

（一）技能等级结构

中国工人的技能等级主要分 6 个等级，即无技术等级、初级、中级、高级、技师和高级技师。如图 9.6 所示，通过调查发现目前工人技能主要分布在无技术等级和初级水平，两者总共占比 83%。仅有 3 名高级工人、2 名技师和 2 名高级技师。工人队伍的技能水平远远满足不了机械行业发展的需要。公司应在技能培养上加大投入力度，促使工人技能提升。

（二）技能提升渠道

综合对技术工人的访谈和问卷数据分析，该公司工人技能提升的主要渠道有从师徒制中学习、参加公司技能培训以及自主学习。但大部分工人的自主学习技能的意识和能力不强，通过培训和自主学习方式来提升技能的做法，在工人中暂时还不普遍。此外，有少数工人表示希望能去知名企业参观，学习其他企业的经验，以提升职业技能。

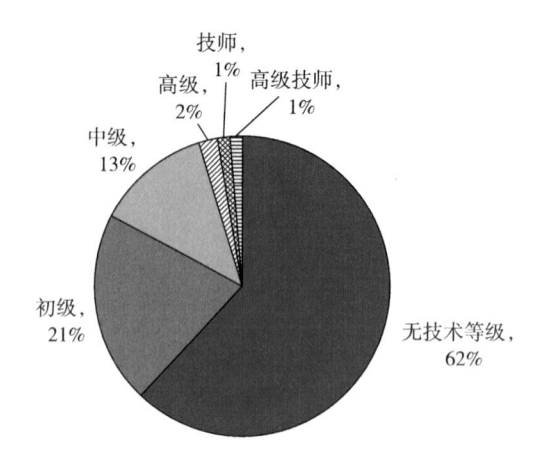

图9.6　A公司工人技术等级结构

（三）对提升技能的认识

针对"您认为自身现有技能水平能否满足制造业转型升级的需要"这一问题，该公司78%的工人认为自身现有技能水平较低，如图9.7所示，还不能满足制造业升级的新要求，技能水平还需提升。并且在访谈中问及工人是否愿意学习新技术技能时，86%的工人都表示愿意。由此可见，该公司工人对技能学习抱有热情，公司应加大对工人技能的培养力度，努力提升现有工人的技术水平。

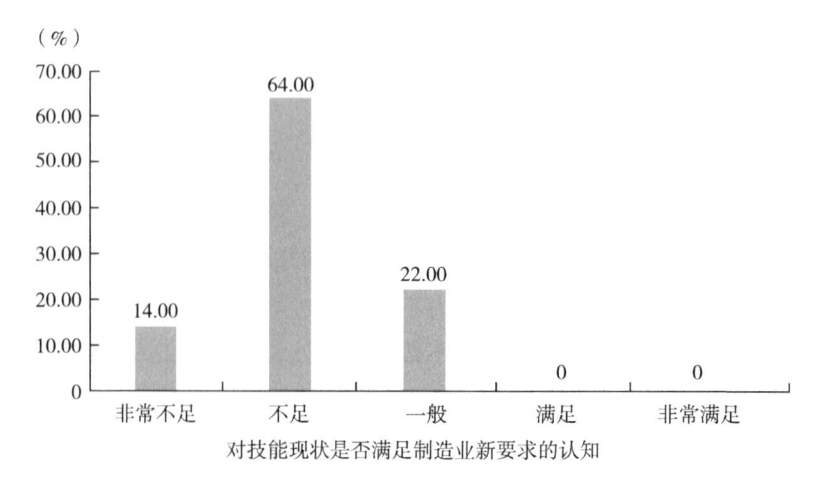

图9.7　工人对现有技能的认识

第九章 | 农民工技能提升专题研究：江西脱贫县 A 公司的调查

第二节 操作工技能提升存在的问题及影响因素分析

一 技能提升存在的问题

（一）技能水平总体偏低

该公司有62%的操作工人属于无技能等级水平，这部分工人的受教育程度较低，胜任岗位工作主要依靠跟随师傅进行操作技能的观察学习，通过长时间的实践慢慢学会操作技术。公司的高技能等级的工人严重缺乏，公司具备技师和高级技师水平的工人总共只有7人，占比仅为5%，企业工人技能水平总体偏低。

（二）技术培训效果不佳

针对有关公司技术培训的访谈问题，工人们指出所受的培训次数较少，一般半年才会开展一次，且由于公司对这方面的资金投入较少，请来的培训师往往专业水平并不高。培训形式多以培训师授课为主，理论知识讲授较多，缺乏对实际操作技能提升的培训，由此导致技术培训的效果不显著。

（三）技能提升较为困难

工人技能提升较为困难的主要表现是，首先，部分工人认为自身所拥有的技能能够符合职位要求，这部分工人对技能提升的愿望不是那么强烈，学习的主动性及自主学习能力较低；其次，公司对技术工人的重视度和投入都不够，安排的技术培训次数相对较少，大多数工人表示培训效果不理想，未能切实提高其技能水平；最后，工资水平的偏低，直接导致了该公司大部分工人生产积极性不高，对优秀技术工人的吸引力不够，技术工人流失的情况时有发生。

二 影响工人技能水平因素的实证分析

（一）影响因素的选择与假设

关于影响工人技能水平的因素，中国学者从不同的角度进行了一些研究。例如，学者刘玉照对工人技能养成难题进行了剖析，认为农民工接受职业教育比例低、企业对技能培训的投入度低和政府对技能培养的积极性不高是主要原因①。尹希文认为，技能约束和职业培训的缺失是影响农民工就业稳定性的核心因素②。刘晓和陆宇正研究了中国产业工人技能提升问题，认为当前仍然存在着培训质量差、政策体系不完善、晋升渠道不顺畅、培训内容没有更新、文化投入不够等问题③。张蕾的研究则是在制造业升级背景下，从政府、职业教育、企业、工人自身四个层面分析工人技能的影响因素。其中，政府层面因素包括社会氛围营造、基础性投入和资金投入，职业教育层面包括师资力量、培养方案，企业层面包括培训效果、激励举措，工人自身层面包括主动性、学习能力④。鉴于在已有的关于影响技能水平的因素研究中，多数学者仅从某一方面对其进行分析，而没有对其影响因素进行全方位综合的分析与实证的检验。因此，本章在参考以往学者对技能提升的研究基础上，结合A公司实际情况以及对操作工的访谈，对影响操作工技能水平的因素进行了归类。将操作工技能水平的影响因素划分为政府（$F1$）、企业（$F2$）、职业教育（$F3$）和工人自身（$F4$）这四个层面。为细化四个层面的具体因素，又将政府层面划分为资金投入力度（X1）、激励政策（X2）、保障措施（X3）这三个维度，企业层面划分为对工人技能的重视度及投入度（X4）、工人对薪酬的满意度（X5）、技术培训效果（X6）、激励有效性（X7）这四个维度，职业教育层面划分为人才培养质量（X8）、对操作技能培养的重视度（X9）、课程与专业设置（X10）这三个维度，工人自身层面划分为对自身技能水平的认知（X11）、对技能提升的意愿（X12）、自主学习的能力（X13）这三个维度。

在设定了对技能影响的具体因素之后，继而给出以下假设：

H9-1：政府层面的因素与工人技能水平显著相关；

H9-2：企业层面的因素与工人技能水平显著相关；

H9-3：职业教育层面的因素与工人技能水平显著相关；

---

① 刘玉照：《中国新产业工人技能养成难题》，《探索与争鸣》2015年第8期。

② 尹希文：《职业培训对农民工就业稳定性影响的机制分析》，《福建师范大学学报》2021年第5期。

③ 刘晓、陆宇正：《新时代我国产业工人技能提升的政策寻迹与路径》，《现代教育管理》2020年第9期。

④ 张蕾：《制造业升级中提高产业工人技能问题研究》，《继续教育研究》2012年第6期。

H9-4：工人自身层面因素与工人技能水平显著相关。

(二) 影响因素量表的设计

在设定了对技能影响的 13 个具体因素之后，为了将问卷的回答转化为具体的定量数据，采用了 Likert 五级量表法进行计量，要求被调查对象对每道题做出唯一选择，选项 1—5 分别表示对该陈述的态度由非常不同意、不同意、一般、同意到非常同意。并采用 SPSS 统计软件进行量表的统计分析。

(三) 影响因素的描述性统计分析

为了更好地分析技能影响因素各个维度的统计特征，本章将调查问卷的第二部分数据录入 SPSS 统计软件后，对具体的 13 个影响因素得分进行了描述性统计分析。表 9.2 给出了 A 公司操作工技能水平影响因素各指标的极大值、极小值、均值和标准差。

表 9.2　　　　工人技能水平影响因素描述性统计分析表

影响因素	极小值	极大值	均值	标准差
X1 政府对工人技能培养的资金投入力度大	1	3	2.12	0.612
X2 政府出台了很多对技能优秀人才的激励政策	1	3	1.83	0.680
X3 与工人相关的法律法规等保障措施较健全	1	3	1.97	0.750
X4 公司对工人技能的重视度和投入力度较高	1	3	1.76	0.730
X5 公司给工人提供了较为满意的薪酬	1	4	2.11	0.856
X6 公司实施的工人技术培训效果很好	1	3	1.75	0.813
X7 公司对优秀技术工人给予了有效激励	1	4	2.23	0.649
X8 当前职业教育所培养的人才符合企业实际需要	1	3	2.05	0.659
X9 职业院校十分注重对学生操作技能的培养	1	3	1.83	0.649
X10 职业院校的教学课程与专业设置符合市场需要	1	3	2.07	0.774
X11 现有的技能水平能够满足制造业转型升级需要	1	3	2.08	0.597
X12 十分愿意提升自身技能水平	2	5	3.65	0.715
X13 能较好地通过自主学习方式来提升技能水平	1	4	2.75	0.734

由表 9.2 可见，各影响因素的均值大体集中在 2—3 分，其中，工人对技能水平影响因素表示出的认同度最高的是工人对技能提升的意愿 (X12) 这个因素。由此可知，公司操作工大部分都比较愿意提升自身

技能，对技能提升的意愿较为强烈。公司应利用工人强烈的技能学习意愿，努力培养工人技能。而认同度最低的因素是公司的技术培训效果（X6），均值仅为1.75，这表明A公司在对操作工进行技术培训时，没有进行合理的效果评估，导致工人对技术培训的满意度较低。因而建议公司在今后的工作中，注重提高对技术培训的质量要求，分析培训效果不佳的原因所在，改善培训效果，有效提高工人技能水平。

（四）影响因素的相关分析

为了验证政府、企业、职业教育、工人自身四个层面的影响因素与工人技能水平之间是否有联系，本章使用皮尔逊积差相关分析法进行相关研究。皮尔逊积差相关法是一种用来描述两个变量之间是否存在线性关系、线性方向和线性关联度的分析方法。表9.3中列出了四个层面上的影响因素和因变量技能水平之间的相关关系。从数据结果可以看出，政府层面的因素与工人技能水平显著正相关（$r=0.383$，$p<0.01$）；企业层面的因素与工人技能水平显著正相关（$r=0.872$，$p<0.01$）；职业教育层面的因素与工人技能水平显著正相关（$r=0.635$，$p<0.01$）；工人自身层面因素与工人技能水平显著正相关（$r=0.704$，$p<0.01$）。这也就意味着四个层面的影响因素 $F1$、$F2$、$F3$、$F4$ 都对工人技能水平在0.01的水平上有着显著正相关关系。这四大层面因素的改善，都能对工人技能提升起到促进作用。

表9.3　　　　工人技能水平影响因素与技能水平的相关分析

	技能水平			技能水平	
$F1$ 政府层面	Pearson 相关性	0.383**	$F3$ 职业教育层面	Pearson 相关性	0.635**
	显著性（双侧）	0		显著性（双侧）	0
$F2$ 企业层面	Pearson 相关性	0.872**	$F4$ 工人自身层面	Pearson 相关性	0.704**
	显著性（双侧）	0		显著性（双侧）	0

注：**表示在0.01水平（双侧）上显著相关。

（五）影响因素回归分析

从影响因素相关分析可知，政府、企业、职业教育和个人自身这几个层面都与工人技能水平有关联。但相关分析只是粗略地得到两个变量间的关联程度,并不涉及具体变量间的检验。为进一步研究四个层面的因素对 A 公司工人技能的影响,进而将政府层面 $F1$、企业层面 $F2$、职业教育层面 $F3$ 和工人自身层面 $F4$ 四个变量设为自变量,将工人技能水平设为因变量 Y,利用 SPSS21.0 进行多元线性回归分析,建立如下回归方程:

$$Y=k_0+k_1F1+k_2F2+k_3F3+k_4F4$$

表 9.4 给出了回归后 R^2 的情况,R^2 达到了 0.787,说明线性回归模型反映了原始数据 78.7% 的信息,可以认为该回归方程的拟合效果较好。

表 9.4　　　　　　　技能影响因素回归模型汇总

模型	R	R^2	调整 R^2	标准估计的误差
1	0.890[a]	0.793	0.787	0.47022

注:a. 预测变量:(常量),F1,F2,F3,F4。b. 因变量:Y。

表 9.5 给出了回归方程显著性检验的结果,检验方法采用的是 F 检验,主要考察自变量与因变量之间的线性关系是否显著,F 检验的值为 138.510,且 $P<0.05$,表明所设回归方程的线性关系显著。

表 9.5　　　　　　　技能影响因素回归方差分析表

模型		平方和	Df	均方	F	Sig.
1	回归	122.500	4	30.625	138.510	0.000[a]
	残差	32.060	145	0.221		
	总计	154.560	149			

注:a. 预测变量:(常量),F1,F2,F3,F4。b. 因变量:Y。

方程通过 F 检验并不代表自变量都对因变量有显著影响,需在此基础上对方程系数进行显著性检验。表 9.6 中的 T 检验结果表明,在 $\alpha=0.05$ 的情况下,4 个自变量均为显著,这表明四个层面的因素均对工人技术水平有显著的影响。

表 9.6　　　　　　　　技能影响因素回归方程系数表

模型		非标准化系数		标准系数		
		B	标准误差	试用版	T	Sig.
1	（常量）	-1.827	0.270		-6.772	0.000
	F1	0.102	0.111	0.059	0.286	0.015
	F2	1.112	0.091	0.710	12.263	0.000
	F3	0.154	0.113	0.076	1.358	0.025
	F4	0.446	0.110	0.210	4.037	0

注：a. 因变量：Y。

从上述回归方程系数表的具体数据分析和统计中，可得出如下回归方程：

$Y = -1.827 + 0.102F1 + 1.112F2 + 0.154F3 + 0.446F4$

（六）对实证结果的讨论

由回归分析得出的方程可以看出，政府、企业、职业教育、工人自身这四个层面的因素都对 A 公司工人技能水平有着显著相关性，且各项系数均为正，说明四个因素都对技能水平起着正相关作用，从而也验证了上文中提出的 H1、H2、H3 和 H4 这四个假设。通过上文对技能影响因素所做的一系列描述性分析、相关分析和回归分析，结果表明，这四个层面的因素对工人技能水平均有影响，企业层面（1.112）>工人自身层面（0.446）>职业教育层面（0.154）>政府层面（0.102）。

其中，企业层面因素的系数最大，对企业操作工技能水平的作用最为显著，这意味着企业在对工人技能的培养中发挥着主导作用。结合企业层面的具体因素来看，A 公司应加强对工人技能的重视和投入，提升技术培训质量，注重激励作用的有效发挥，才能更充分发挥企业因素对个人技能提升的正向作用。

工人自身层面系数为 0.446，对操作工技能水平的影响程度较高。这说明工人自身对技能水平的认知、对提升技能的意愿以及自主学习能力与其技能水平密切相关。个人能力的提升很大程度上与自身主观能动性相关，当工人对技能提升具备较为正确的认知以及愿意去学习新技术新技能时，就更能发挥其主观能动性的作用，有效地提升技能水平。

与此同时,职业教育层面和政府层面因素对技能的影响也不容小觑。职业教育质量与其培养出来的人才质量正相关。各院校应认清当前市场对技能人才的实际需求,根据需求制订教育计划、课程及专业,并加大对操作技能的培养力度,使人才培养更贴合实际,有效提升人才技能水平。另外,从政府层面来说,中国现阶段正处于制造业转型升级阶段,技能人才的培养有利于促进制造强国战略的实施。政府可以运用政策激励、法规保障、人才发展计划等手段促进工人技能的提升。总之,只有将多个层面的因素进行综合分析,加大政府、企业、职业教育和工人之间的共同合作,才能培养出优秀的技能人才。

第三节 提升 A 公司操作工技能的对策

基于对 A 公司的调查研究,本书研究对 A 公司操作工技能提升提出以下建议。

一 政府层面

(一) 营造社会氛围

良好的社会环境有利于技能人才的培养,而当前中国社会中还存在着认为工人地位低下,没有发展前途的旧思想旧观念。在一些人的心目中,"重学历,轻技能""重理论,轻实践"的陈旧观念还根深蒂固,这对工人技能的培养十分不利。应在全社会应用各种媒介加强对技能重要性的舆论宣传,运用各种奖励政策和保障措施来激励技术工人,改变社会对工人的传统观念,引导全社会形成尊重技能人才的氛围。

(二) 完善政策指导

当前中国对有关技能人才培养的方针政策并不完善,政府应注重发挥宏观调控的作用,根据已有的《中华人民共和国劳动法》《中华人民共和国职业教育法》等法律为基础,建立更加完善的技能人才培养政策及法规体系,为工人提升技能创造良好的政策和法律环境。同时,对脱贫地区农民工采取更为优惠的政策,加大技能培养力度,促进脱贫攻坚成果的巩固。

（三）加大资金投入

技能的培养过程非一朝一夕，它需要资金的投入来作基础保障。政府需要加大对技能人才培养的经济投入，除了加大对职业教育的财政投入，建议设立技能人才培养专项资金，加强工人的技术培训，对技能突出的工人进行实质性奖励及表彰，同时建立相应的监督机制，将专项资金的使用去向及利用效果进行反馈，保证资金能够切实利用到技能人才的培养过程当中。

（四）加强对职业技能大赛的重视度

从韩国和日本等的经验来看，抓住世界技能大赛这一机遇，重视对本国技能人才的培养，发展本国职业技能大赛可以提升国家整体制造技能水平，加快经济的发展速度。中国于2011年首次参加世界技能大赛，职业技能水平与其他发达国家相比还有很大的差距。中国应在全社会广泛开展各种职业技能大赛活动，加大对活动的宣传力度，扩大社会影响力，对获奖的优秀选手给予丰厚奖励，动员更多的技工参与其中，促使其积极提升自身技能。

二 企业层面

（一）加大对技术培训的投入

在技能人才的培养上，政府起着引导作用，而企业发挥主体作用。企业应充分认识到技能人才对企业发展的重要价值，把技能人才培养纳入到企业长期发展规划当中。技术培训是工人提升技能的重要途径，企业应在这方面加大力度。首先，企业应从自己的实际出发，调查和掌握本企业工人当前对于技能培训的需求，并根据培训需求制订科学的培训计划，安排合理的培训次数与培训内容。其次，企业应丰富培训方式，除了已有的公司内部培训，还可进行网络培训、组织工人到同行优秀企业相互参观学习等。最后，企业应支持和鼓励工人参加技术技能培训，对参加培训后在工作上取得较大进步的工人给予奖励及相关荣誉称号，调动工人参与培训的积极性，从而推动企业技能培训的开展。

（二）提高工人薪资待遇

在机械制造业领域，工人的工作强度和工作压力相对于其他行业来说偏大。根据前文对A公司工人薪资水平的调查，发现在工资水平方面，该公司与其他企业还存在一定差距，多数工人表示对目前薪资并不满意。薪资水平关乎工人切身利益，对薪资水平的满意度很大程度上决定了工人的工作态度与择业方向。企业应提高当前工人基本工资水平，使其保持在行业平均水平之上，同时要根据个人技能等级水平及工作表现来体现差别，将技能等级与薪资待遇相挂钩，更好地激励工人提升技能水平。

（三）采用多重激励

据实地访谈调查，A 公司没有组织过工人参加技能比赛的活动，工人技能的相关活动十分匮乏。公司可借鉴发达国家技能比赛的经验，结合公司工人技能实际情况，在工人工作之余开展有企业特色的技能比赛活动，给参与者提供小奖品，对比赛获胜者进行物质奖励并给予荣誉称号，从而给其他工人树立榜样。此外，公司在工人生活保障方面要进行优化，解决好工人住宿、医疗、落户、子女教育等难题。这一方面可以吸引外来优秀技术人员进入公司；另一方面可以留住公司现有的技术工人，减少技术人才流失的现象。

三　职业教育层面

（一）改革课程设计

从教学课程的设计方面来看，目前大多数职业院校仍沿袭传统模式，第一年学习公共理论课，第二年加入专业基础课程，最后一年进行专业课学习。以时间段来划分学习内容，并未一开始就让学生触及专业和实践领域，理论课程占据较大比重，技能实践的学习时间较少，导致培养出来的学生不能较好地融入企业工作环境。针对课程设计的这种弊端，职业院校应与企业积极开展合作，结合企业生产与院校实际，共同进行职业教育课程设置，从学生入校开始就将专业理论知识与职业技能培养结合在一起交叉进行，将教学课程与市场发展、企业生产相融合，为企业培养出优秀的应用型技能人才。

（二）创办特色专业

国家实施制造强国战略，要求对现有制造业进行转型升级，智能制造将逐渐应用于整个制造业领域，这意味着市场对人才的要求也会发生相应变化，院校专业也应进行相关调整。职业教育中一些落后于时代发展与技术进步的专业应予以剔除，同时增设一些与智能制造相关的新兴专业，注重提升学生计算机智能操作实践方面的能力。另外，当前一些职业院校开设的专业在大体上具有趋同性，盲目设置一些热门专业，并未结合院校实际办学能力，导致专业繁多而质量不佳的问题较为严重。对此，职业院校要找准定位，认清自己的学科资源和专业优势所在，并结合当地经济发展的特点及行业发展态势，加强与企业的合作交流，了解企业紧缺哪些类型的技能人才，由此办好自己的特色专业，培养出高质量的技能人才。

（三）改善办学条件

由于经费的限制，职业院校在办学条件上大都还满足不了培养高质量技能人才的需求，除了加大政府对职业教育的投资之外，尤其建议院校与当地企业开展合作，共同进行投资办学，由此改善办学条件。在教学设施方面，很多院校提供给学生进行技能操作训练的设施较为陈旧，没有进行及时更新，企业可以考虑在校内或企业内部设置实训基地，提供新型设备让学生进行技能训练，这样培养出来的学生能够符合实际操作要求，企业也能高效率地从中选取所需人才。在师资力量方面，部分教师在技能操作上的实战经验不足，无法给学生提供相应的技术指导，院校可以从企业引进那些技能等级水平较高、具有丰富操作经验的优秀技术工人担任兼职教师，他们能针对学生操作的细节进行相应指导，解决技术上的难题。这样也切实加强了企业与院校之间的联系，使得双方都能各取所需，培养出来的学生也具备了较高的技能水平。

四　个体层面

（一）正确认识岗位

产业工人是工业建设的主力军，实现高质量发展更是离不开广大工人的共同努力。在经济发展新形势下，更需要想方设法调动一线工人、制造业工人的积极性，充分体现工人阶级在中国的主人翁地位、在工业生产中的主力军地位。工人应正确认识自己所处的岗位，发挥主人翁意识，认真负责地履行岗位职责，在自己的岗位上为经济发展贡献出应有的力量。

（二）培养自主学习意识

随着制造业转型升级的发展需要，机械制造业工人应掌握的技能也在逐渐提升。工人现有的技能只能满足当前生产活动所需，一旦公司引进新设备新技术，而工人技能没能得到相应提升，就会造成生产效率低下，工人也可能会面临下岗失业的风险。在经济飞速发展、知识技能不断更新的今天，A企业的操作工大部分来自农民，文化基础比较薄弱，因此更需要强化自主学习意识，主动学习，积极学习。在网络普及的背景下，通过互联网了解所在行业最新动态，进行远程技能学习尤其是利用互联网渠道，是一种较为便利的学习方式。工人可以充分利用业余闲暇时间，通过各种不同渠道进行新技能的自主学习，注重提升自主学习能力和学习效率，不断进行新知识新技能的更新，以此提升自我。

第十章

农民工就业稳定性专题研究：湖北脱贫地区的调查

第一节 问题的提出

就业稳定性是衡量就业质量的重要指标。中国农民工数量保持在2.9亿左右，新生代农民工所占比例不断上升，就业稳定性不高。这不仅会影响农民工自身的就业状态、家庭收入，还关系到脱贫攻坚成果的巩固和乡村振兴战略的实施，甚至影响社会稳定和经济发展。稳定的就业，意味着农民工薪酬水平的提高、工作条件的改善和更好地融入城市社会，实现市民化。那么，就业稳定性到底受哪些因素的影响，是否存在代际之间的差异，农民工就业能力会多大程度影响就业稳定性，这些问题都值得进一步研究。

关于就业稳定性，西方学者从宏观和微观两种不同视角，即劳动力市场的就业稳定性与劳动者个体的就业稳定性来进行研究。Kato[1]通过研究日本两个典型时间段的就业稳定性，指出就业稳定性在年龄层面上呈现出差异，年轻员工的工作稳定性更差，年纪较大的员工因为工作稳

---

[1] Kato T., "The End of Lifetime Employment in Japan Evidence from National Surveys and Field Research", *Journal of the Japanese and International Economies*, Vol. 15, No. 4, December 2001, pp. 489–514.

第十章 农民工就业稳定性专题研究：湖北脱贫地区的调查

定成为公司的核心劳动力。Gregg 和 Wadsworth[1]的研究表明，在工作任期中工作稳定性出现下降趋势，性别和工作类型这两个因素对英国劳动力市场的就业稳定性具有显著影响，年龄较大的工人更注重长期工作的机会。Cho 和 Keum[2]的一项关于韩国的实证研究发现，1997 年亚洲金融危机期间及恢复时期，韩国的就业稳定性急剧下降且没有恢复到之前水平，受教育程度较低的工人的就业稳定水平恢复得更慢，导致工作稳定的两极分化严重。

作为中国城乡二元户籍制度的结果，农民工就业问题一直是中国学术领域的研究重点。国内研究农民工就业问题的文献多集中在农民工的就业选择等方面，代际分化与就业稳定性虽逐渐成为领域内的关注重点，但并不多见。从测量指标来看，陈技伟等[3]采用劳动合同的签订与职业流动频次作为就业稳定性的衡量指标，并得出培训经验、社会交往等对农民工的就业稳定性具有正向作用。孟凡强和吴江[4]选取任职期作为指标，并用乘数极限法进行估计，验证了中国就业稳定性的下降趋势。姚先国和俞玲[5]的研究表明，从就业稳定性的影响因素来看，农民工的教育水平与工作稳定性正相关。胡斌[6]认为，农村剩余劳动力转移既存在初次流动又存在再次流动，初次职业选择中参加职业培训情况和拥有的社会关系是最主要的影响因素，人力资本中受教育年限、务工年限等因素对农民工的再次流动起到了突出的作用，社会资本的运用在某些行业影响较大。王秀芝和姚林如[7]发现，在就业流动性方面，影响老

---

[1] Gregg P. and Wadsworth J., "Job Tenure in Britain, 1975-2000: Is a Job for Life or Just for Christmas", *Oxford Bulletin of Economics and Statistics*, Vol. 64, No. 2, May 2002, pp. 111-134.

[2] Cho J. and Keum J., "Dualism in Job Stability of The Korean Labour Market: The Impact of The 1997 Financial Crisis", *Pacific Economic Review*, Vol. 14, No. 2, April 2009, pp. 155-175.

[3] 陈技伟等：《农民工就业稳定性的收入效应及其性别差异》，《人口与发展》2016 年第 3 期。

[4] 孟凡强、吴江：《我国就业稳定性的变迁及其影响因素：基于中国综合社会调查数据的分析》，《人口与经济》2013 年第 5 期。

[5] 姚先国、俞玲：《农民工职业分层与人力资本约束》，《浙江大学学报》2006 年第 5 期。

[6] 胡斌：《人力资本、社会资本对农民工进城就业行业选择影响的实证分析：以南京市为例》，硕士学位论文，南京农业大学，2007 年。

[7] 王秀芝、姚林如：《农民工就业现状代际差异：对江西省市县个样本村的调查与分析》，《南昌航空大学学报》（社会科学版）2012 年第 1 期。

一代农民工的主要因素是收入，而影响新生代农民工的因素呈现多元化特征。Baihui 和 Enhui[1] 对中国农民工的实证研究表明，教育水平较高、具有培训经验、通过亲缘就业或在正规劳动力市场就业的农民工更有可能长期就业。白南生和李靖[2]研究发现，农民工离职原因中最主要的因素是收入低，离职原因日渐多元化，且两代农民工的离职原因具有显著差异。

从已有的相关文献来看，学者对农民工就业问题进行了广泛的研究，但就业稳定性影响因素的研究多集中在对总体个体特征的描述统计上，而对个体特征中的就业能力因素关注较少，对心理因素、就业动机与就业稳定性因素间的交互作用更缺乏重视。另外，有关农民工就业稳定性影响因素的代际差异研究也不多。本章将在前人研究的基础上，除关注个体因素外，还将社会角色与职业价值观纳入研究范围，重点研究就业动机与就业稳定性的交互关系，并且对农民工就业稳定性影响因素的代际差异进行研究。

第二节 研究设计

一 理论分析与研究假设

人力资本理论认为，劳动者通过教育和培训积累知识和劳动技能来形成人力资本。新生代与老一代农民工的人力资本优势具有差异，且分别表现为文化水平较高和经验丰富。研究表明[3]，人力资本积累较高的农民工能更好地把握就业机会，得到更高的经济回报。所以，受教育程度较高的新生代农民工可能因为获得职位较容易而频繁跳槽。接受过职业培训的农民工能更快地掌握工作技能，就业能力更强，能更好地适应工作。教育和职业培训作为提高就业能力的重要手段，不仅有助于解决

---

[1] Baihui L. and Enhui K., "An Empirical Analysis of Employment Stability and The Wage Gap of Rural Migrants in China Based on Quantile Regression", *China Economist*, Vol. 8, No. 6, December 2013, pp. 98-111.

[2] 白南生、李靖：《农民工就业流动性研究》，《管理世界》2008年第7期。

[3] 任义科：《人力资本、社会资本对农民工就业质量的影响——基于性别视角的分析》，《经济经纬》2015年第2期。

第十章 农民工就业稳定性专题研究：湖北脱贫地区的调查

农民工就业问题，而且影响着他们的就业稳定性。由此，本章基于上述理论及相关文献研究提出以下假设：

H10-1：新生代农民工的就业稳定性受个体因素的影响；

H10-1a：与男性相比，女性新生代农民工的就业稳定性较差；

H10-1b：文化程度越高的新生代农民工就业越不稳定；

H10-1c：接受过职业技能培训的新生代农民工就业稳定性更好。

家庭作为经济活动决策主体的作用越来越不容忽视。贝克尔（Becker）将家庭作为研究出发点，认为家庭是劳动力供给行为决策中的基本经济单位。而在边界理论（Boundary Theory）中，工作和家庭的边界较模糊，溢出理论则主张工作和家庭相互渗透和影响。[1] 此外，婚姻状况、是否独生子女和家庭人口数的不同意味着家庭责任和风险偏好的不同，家庭压力越大，劳动者对风险的厌恶程度越深，其流动性越弱。所以，家庭规模越大，家庭结构越复杂，劳动力流动成本越高，就业稳定性越好。从社会学角度来看，劳动力市场中供需双方掌握的信息是不对称的，人力资本在劳动者就业时发挥的作用有限，因此社会资本的积累就显得尤为重要。以往研究表明，农民工在就业渠道的选择中较多地依赖亲缘和地缘。劳动者可以利用社会资本来降低交易成本、获取就业信息，从而提高就业质量。因此，人际关系格局影响着农民工的就业选择甚至就业稳定性。由此，本章提出以下假设：

H10-2：新生代农民工的就业稳定性受社会角色因素的影响；

H10-2a：已婚的新生代农民工就业更稳定；

H10-2b：新生代农民工中非独生子女的就业稳定性更好；

H10-2c：家庭人口数越多，家庭规模越大，家庭结构越复杂，就业稳定性越好；

H10-2d：新生代农民工的就业稳定性受人际关系亲密度的影响。

根据马斯洛的需求层次理论，追求合理的薪资以减轻家庭生活的经济负担是为了满足最基本的生理需求；追求工作职位的保障、促进就业稳定是为了满足安全需求；追求更好的职业发展、融入城市生活、实现

---

[1] 林忠等：《工作——家庭冲突研究与中国议题：视角、内容和设计》，《管理世界》2013年第9期。

市民化，这些社交需求、尊重需求、自我实现需求的满足都会对农民工的就业选择及就业稳定性产生重要影响①。焦春华②在研究新生代农民工辞职行为的主观动机时提出，不可忽视对新生代农民工利益诉求的解读，辞职既可能是追求更高的收入，也可能是为了寻求更好的职业发展等。企业除了要满足新生代农民工的生理需求、安全需求，还要重视其社交需求、尊重需求及自我实现需求，以此提高其就业稳定性，降低企业成本。

当前，中国农民工的就业动机基本符合"生存理性""经济理性""社会理性"③。劳动经济学理论表明，劳动力流动的主要原因是寻求更高收入。除此之外，农民工自身、企业、社会等多方面都存在影响其就业稳定的因素，例如追求自身发展等④。农民工流动的过程实质上是为实现自身价值最大化的过程。从职业价值观的角度来看，不同就业动机的新生代农民工对劳动力流动看法不一：有的新生代农民工认为职业流动的主要原因是薪资水平，薪资水平越高，职业变更的机会成本越高，职业变更意愿越弱，稳定性越高；有的新生代农民工认为公司内部提升满足不了职业生涯的发展，需要靠职业流动来实现。由此，继而提出以下假设：

H10-3：新生代农民工的就业稳定性受职业价值观的影响；

H10-3a：与追求体面工作的新生代农民工相比，追求收入的就业稳定性更好；

H10-3b：与发展型就业动机的新生代农民工相比，生存型就业动机的就业稳定性更好；

H10-3c：有清晰的职业规划的新生代农民工，就业稳定性更好。

代际差异理论认为，不同代群在价值观、偏好、态度与行为等方面形成代际分化。年龄效应（Age Effects）认为，个体会随着年龄的增长

---

① 陈果、王庆：《新一轮"民工荒"下的农民工就业动机新特征》，《山西农业大学学报》2011年第9期。
② 焦春华：《何枝可栖——新生代农民工辞工行为分析》，硕士学位论文，中央民族大学，2013年。
③ 陈藻：《我国农民工就业代际差异研究——以成都市为例》，《人口学刊》2011年第2期。
④ 王贝贝、陈万明：《以就业稳定性为导向的农民工培训探讨》，《农村经济》2012年第10期。

在成熟度、职业和人生阶段等方面产生差异，进而在一定程度上影响个体价值观的形成，而价值观不同的群体，在价值判断、职业观念和行为取向上往往是不同的[①]。与新生代比较而言，老一代农民工流动率较低，主要原因是年老的劳动力与社会的联系更为紧密，职业流动的心理成本较高，从人力资本投资中获得的潜在收益较低；相反，对于新生代农民工来说，占迁移成本相当大比例的心理成本较低。由此，提出以下假设：

H10-4：新生代与老一代农民工的就业稳定性的影响因素具有代际差异。

二 数据来源

本章调研的范围涉及湖北省荆州市、十堰市，调查时间为2017年12月至2018年7月，调查对象为在荆州市、十堰市务工的农村户籍的外来劳动者及荆州、十堰范围内出生的农村户籍的外出务工劳动者。调研通过随机抽样及对部分农民工进行面对面访谈收集信息。一共发放问卷980份，问卷回收率100%，排除12份无效问卷，有效率98.8%。其中新生代农民工样本容量为480，占总体49.6%，老一代农民工样本容量为488，占总体50.4%。

三 变量选择

（一）农民工的代际

农民工的代际指新生代与老一代之间的代际。本研究旨在获取两代农民工就业稳定性影响因素的代际差异。本次调研中的新生代农民工主要是指年龄为16—36岁的农民工，在城市从事非农产业生产劳动的农村户籍群体。他们大多接受完基础教育才进城务工，因而人力资源水平较高，对就业岗位的期望相对较高。但由于缺乏务农经历，且具有工作耐受力的缺陷，他们在向往城市生活的同时注重享受[②]。为了简化研究，统计分析过程中将36周岁及以下的农民工划分为新生代，36周岁

[①] 陈玉明、崔勋：《代际差异理论与代际价值观差异的研究评述》，《中国人力资源开发》2014年第13期。

[②] 岳树岭：《城市化进程中农民工市民化问题研究》，经济管理出版社2014年版，第87页。

以上的为老一代。

（二）自变量

自变量为个体因素、社会角色因素、职业价值观等因素。田艳平[①]在农民工职业选择影响因素的代际差异研究中将受教育程度、职业培训情况和将来打算等列入了个体因素进行分析；敬洋[②]将农民工的基本特征分为个体特征（年龄、性别及风险偏好）、家庭特征（婚姻状况和家庭结构）、社会资本和人力资本（受教育程度、是否技工、参加培训情况）四个方面，指出两代农民工在这些方面存在代际差异。本章参考以上文献并根据调研目的对这些影响因素进行了整理，其中个体因素包括性别、文化程度和职业培训状况等，社会角色因素包括婚姻状况、是否独生子女、家庭人口数和人际关系亲密度等，职业价值观包括职业期望、就业动机和将来打算等。杨竹和陈鹏[③]将农民工的就业动机划分为两大类：经济取向动机（发展型和生存型）和非经济取向动机（环境原因、个人发展和消极选择），本研究将分为三类：生存型、发展型和消极选择型。在具体操作中主要通过询问被调查农民工"您选择外出务工的主要原因是"，答案选项包括"为了赚更多的钱，减轻家庭经济负担""想要掌握更多技能，外出求发展""不愿意过农村生活""其他"四种分类，其中"其他"类的样本量不足，与"不愿意过农村生活"合并为消极选择型就业动机。

（三）因变量

因变量为就业稳定性。本章的就业稳定性通过职业流动率指标来反映，公式为：职业流动率=工作变换次数/实际外出务工年限[④]，职业流动率越高表示工作越不稳定。根据描述性统计分析得出，职业流动率均值为0.5258，为了将职业流动率指标作为定类变量分析，将职业流动

[①] 田艳平：《农民工职业选择影响因素的代际差异》，《中国人口·资源与环境》2013年第1期。

[②] 敬洋：《代际差异视角下农民工择业行为实证研究》，硕士学位论文，江西农业大学，2013年。

[③] 杨竹、陈鹏：《转型期农民工外出就业动机及代际差异：来自珠三角、长三角及中西部地区农民工的实证调查分析》，《农村经济》2009年第9期。

[④] 伏其其等：《农民工就业稳定性及影响因素的代际差异分析：以淮安、常州制造业为例》，《农村经济与科技》2014年第6期。

率低于 0.5258 认为是工作稳定，大于 0.5258 被认为是不稳定。所有变量的操作化说明及描述分析如表 10.1 所示。

表 10.1　　　　　变量及操作化说明

变量	变量说明	均值	标准差
就业稳定性	0=稳定，1=不稳定	0.35	0.48
代际	0=36 岁以上，1=16-36 岁	0.50	0.50
个体因素			
性别	0=女，1=男	0.41	0.50
文化程度	0=初中及以下，1=高中及以上	0.63	0.49
职业培训状况	0=否，1=是	0.49	0.50
社会角色因素			
婚姻状况	0=未婚，1=已婚	0.71	0.46
是否独生子女	0=否，1=是	0.33	0.47
家庭人口数	0=3 人及以下，1=4 人，3=5 人及以上	1.68	0.73
人际关系亲密度	0=不联系，1=联系紧密	0.87	0.34
职业价值观			
职业期望	1=当前职业收入高于务农即可，2=追求工作体面或市民化	0.56	0.50
就业动机	1=为了赚更多的钱，减轻家庭经济负担；2=想要掌握更多技能，外出求发展；3=不愿意过农村生活或其他	1.49	0.70
将来打算	1=回家乡工作；2=留在城市务工；3=自己创业；4=不清楚，没想过	2.30	0.90

第三节　实证结果和分析

一　新生代农民工就业稳定性的影响因素分析

表 10.2 为新生代农民工个体因素和就业稳定性的交互关系表，显示了不同个体因素分类下就业稳定性的差异及卡方检验的显著性结果。

分析结果表明，新生代农民工的性别与就业稳定性的关系在1%水平上显著。研究表明，性别会直接或间接地影响就业的稳定性。其中主要原因在于女性尤其是已婚女性在家庭中承担着照顾家庭的角色，因此，女性劳动者存在着特殊的选择偏好，即更倾向弹性化的工作安排，从而达到工作和家庭的平衡。从这个角度来说，女性农民工与男性农民工相比，就业的不稳定性更高。此外，女性农民工在就业中受到"玻璃天花板"等较多的就业歧视，上升空间有限，工资水平较低，也增加了其就业的不稳定性。因此，H10-1a得到了验证。

表10.2 个体因素与就业稳定性交互关系

变量名称	变量分类	就业稳定性（%）稳定	就业稳定性（%）不稳定	合计（%）	Pearson卡方	显著性
性别	女	20.0	42.5	62.5	7.502	$P=0.006$ 1%水平
	男	16.7	20.8	37.5		
文化程度	初中及以下	5.8	11.7	17.5	0.487	$P=0.485$ 不显著
	高中及以上	30.8	51.7	82.5		
是否参加职业培训	否	17.5	35.0	52.5	2.538	$P=0.111$ 不显著
	是	19.2	28.3	47.5		

表10.3为新生代农民工社会角色因素和就业稳定性的交叉表，显示了不同社会角色下就业稳定性的差异及卡方检验的显著性结果。其中，新生代农民工的婚姻状况与就业稳定性在1%水平上显著相关，表明农民工婚姻状况的不同导致了就业稳定性的差异。未婚农民工就业不稳定的达44.2%，已婚农民工就业稳定的达23.3%，原因可能是未婚新生代农民工受家庭羁绊相对较少，有更自由的选择空间，更倾向追求自身事业上的成功；而已婚农民工需要同时承担家庭与工作的责任，为了平衡家庭角色与工作角色，更倾向选择安定的职业生涯道路，就业更稳定。因而H10-2a得到了验证。是否独生子女与就业稳定性在10%水平上弱相关，新生代农民工中独生子女就业不稳定的比例是稳定的两倍。考虑到家庭成长环境，独生子女相对较差的耐受力可能导致其就业不稳定。H10-2b通过了验证。家庭人口数与就业稳定性在1%水平上

显著相关，家庭人口数越多，家庭结构越复杂，意味着更重的家庭负担，承受更大的压力，职业流动成本越高，所以就业更趋向稳定。因此，H10-2c得到了验证。

表10.3　　　　社会角色因素与就业稳定性交互关系

变量名称	变量分类	就业稳定性（%） 稳定	就业稳定性（%） 不稳定	合计（%）	Pearson卡方	显著性
婚姻状况	未婚	13.3	44.2	57.5	50.802	$P=0$ 1%水平
	已婚	23.3	19.2	42.5		
是否独生	否	22.5	33.3	55.8	3.447	$P=0.063$ 10%水平
	是	14.2	30.0	44.2		
家庭人口数	3人以下	13.3	35.0	48.3	21.116	$P=0$ 1%水平
	4人	13.3	20.0	33.3		
	5人及以上	10.0	8.4	18.4		
人际关系亲密度	不联系	5.0	5.8	10.8	2.260	$P=0.133$ 不显著
	联系紧密	31.7	57.5	89.2		

表10.4为新生代农民工职业价值观和就业稳定性的交互关系表，由表中数据可得，新生代农民工的职业期望与就业稳定性在1%水平上显著相关，就业动机与就业稳定性在1%水平上显著相关。新生代中家庭经济负担较重的农民工更倾向选择"比务农挣得更多即可"的工作。在不考虑其他影响因素的情况下，对于这种"经济理性"的新生代农民工来说，收入是衡量职业发展现状的重要指标。当收入水平达到了期望，其更换工作意愿越小，稳定性越高。而向往体面工作的新生代农民工对工作的忠诚度较差，就业不稳定的居多。因此，H10-3a得到验证。迫于维持生计的压力，生存型就业动机的新生代农民工就业稳定的居多；为了职业发展，发展型就业动机的新生代农民工在晋升空间不足时选择跳槽的居多，就业不稳定的居多。因此，H10-3b得到验证。新生代农民工的将来打算与就业稳定性显著相关，但H10-3c还需进一步验证。

表 10.4　　　　　　职业价值观与就业稳定性交互关系

变量名称	变量分类	就业稳定性（%）稳定	就业稳定性（%）不稳定	合计（%）	Pearson 卡方	显著性
职业期望	挣钱	15.0	17.5	32.5	8.958	$P=0.003$ 1%水平
	工作体面	21.7	45.8	67.5		
就业动机	生存型	22.5	19.2	41.7	45.307	$P=0$ 1%水平
	发展型	9.2	31.7	40.9		
	消极选择型	5.0	12.5	17.5		
将来打算	回家乡工作	2.5	8.3	10.8	19.951	$P=0$ 1%水平
	留在城市务工	14.2	33.3	47.5		
	自己创业	15.8	16.7	32.5		
	不清楚，没想过	4.2	5.0	9.2		

二　农民工就业稳定性影响因素的代际差异分析

为了分析代际差异，本部分分别建立了两代农民工就业稳定性影响因素的二元逻辑回归模型。其中，就业稳定性为二值因变量（稳定表示为0，不稳定表示为1），参照类为就业不稳定。自变量为性别、文化程度、职业培训状况、婚姻状况、是否独生子女、家庭人口数、人际关系亲密度、职业期望、就业动机、未来打算等。回归结果如表10.5所示。

表 10.5　　两代农民工就业稳定性影响因素二元逻辑回归分析结果

影响因素	新生代农民工 B	新生代农民工 Exp（B）	老一代农民工 B	老一代农民工 Exp（B）
性别（男）	0.092	1.096	-0.347	0.706
文化程度（高中及以上）	1.130***	3.095	1.587***	4.889
是否参加职业培训（是）	-0.605**	0.546	-3.374***	0.034
婚姻状况（已婚）	1.577***	4.841	-21.241	0
是否独生子女（是）	0.855***	2.352	-0.813	0.444
家庭人口数（5人及以上）				

续表

影响因素	新生代农民工 B	新生代农民工 Exp（B）	老一代农民工 B	老一代农民工 Exp（B）
家庭人口数（3人及以下）	0.848**	2.335	2.438***	11.452
家庭人口数（4人）	-0.751*	0.472	3.362***	28.836
人际关系亲密度（联系）	-0.794**	0.452	1.065**	2.902
职业期望（体面工作）	-0.170	0.844	0.289	1.335
就业动机（消极选择型）				
就业动机（生存型）	-1.224***	0.294	0.246	1.279
就业动机（发展型）	0.122	1.130	-26.032	0
将来打算（未定）				
将来打算（返乡）	2.571***	13.083	-5.552***	0.004
将来打算（留城）	1.576***	4.835	-4.180***	0.015
将来打算（创业）	0.757	2.131	-26.262	0
将来打算（常量）	-1.402**	0.246	2.560**	12.940

注：模型选取就业不稳定作为因变量参照类，影响因素括号中的分类为自变量参照类；*、**、***分别表示在10%、5%、1%的水平上显著。

以下依据本书所设计的三个变量，即个体因素、社会角色、职业价值观逐一加以分析。

（一）个体因素分析

文化程度对两代农民工的就业稳定性都具有显著影响。具体来讲，文化程度较低的新生代农民工就业稳定的概率是不稳定的3.095倍，文化程度较低的老一代农民工就业稳定的概率是不稳定的4.889倍。无论是新生代还是老一代，文化程度相对较低的农民工就业更稳定。因此，H10-1b得到了验证。是否参加职业培训对两代农民工的就业稳定性都具有影响，但影响程度不同，职业培训对老一代农民工就业稳定性的影响更为显著。参加职业培训有利于增强农民工的组织支持感和对企业的依附性，导致离职意愿明显降低。接受了系统培训的新生代农民工更具备从事稳定工作所需的职业技能和人力资本，更具有市场竞争力，就业前景更好，工作满意度较高。掌握的职业技能越多，工资水平越高，职业流动时的机会成本越大，离职意愿降低，从而稳定性高。因此，

H10-1c 得到了很好的支持。

(二) 社会角色分析

婚姻状况仅对新生代农民工的就业稳定性具有显著影响，对老一代农民工的就业稳定性影响并不显著。是否是独生子女仅对新生代农民工的就业稳定性具有显著影响，但不影响老一代。在新生代农民工中，相对于独生子女，非独生子女就业稳定的比率是就业不稳定的 2.352 倍，说明非独生子女的就业更稳定。因此，H10-2b 进一步得到了验证。家庭人口数对新生代与老一代农民工的就业稳定性都具有影响，但对老一代影响更显著。究其原因，老一代农民工的家庭观念普遍较强，家庭人口数的多少体现在就业稳定性上的差异更明显。与较多的家庭人口数相比，家庭人口数为 4 人及以下的老一代农民工就业稳定性更强。因此，H10-2c 未通过验证。人际关系亲密度对两代农民工的就业稳定性都具有影响，但作用方向相反。新生代是更自我的一代，在没有人际关系网络的束缚下，他们就业选择更自由和随性。但是，对于老一代农民工来说，亲缘与地缘的疏远意味着缺乏依靠、找工作更困难，所以不会轻易更换工作。因此，假设 H10-2d 得到了验证。

(三) 职业价值观分析

就业动机作为一种特殊的就业选择行为，在一定程度上体现了农民工的择业观念，会因两代农民工基本个体特征的不同而产生差异。不同类型的就业动机对新生代农民工的就业稳定性具有显著影响，但不影响老一代农民工。与消极选择型就业动机的新生代农民工相比，生存型动机的新生代农民工就业稳定的比率是不稳定的 0.294 倍，发展型动机的新生代农民工就业稳定的比率是不稳定的 1.130 倍，即不同就业动机下的新生代农民工中就业相对稳定的是消极选择型，生存型动机相对较差。可能的原因是，生存型动机的新生代农民工为了减轻家庭经济负担而过分关注工作报酬，对工作的忠诚度不高，忽视了自身的职业生涯发展；消极选择型动机的新生代农民工就业选择时考虑的是逃避农村生活，对工作要求较低，更换频率低于生存型动机的新生代农民工。因此，H10-3b 未通过验证。将来打算对新生代和老一代农民工的就业稳定性都具有显著影响，但作用方向相反。打算返乡工作的新生代农民工与不清楚未来打算的新生代农民工相比，就业稳定的比率是不稳定的

13.083 倍，即对于新生代农民工来说，明确的职业规划更有助于就业选择的稳定。因此，H10-3c 通过验证。相反，老一代农民工可能更重视眼前利益，走一步算一步。所以，不清楚将来打算的老一代农民工主动更换工作的可能性较低，就业相对更稳定。

综上所述，影响新生代农民工就业稳定性的因素较复杂，其中显著性较高的包括文化程度、婚姻状况、是否是独生子女、就业动机和将来打算，职业培训状况、家庭人口数和人际关系亲密度也在一定程度上影响了其就业稳定性。影响老一代农民工就业稳定性的主要因素有文化程度、职业培训状况、家庭人口数和将来打算等。通过以上对两代农民工就业稳定性影响因素的代际差异分析可知，新生代农民工的就业稳定性受职业价值观影响较大，就业动机与将来打算对其就业稳定性都具有显著影响。将来打算在一定程度上影响了两代农民工的就业稳定性，但作用方向不同。将来打算对新生代的影响是正向的，即清晰的职业规划更有助于就业稳定，而对老一代农民工来说，对未来没有自信的情况下就业反而更稳定。老一代农民工的就业稳定性主要受个体因素中文化程度、职业培训状况等人力资本的影响。社会角色对两代农民工就业稳定性都具有影响，但对新生代的影响较大。因此，H10-4 得到了较好的支持。

第四节 提高农民工就业稳定性的建议

本章研究了湖北省部分脱贫地区农民工就业稳定性的影响因素及其代际差异，并结合卡方检验和二元逻辑回归分析得出以下结论：文化程度、职业培训状况、家庭人口数、人际关系亲密度、将来打算等因素对两代农民工的就业稳定性都具有影响，其中职业培训状况和家庭人口数对老一代农民工影响更为显著，人际关系亲密度和将来打算对两代农民工就业稳定性影响的方向相反；婚姻状况、是否独生子女和就业动机仅对新生代农民工具有显著影响。对比影响两代农民工就业稳定性的因素得出，个体因素对两代农民工都具有影响，但对老一代农民工影响更为显著；社会角色和职业价值观对新生代农民工的就业稳定性影响更显著。因此，影响新生代农民工就业稳定性的因素更具有多样性和综合性。

基于以上结论,为了改善农民工就业现状,促进劳动力资源优化配置,提高其就业质量,特提出如下建议。

第一,新生代农民工应调整心态,理性择业。对比两代农民工可知,心理因素对新生代农民工的离职意愿影响较大。同时,从职业期望部分的研究结果来看,新生代农民工更向往体面的工作,老一代农民工对工作的期望更倾向收入水平。因此,需要引导新生代农民工树立正确的择业观,调整心态,根据自身条件和外界环境理性择业,重视职业生涯的规划与发展。

第二,企业应构筑和谐稳定的劳动关系,平等对待新生代农民工。企业要增强社会责任感,建立平等和包容的企业文化,执行《中华人民共和国劳动合同法》,明确包括农民工在内的职工的权利、义务和责任。从新生代农民工职业流动的动机来看,最主要的原因是工资待遇差。因此,在工资报酬上,企业要建立稳定的薪酬制度,杜绝同工不同酬的不公平现象,更不能拖延克扣农民工工资,要落实集体谈判制度。升职机会小、不利于个人发展、工作环境差等也是新生代农民工考虑变换工作的重要原因,因此企业还应设立公平的晋升规则,对农民工进行职业技能培训,完善企业的硬件设施条件,改善工作环境。

第三,政府应瞄准产业发展的需求,帮助提升农民工的就业能力。应重视农村基础教育质量的提高,加大教育力度,从根本上解决农民工整体素质偏低的问题。同时,大力发展职业教育,做到职业教育对新生代农民工的全覆盖,从整体上提升其文化水平。另外,政府应支持企业对员工的职业技能培训,更加支持和扶助农民参加职业培训,注意培养农民工的职业认同,拓宽他们的社会网络,丰富其社会资本,尤其要为农民工搭建社会交往与交流的平台,切实帮助他们适应发展中的环境变化,提升其就业能力。此外,加强公共投资力度,保障农民工的职业教育与素质教育所需资金。新生代农民工的整体素质提高之后,掌握了更多的职业技能,就业动机会更成熟,就业稳定性增强。

第十一章

就业扶贫车间专题研究：革命老区赣州的调查

　　赣州位于江西省南部，是中华人民共和国的摇篮，是"苏区精神"的发源地，是全国著名的革命老区，也是全国较大的"集中连片特困区"。赣州有3个市辖区，13个县，两个县级市，国土面积39379.64平方千米，人口898万人。赣州是江西省的主要脱贫地区，贫困县占江西省的46%，贫困村占32%，贫困人口占40%。赣州的脱贫致富，不仅关系到江西省的脱贫致富，而且关系到整个中部地区和全国脱贫工作的顺利完成。赣州的振兴和发展，不仅是一项重大的经济任务，而且是一项重大的政治任务。2012年，《国务院关于支持赣南等原中央苏区振兴发展的若干意见》的发布与实施，将赣南老区的振兴提升到了国家发展战略的高度，为赣南老区的振兴发展提供了行动指南与基本依据，也为赣南的脱贫攻坚注入了强劲的动能。国务院和其他有关部门持续加强对赣南地区的支持，42个国家机关和相关部门积极向赣州提供对口援助。江西省相关部门主动协调，给予倾斜帮扶，共79个省级机关对79个贫困村进行了定点帮扶。到2019年，赣州实现了11个贫困县摘帽、1023个贫困村和114.33万名建档立卡贫困农民脱贫，实现了绝对贫困和区域性整体贫困的历史性消除，并在2020年获得"全国脱贫攻坚组织创新奖""全国脱贫攻坚先进集体"等荣誉称号。

　　赣州始终把发展产业、增加就业、提高技能作为脱贫攻坚的重点，并强调要振兴乡村，首先要振兴产业，用"产业+就业"的方式帮助农民脱贫，巩固脱贫成果。赣州市在脱贫攻坚进程中，曾经面临着农村贫困人群劳动力不足、能力不足、文化水平低等问题，以及由此带来的劳动力转移难、就地增收又无门路等一系列困难。为了取得脱贫攻坚胜利，赣州根据当地的特点和优势，创造性地建设了多种模式的就业扶贫车间，以此为基础，帮助农村贫困劳动力实现就业。赣州就业扶贫车间将服装纺织、电子、家具等劳动密集型产业作为重点，以贫困农民为对象，以实现就近、便利的就业为目标，将乡村闲置土地、厂房、仓库等进行有效利用，构建利益共享机制，将企业和贫困人员的生产积极性都调动起来。截至2021年，赣州市已建立了1248个就业扶贫车间，为贫困人口提供了12071个就业机会，收到了很好的效果。赣州就业扶贫车间为农民脱贫致富探索了一个成功的范例。为了更深入地了解和研究赣州就业扶贫车间与脱贫攻坚，以及农民人力资源开发的成功经验，助力赣州在乡村振兴的新形势下，巩固脱贫攻坚成果，更好地高质量发展，课题组在2020年8月和2021年7月先后两次到赣州市进行调研。

第一节 赣州就业扶贫车间的主要模式

"就业扶贫车间"指的是以促进建档立卡贫困农民就近就地实现灵活就业或居家就业为目的，企业或个体经济等组织在乡镇（村）设立的生产车间或加工点，主要从事农产品加工、手工工艺、种植养殖、来料加工等业务，是一项精准扶贫体系中的微观制度创新。为了使就业扶贫车间成为真正意义上的脱贫攻坚的助力器，赣州根据当地的实际情况，摸索出了"政府+就业扶贫车间+贫困户""产业+就业脱贫车间+贫困户""村委会+结对帮扶单位+就业脱贫车间+贫困户""企业+就业脱贫车间+贫困户""家庭+就业脱贫车间+贫困户"五种就业脱贫车间的帮扶建设模式，赣州以此建立起良好的利益联结机制，迅速推动就业脱贫车间向各个乡镇延伸，通过发展产业、促进就业、提升技能，促进贫困人口的收入增长，扩大贫困农民的收入来源。以下分别加以论述。

一 "政府+就业扶贫车间+贫困户"模式

"政府+就业扶贫车间+贫困户"模式是由各个乡镇村自主投资建设就业扶贫福利企业和就业扶贫车间而形成的。赣州为了吸纳农村贫困人口和弱势群体的就业,对就业扶贫车间的发展壮大提供政策支持,发挥政府投资建设就业扶贫车间的示范带动作用,从而带动全社会参与就业扶贫车间的建设。例如,2015年3月,龙南县在江西省率先建立了就业扶贫福利厂,为贫困群众提供了就业岗位。为解决农民工的后顾之忧,福利厂对农民工采取了免费食宿、缴纳社保、购买人身意外保险、进行二次利润分配等优惠政策,从而使当地农村贫困劳动力获得了就业机会,增加了收入。

此后,赣州各地政府结合自身实际,陆续推广、开展了"政府+就业扶贫车间+贫困户"多种模式的探索。例如,上犹县光电科技产业园,就是一个由政府出资,集研发、生产、销售于一体的新型铜线灯高科技园区。该园区从2016年8月开始,以前端的高技术产品在园区内生产;中后端的产品在村内手工制作的思路,打造就业扶贫车间。上犹县委县政府给予生产用房前三年免租金,县财政税收全额返还,并给予土地优惠等一系列支持。在建设过程中,县委县政府帮助企业抢抓时间,加快厂房基础、主体、外墙、货梯、用水用电等工程的建设,协助企业解决用地、招工、办证、办照、融资等问题。至2018年底,上犹县光电科技产业园已经有13家光电企业和86个就业扶贫车间开始投产,实现了产值5亿元的目标,解决了800多名贫困人口的就业创业,还取得了铜线灯发明、LED半导体发光等10多项国际国内专利。

二 "产业+就业扶贫车间+贫困户"模式

"产业+就业扶贫车间+贫困户"模式是指依靠当地优势产业,在产业发展的基础上到乡镇建立就业扶贫车间。赣州市南康区对此进行了成功的探索。南康区是罗霄山脉集中连片扶贫开发重点区县,有2.45万户、9.09万人的建档立卡贫困户。南康区人多地少,人均可耕地面积不到3分。受山区地貌、南北狭长等自然地理因素制约,南康区与外县交界的北部和中南部地区,成为脱贫的"硬骨头",实施易地扶贫搬迁是唯一的解决办法。但易地扶贫搬迁,如果没有产业、没有就业、没有可持续的收入,那么,在搬迁之后,贫困户依然无法稳定下来,难以致富,因此,开展后续帮扶工作非常重要。

家具产业是南康区最大的传统优势产业。南康区意识到,只有依靠和发展传统家具产业，才能在当地建立起稳定的经济支柱，才能实现全区高质量脱贫摘帽。所以，将做大做强传统优势家具产业与脱贫工程结合起来，成为南康区脱贫工作的重要思路。他们在有相关产业的地方建设移民安置点，在移民安置的地方，建立起自己的扶贫车间。南康区为打造产业扶贫的平台，实施了一系列的鼓励政策：一是对于连续吸纳5人以上的贫困农民的"扶贫车间"，一次性给予10万元的建设补贴；对于产业基础薄弱、地处偏远的贫困村，"就业扶贫车间"还将再资助5万元的补贴。二是对吸纳建档立卡贫困户的就业扶贫车间，按照每个月500元的标准给予岗位补助。三是根据吸纳的贫困劳动力的数量，对认定的就业扶贫车间的土地租金和水电费，按照每人每个月300元的标准给予补贴。四是对为贫困劳动力缴纳养老、医疗和失业保险的企业提供社会保险补助。至2020年，南康全区已确认47个就业扶贫车间，吸纳444名建档立卡贫困劳动力就业，发放了150.2万元的扶贫车间补助。这些鼓励政策取得了良好的收效。

具体以南康区龙回镇为例。南康区龙回镇是南康区家具产业的重要基地，辖区有三大家具产业集聚区（半岭、三益、茶坳）和三大家具工业园（半岭、半岭创业园和三益），总面积5000多亩，拥有600多家家具企业，每年家具工业产值超过150亿元。在家具产业发展势头良好的背景下，该镇以此为契机，鼓励、支持、引导企业，采取"产业+就业扶贫车间+贫困户"的模式，打造了一批就业扶贫车间，为贫困群众提供了压板、上胶、拼接、搬运等岗位。采用设立专岗安置一批、技能培训带动一批、师傅带徒帮扶一批、交通补助引导一批、结对励志影响一批等多种方式，帮助具有劳动能力又有意愿的困难群众实现就业，增加了困难群众的收入，使他们的生计有了着落和发展。

再以赣州市崇义县的就业扶贫车间如例。崇义县位于赣粤湘交界处罗霄山脉的东部，属于一个比较偏僻的山区贫困县，该县乡村大多处于高纬度地带，经常有地质灾害，而且在交通、基建等方面存在着"欠账大"，生产和居住环境恶劣、基本建设薄弱等问题，因而贫困发生率很高。崇义县坚持因地制宜，夯实责任，实施易地扶贫搬迁工程，将该工程作为科学综合治贫的手段。为了解决好移民的后续生产、生活问题，他们统筹规划，紧紧抓住产业与就业这两条主线，及时出台《崇义县就业扶贫实施方案》和《崇义县精准扶贫农业产业奖补办法》，从创业就业、技能培训、产业发展等三个层面，构建了"产业发展一批，创业就业一批，入股大户或合作社一批，开发就业岗位一批，土地流转一批"等"五个一批"的扶贫工作思路，做到了产业帮扶到点、政策落实到户、就业岗位精准到人，实现了精准帮扶，促进了搬迁群众稳岗增收。在崇义县的扶贫工作过程中，就业扶贫车间的建设发挥了独特作用。崇义县牢牢把握贫困人口这个中心环节，围绕产业帮扶，加强科技创新，坚持以发展生态产业为主要方向，实施"五个一"扶贫机制，即选择一个产业、培育一个龙头、建立一种利益联结机制、扶持一笔资金、建立一套服务体系，全面推进产业扶贫工作。崇义县以"长短结合，适度规模，效益优先"为宗旨，以自身的资源和产业为依托，着力发展"一枣一藤一竹一橙一油"（南枣、刺葡萄、笋竹、脐橙、油茶）五大优势产业。在发掘和推动当地优势产业发展的基础上，崇义县探索出了"产业+就业扶贫车间+贫困户"模式。政府以土地、资金、政策等入股方式，搬迁群众以订单生产、倒包返租、基地就业等方式参与，实现"资源变资产，资金变股金，农民（移民）变股东"的"三变改革"。崇义县就业扶贫车间建设取得了较好成效。

三 "村委会+结对帮扶单位+就业扶贫车间+贫困户"模式

"村委会+结对帮扶单位+就业扶贫车间+贫困户"模式是由村委会为主导，以就业脱贫车间为载体，以政府作为信用担保，各种利益主体参与的就业帮扶机制。具体做法是，乡级政府、村委会和驻村结对帮扶单位一起出资建设就业脱贫车间，在此基础上，县财政按照相关的法律法规，安排专项资金，给予就业脱贫车间一次性的建设补助和岗位补助，并根据吸纳贫困户的数量，给予租金、水电等运行费补助。这种就业扶贫车间模式的特点还在于，充分发挥农村空闲住房、空闲地的优势，改造或建设包村扶贫车间，为贫困人口提供就业机会。在建立和运营扶贫车间的工作过程中，结对帮扶单位发挥了很大的作用。赣州市龙南县的就业扶贫车间主要采用的就是这种模式。

为了进一步解决该县贫困农民由于多种原因不能离开家乡外出打工的实际困难，龙南县在就业扶贫福利厂发展的基础上，以杨村镇车田村作为试点村,探索出以建立包村就业脱贫车间为载体的"村委会+就业帮扶单位+就业扶贫车间+贫困户"的扶贫新模式。到 2020 年,杨村镇在全镇建立了 13 个就业扶贫车间,采取到扶贫车间定点加工就业或家庭外包加工点就业的灵活方式,鼓励和引导当地困难劳动力主动就业,帮助他们在家门口找到了一份稳定的工作。就是扶贫车间的工作,给贫困户带来了每人每年 6000 元左右的收入,也给村集体带来了 5 万多元的年收入,取得了农户和村级经济双增长的效果。

在就业扶贫车间选址时,结对帮扶单位会开展很多的现场调研,进行科学的选择。他们在对现有的土地资源进行最大程度利用的前提下,把厂房的位置选择在人口密集、交通便利的地方,从而达到了让贫困群众照顾家庭、挣钱两不误的目的。龙南县针对农村留守老人、残疾人和重病人口等贫困人群体质比较弱的情况,以发展技术含量低,易于上手,劳动形式灵活,可长期提供原料的产业为主导,据此,主要引进了规模大、交货期宽松、货源稳定的服装加工、鞋套加工、头饰加工、插花加工、电子加工等。根据乡村闲散贫困群众日常大多要料理家务、时间不好固定的特点,就业扶贫车间采用了灵活的工作方法,在照顾家庭的同时,还能提高自己的收入。此外,当地县乡镇政府为降低扶贫车间的经营压力,引入社会力量,成立配货中心,在相关部门的监督之下,做好产品配送、收发等配套工作,并根据有关政策,对其进行相应的物流补贴和原材料损耗补贴。

在各方面的扶持下,龙南县就业扶贫车间得到了很好的发展,取得了很好的经济效益和社会效益。主要表现在:一是激发了贫困群众的内生性发展动力,增强了他们自己的脱贫意识,提升了他们的工作能力,使他们的精神面貌和农村的社会风气有了很大的改观;二是扶贫车间逐步变成了群众交流意见和建议,解决邻里矛盾的地方,有助于缓解邻里矛盾,维持社会安定;三是贫困人口和村集体经济的收入均有增加,企业产值也明显提高。至 2020 年,龙南县建立了 33 个村级扶贫车间,帮助建档立卡贫困户 517 人就业,让弱势劳动力足不出村地找到了工作。江西省龙南县杨村镇车田村的就业扶贫车间在全球减贫案例征集活动评选中获得"最佳案例奖"。

四 "企业+就业扶贫车间+贫困户"模式

"企业+就业扶贫车间+贫困户"模式主要是，指导企业在农村建立劳动密集型产品的加工点或生产车间，或者由园区企业统筹已有的车间及岗位，将其列为就业扶贫车间，以吸纳帮扶村的贫困劳动力就业。该模式更重视将返乡能人在国外做生意时所累积的经验技术和资源优势充分发挥出来，利用农村的闲置房屋，建立一批服装纺织、电子、手工工艺等劳动密集型的扶贫车间。同时，支持园区内的企业到农村建立代工就业扶贫车间，从而不仅为当地的贫困人口提供了工作机会，也为当地的企业解决了缺工问题。赣州市定南县和宁都县就业扶贫车间主要采用的就是这种模式。

定南县积极地开展了"企业+就业扶贫车间+贫困户"的扶贫模式的探索。鉴于扶贫车间的岗位技术要求较低，工作地点灵活，农民工不仅能在工厂里上班，还能在家里打理家务、照顾家庭的特点，定南县充分发挥了该就业扶贫车间模式在扶贫工作中的独特作用。具体做法是，定南县出台了就业岗位补贴、房租和水电补贴、一次性建设补助等多项优惠政策，支持扶贫车间的发展。例如，定南县鹅公镇拥有22家数据线加工企业，每年可生产数据线21亿条，被称为"华南数据线生产第一乡镇"。在定南县鹅公镇就业扶贫车间中，从剥线、点锡、铸塑，到品检、打包，分工明确、流水作业，无论是手工还是器械的操作，各个环节都容易学会，因而非常适用于不同年龄的贫困户。鹅公镇采取"政府统一规划，村部统一租赁，企业拎包入住"的办法，对圩镇内闲置的厂房和房屋店面进行了整合，为入驻企业提供高质量的厂房。在后勤服务方面，鹅公镇遵循"哪个村的老板办企业，哪个村对接服务"的原则，落实保障措施，构建村企对接服务机制。同时，镇政府还为企业和工人们提供全方位就业服务，设立劳动保障服务站，通过乡镇和企业的联动机制落实技能培训，大力开展岗位开发，进行劳务协作。此外，还成立了就业扶贫示范园区联合基层工会，保障工人的权益。鹅公镇的数据线加工基地还将表带、插花、服装等多个产业引进来，作为扶贫车间来建设，吸纳当地贫困农民就业。至2022年，鹅公镇的扶贫车间已经拥有1000多名职工，其中350多名是建档立卡的贫困人口。

再比如，宁都县馨美航布礼品有限公司，探索在乡村建立代工加工扶贫生产车间。该公司是由董事长赖先生于2014年从波兰回国后创办的。在精准扶贫工作如火如荼地进行的过程中，赖先生了解到许多没有一技之长的贫困人口很难外出就业，难以通过外出打工摆脱贫困。因此，他将自己的工厂搬到了村子里，设立扶贫车间。同时，馨美航布礼品有限公司还对愿意打工的困难群众进行了一系列的技术训练，使他们掌握了一技之长。比如，该公司在宁都县田头镇田头村建设了扶贫车间，以生产航空眼罩、护颈枕等纺织产品为主，年龄较大的女工从事简单的拆线活儿，年龄较小的女工从事针线活儿，月薪3000元左右，越来越多的农村妇女因此在家门口学会了一技之长，找到了工作。到2019年，由于馨美航布礼品有限公司的帮助，田头村就有43名建档立卡贫困户在扶贫车间实现了就业和脱贫；与此同时，公司的生产效益也获得提高，公司生产的航空眼罩和护颈等航空用品也从山村销往世界各地。

此外，一批著名的企业也在赣州建立了就业扶贫车间。例如，在2017年，曼妮芬的就业扶贫车间在赣州经开区已经建成，占地4158平方米，有1400名农民工在此就业。这个就业扶贫车间以裁剪、缝纫为主。再如，赣州新能源科技城管理处通过"企业+就业扶贫车间+贫困户"的方式，建设扶贫车间，将"就业扶贫车间"搬迁到贫困群众的家门口。截至2022年，赣州新能源科技城管理处已经建立了4个标准化的"就业扶贫车间"，它们的范围涵盖了新能源汽车、加工制造业等多个行业，总共提供了425个就业岗位，同时还带动了28名脱贫劳动力的就业。

五 "居家+就业扶贫车间+贫困户"模式

"居家+就业扶贫车间+贫困户"模式是指，企业（个体工商户、内设有公司的专业合作社、家庭农场）在村镇与建档立卡贫困家庭劳动力之间建立了一种承接关系，将产品委托他们在家里进行生产加工的新模式。

瑞金市探索并不断创新"居家+就业扶贫车间+贫困户"的模式，指导将该市乡村的小微企业发展为扶贫车间。自2022年以来，瑞金市

第十一章 就业扶贫车间专题研究：革命老区赣州的调查

新增加了 25 个此类帮扶车间，吸纳了 2000 多名务工人员，其中包括脱贫户及监测户共 350 多名，这也让困难群众和弱劳动力人群就近就业的问题得到了有效的解决。瑞金市的扶贫车间创新性经验和具体表现如下。

第一，促进弱劳动力的就业。瑞金市将一些对技术要求较低的小手工业、食品加工、餐饮等行业建设成就业扶贫车间，为年龄偏大、家庭主妇、身体轻微残疾等居家人员提供就地就业机会，切实解决他们"走不出去"的问题。例如，在壬田镇，渔翁得利帮扶车间主要是对渔业用具、捞鱼网、网兜等渔具产品进行生产和加工。这些渔具产品需要的技术含量不高，只要进行一些简单的培训，就可以立即上岗，因而适合于建设扶贫车间。在这类扶贫车间就业的工作人员中，有 2/3 的员工年龄都在 60 岁以上，有些员工甚至已经到了 70 岁。通过"织出一张网，赚取一元钱"，每个人每个月的收入都在 1600 元以上。

第二，实现就近就业。为了有效地解决家门口无法就业的问题，瑞金市鼓励帮扶车间开启由工人回家代加工的居家就业模式。困难群众可以将产品所需的原材料带回家中，在完成初加工之后，将其交车间验收，计件发放工资。这样，务工人员既可以自由支配生产时间，也可以通过多种途径提高自己的收入。尤其是对因家庭特殊原因不能外出打工的脱贫户和监测户，瑞金市的这类就业扶贫车间为其提供了居家就业平台，从而实现了就业农户家庭的增收。例如，红红手工艺扶贫车间，就是这样让农民在家里加工，使得农民能够最大限度地支配和利用自己的时间进行生产，增加自己的家庭收入，一个月能赚到 1000 多元。

第三，保持就业的稳定性。瑞金市为提高困难群众的就业率，促进他们的就业，采取了一系列创新和发展扶贫车间的措施。组织中小微企业，对在扶贫车间就业的员工进行"以工代训""岗前培训"等，使他们获得更多的技能。例如，凯睿手提箱工厂的扶贫车间，经过精心的培训，让聋哑人顺利地走上了岗位，使他们变成了技术工人，每月能获得 2000 元的工资收入。

第二节 赣州就业扶贫车间的扶助政策的演进

为了支持就业扶贫车间的发展,赣州在2000年前的脱贫攻坚阶段和2000年后巩固脱贫攻坚成果、乡村振兴阶段多次出台了相关扶助政策,就业扶贫车间政策也不断得到改善和优化。

一 赣州2020年前的就业扶贫车间的扶助政策

为了深入贯彻落实中央和省里关于脱贫攻坚的部署要求,规范和提高就业扶贫车间的建设水平,使其在打好精准扶贫攻坚战中发挥出更大的作用,赣州市和所属县区在2018年,根据各自的实际情况,对就业扶贫车间的认定标准进行了界定,政策明确规定能够吸纳5人及以上的建档立卡贫困劳动力,或者是占到了劳动力总量的30%以上,与贫困劳动力签署了务工协议(承揽协议),并且已经连续工作6个月以上,能够及时、足额地发放劳动报酬的即为就业扶贫车间。对于符合这些条件的就业扶贫车间,政府将给予一定的政策扶持和资金补贴,具体补贴数额,各县区有所区别。归纳起来主要包括以下几个方面。

第一,厂房建设补贴。对稳定运转一年以上、吸纳贫困劳动力10人以上、取得良好的经济效益和社会效益的就业扶贫车间,经有关部门审核后,予以厂房建设补助。对于由乡镇或村集体拥有的新厂房,建设规模达到300平方米以上的,按其面积大小给予30万—50万元不等的建设补贴。对具有自然人产权的就业扶贫车间厂房,给予每平方米200元的补助。

第二,岗位补贴。凡在就业扶贫车间工作满半年的农村贫困劳动力,可享受每月200元的岗位补贴;对吸纳农村贫困劳动力在半年以上,并且就业者收入每月在5000元(含5000元)以上的扶贫车间,给予每月300元/人的岗位补贴,以此类推。该补助每季度申请一次,最多不超过三年。

第三,运行费补贴。对已确认为就业扶贫车间的物管费、卫生费、房租费、水电费等进行补助,补助的金额为其每个月所需支出费用的60%,最高补助金额每个月不超过3000元。

第四，培训补贴。对于吸纳农村贫困劳动力就业的扶贫车间，以集中培训、师带徒等方式，对贫困劳动力进行了岗前培训的，给予600元/人的职业培训补助，在培训过程中，再给予贫困劳动力每人30元的生活补助，总计不能超过300元。对获得合格证或职业资格证书的建档立卡农村贫困劳动力，给予每人500元的就业补助。

第五，社会保险补贴。对于与农村贫困劳动力签署一年以上的劳动合同，并在当地上缴了城镇职工基本养老保险、城镇职工医疗保险和失业保险的，按照规定，给予就业扶贫车间最长三年的社会保险补贴。

二 赣州2020年及之后的就业扶贫车间的扶助政策

赣州市于2020年发布了《关于疫情期间进一步强化帮扶措施促进贫困劳动力就业工作的通知》和《关于有效应对疫情影响稳定贫困户收入的若干措施》等政策文件，为进一步做好脱贫人口就业、有效应对新冠疫情影响、巩固拓展脱贫攻坚成果、助力全面推进乡村振兴，对就业扶贫车间实施了如下新的补贴政策。

第一，场地补贴。鼓励利用乡村的闲置房屋创办就业扶贫车间，在新建、改造、租金、水电等方面，分别给予一次性补贴。

第二，物流补贴。对以来料加工、产品运输（配送）等为主要生产方式的就业扶贫车间，给予相应的物流费补贴。

第三，就业补贴。对扶贫车间吸纳农村贫困劳动力就业的年度补助1000元/人，对深度贫困村建设的扶贫车间吸纳贫困劳动力就业的年度补助2000元/人。

第四，一次性用工补贴。给予2020年有新增贫困劳动力就业（包括将原材料送到贫困户家里进行加工）的就业扶贫车间，依据用工人数，给予每人一次性1000元的用工补贴。

第五，一次性建设补贴。给予2020年新建的就业扶贫车间（含摘牌后恢复认定的），给予一次性20000元建设补贴。

第六，以工代训补贴。根据吸纳农村贫困劳动力人数，给予通过在岗实践提升技能开展以工代训的就业扶贫车间以工代训职业培训补贴。

第七，其他补贴。有条件的县（市、区）政府，可以以当地务工收入水平以及财力状况为依据，对按照要求建设并吸纳农村贫困劳动力就业的就业扶贫车间，给予适当的用工补贴，对在就业扶贫车间就业的农村贫困劳动力，给予适当的工资补贴。

此外，2020年赣州市对建档立卡贫困劳动力职业培训继续实施相应的培训补贴政策。赣州市把贫困劳动力列为技能提升的重点帮助对象，对于有学习意向、有劳动能力的贫困劳动力，给予免费的职业技能培训，每个人一年最多可以得到不超过3次的免费培训机会。在对贫困劳动力进行以工代训、岗前培训、转岗和技能提升培训、新型学徒制培训、就业技能和创业培训的时候，依据其培训项目、培训时长、取得的证书类型等具体情况，按照300—5000元/人的标准，对于企业或院校（机构）等培训主体进行职业培训补贴。在培训期间，对建档立卡贫困户给予每人每天30元的生活费补贴，最多6个月，对通过就业培训获得合格证书或职业资格证书的贫困劳动力学员，每人给予500元的一次性求职补助。

更值得强调的是，2021年赣州还新出台了《加强就业帮扶巩固拓展脱贫攻坚成果助力乡村振兴若干措施》等文件。其中有关就业扶贫车间的扶助政策大部分延续了原有政策，部分政策作了进一步优化。同时，为建立一个更为清晰的巩固拓展脱贫攻坚成果责任制度，明确县、乡镇、村三级各责任单位的主要责任，推动责任落实、工作到位和成效提升，赣州市制定出台了县（市、区）委书记、县（市、区）长、分管领导、行业分管领导、行业部门、乡镇书记（乡镇长）、分管领导、村党支部书记（村委员会主任）、第一书记（工作队长）、驻村工作队员等的责任清单。

第一，延续和完善帮扶车间管理制度。依据发展形势的变化，把原来的扶贫就业车间改称为"帮扶车间"；对季节性生产的帮扶车间进行公告，并做好相应的服务和管理；对于已经转岗，停业过了缓冲期仍然难以恢复生产的帮扶车间，视情况进行清理。要求帮扶车间必须加强安全管理，并严格遵守有关安全生产、职业病预防、防火防爆的相关法律法规及标准。

第二，落实帮扶车间补贴政策。对搬迁安置区内配套园区的各类经营主体，根据其所吸收的农村劳动力就业人数情况，给予相应的场地租金减免和其他优惠。对帮扶车间吸纳帮扶对象就业，并且累计工作时间不少于3个月的,每年给予1000元/人的补贴。对在重点帮扶村建设的帮扶车间吸纳帮扶对象就业的,每年给予2000元/人的补贴,所需要的资金从就业补助资金中列支。对企业和帮扶车间等生产经营主体,在帮助帮扶对象就业和进行"以工代训"的情况下,可以根据规定,给予最多6个月的职业培训补贴。有条件的县(市、区)政府,可以以当地的收入水平和财力状况为依据,对帮扶车间给予运行费补贴、物流补贴、一次性建设补助及其他补贴政策。

第三,推进职业技能提升培训。在乡村振兴的新阶段,赣州市将帮扶车间与乡村振兴的产业发展和农村劳动力高质量充分就业需求相结合,有针对性地开展职业技能培训。把愿意创业的农村灵活就业人员都纳入到创业培训中,对他们进行养老、托幼、家政、餐饮、维修、美容美发等方面的技能培训,并对他们的培训费用以及在培训期间的生活费给予补助,从而进一步提高他们的就业能力。赣州市实施高素质农民培育项目,加强对年轻农场主、农民职业经理人、农民创新创业人才的培养与管理。再者,支持开展各种职业技能比赛。

第四,加大培训基地和技工院校建设力度。加大技工院校的招生规模和培养力度,建立一批公共实训基地。继续实施"雨露计划",对脱贫家庭子女在技工(职业)院校就读者,每年补助3000元。对脱贫人口和农村低收入人口家庭"两后生"就读技工院校进行资助,给予每人每年1700—4800元的国家免学费的享受政策、每人每年2000元的国家助学金的享受政策、每人每年6000元的国家奖学金的享受政策。

第三节 赣州就业扶贫车间的发展特色

通过调查和研究发现,赣州扶贫车间扶贫方式的探索,创造了很多可贵的工作经验,体现了以下发展特色。

一 坚持多方合作扶贫扶智的发展思路

赣州市全面落实党的十九大、二十大精神和习近平新时代中国特色社会主义思想,坚持"党建引领、政府引导、企业主体、社会参与、互惠共赢"的发展思路,坚持精准扶贫、精准脱贫,重视扶贫与扶志、扶智的有机结合，积极推进就业扶贫车间建设，将就业扶贫车间建设作为就业扶贫的主要抓手，通过在乡村、园区企业建设就业扶贫车间，吸收贫困农村劳动力就业，带动其向第二、第三产业转移，最终达到"一人就业，全家脱贫"的目标。

在建设就业扶贫车间的过程中，赣州形成了一个由地方党委政府、驻村挂点单位、企业和社会多方合作，共同努力的大扶贫格局。各县乡镇和驻村挂点单位，把建立就业扶贫车间，推动贫困劳动力转移就业，作为一项政治任务。把就业扶贫车间，作为脱贫攻坚、带动贫困户增收脱贫的重要载体。赣州各级党委政府充分发挥牵头的作用，大力支持就业扶贫车间的建设，主动为其解决发展中遇到的问题，在提供场地、人员组织、政策宣传等方面，做好各方面的后续工作。例如，信丰县就构建了"书记抓、抓书记"的责任制度，并成立了一个以县委书记为组长，以县长为第一副组长，县委、县政府相关分管领导为副组长，相关部门和单位的主要领导为成员的精准扶贫工作领导小组，制定了县四套班子领导、行业部门、帮扶单位、乡镇、村各级各方面工作职责明确，横向到边、纵向到底的责任制度。

各挂点部门和单位积极协助挂点村就业扶贫车间的建设事宜，在其中起到了举足轻重的作用。挂点部门和单位将帮扶资金投资到就业扶贫车间建设项目中，用于对车间场所进行改造和提升。同时，发挥挂点单位在人才、信息、市场等方面的优势，支持村级组织自建或指导企业建设扶贫车间。赣州市还大力宣传扶持政策、措施，积极推荐、引入社会力量参与到就业扶贫车间的创建工作中，对在创建过程中出现的困难和问题进行协调，促进就业扶贫车间的成功创建。比如，赣州市中级人民法院，作为龙南市杨村镇黄坑村的挂点帮扶单位，在2019年投资30多万元创建了一个300平方米二层的标准化扶贫车间，提高了该村的贫困劳动力的就业率。2020年初，由于受到新冠疫情的影响，脱贫地区的农产品一直处于滞销状态，黄坑村的扶贫工作队通过各种途径，成功地帮助农民将1200千克的鹰嘴桃、350千克的蜂蜜和1000多只的土鸡蛋全部售出。

赣州市还注重将扶贫和扶智有机地结合起来，使在扶贫车间就业的困难劳动力能不断提高岗位技能。主要采用理论学习、车间组长带队参观、车间师傅带徒弟等方式，提升员工的技术水平。至2018年6月，各县（市、区）财政拨款1.5亿元，带动社会资金和集体资金超过20亿元，为农村困难劳动力提供了超过6万人的免费技术培训，有力地推动了就业扶贫车间的发展。同时，赣州在2016—2020年，共向社会提供了18.37亿元的教育扶贫资金。例如，信丰县在脱贫攻坚过程中，出台了比较完善的就业技能提升的奖补政策，并将扶贫与扶志、扶智、扶勤和扶技相结合。将培训内容与行业发展、就业需求及员工意愿相结合，多方位开设电子商务、居家服务、养老护理、厨师面点等课程；以贫困劳动力方便学习的时间安排为依据，采取集中培训、个性辅导、送课上门、以工代训等形式，积极引导不同类别贫困劳动力参加技能培训。类似的做法，在赣州很多县（市、区）都在进行。比如，在2022年，瑞金市以各种方式为各类劳动者提供了124次、4200多人次的就业技能培训，其中，为脱贫劳动力等重点观测群体提供了33次、1000多人次的实用技术培训，对困难群众和脱贫劳动力提供了有力的帮助。

就业扶贫车间的创建对于当地农村妇女的发展具有特殊意义。课题组通过实地调研发现，在扶贫车间员工中女性员工占比较高，表现出明显的对女性友好的特征。就业扶贫车间通过自上而下的外部嵌入，重塑贫困妇女生存发展之路。就业扶贫车间某种程度上是她们社会生活的延伸，拓宽了她们的生活空间和发展空间，转变了她们的角色分工，在客观性上具有性别化反贫困的意义。[1] 所以，就业扶贫车间既可以为农村妇女提供就业机会，增强她们的自我发展意识，激发她们的内在动力；又可以填补她们在生产中的角色缺失，为她们提供收入来源，提高她们的家庭地位，促进农村妇女的自我认同和社会认同。总之，扶贫车间作为一个重要的平台，不仅推动了农村妇女就近就业，为农村妇女就业提供一条可行的途径，而且也为农村妇女从家庭走向社会，进而拓展她们的社会发展空间提供了一个难得机会。

二 抓住产业扶贫增收致富的发展主线

习近平总书记强调："发展产业是实现脱贫的根本之策。要因地制

---

[1] 邓伟华：《扶贫车间与农村妇女发展能力研究》，硕士学位论文，宁夏大学，2022年。

宜，把培育产业作为推动脱贫攻坚的根本出路。"① 赣州坚持产业扶贫的发展理念和发展方向，即要充分发挥产业对贫困户脱贫、增加收入的带动作用，确保贫困户能够获得长期、稳定的收益，防止扶农不扶贫、产业不扶贫的现象出现。在充分利用区域资源优势的基础上，赣州根据当地的实际情况，选择发展前景好、经济效益可观、有地方特色和优势的传统产业以及主导产业，形成集聚效应，从而带动当地的贫困户和贫困村脱贫致富。

赣州的脱贫攻坚工作并不是搞大包大揽，而是因地制宜，发展适合本地的特色产业体系，在发展特色产业的过程中建设就业扶贫车间。例如，于都县是赣南重要的脐橙和油茶生产基地，在全国脐橙产业和油茶产业体系中也占有重要地位。在已有的成熟技术和种植模式的支持下，于都县根据当地的实际情况，在荒山荒坡上发展了脐橙、油茶等生态农业，不断推进产业转型升级，使贫困群众享受到了"绿色银行"带来的红利。到2020年，全县实现了28.2万亩的油茶种植，引进了22个规模较大的油茶生产企业，成立了36个油茶专业合作社，带动了6000多户贫困人口增收。于都县还建立了黄麟、车溪五丰、罗新、利新四个万亩规模的标准化脐橙生态示范基地，在贡江和梅江两河流域，形成了十万亩的脐橙产业带。全县脐橙种植16.4万亩，实现了产值超10亿元的目标，就业人数达到10万人，并带动了5000余户贫困人口的增收致富。于都县为了进一步提高产业扶贫的质量和可持续发展能力，创新性地推进了三产深度融合，强化了与工业产业的联结机制，延伸了农业的产业链，重点发展了农产品加工业和纺织服装产业，提升了产业发展实力。于都县充分利用当地优势，建设与实施蔬菜深加工工程有关的扶贫车间，促进农村贫困人口的收入持续增长。于都县将纺织服装作为发展的龙头，创建与纺织服装业有关的87个就业扶贫车间。于都县还积极开展"家门口就业"等多种形式的援助活动，利用技能提升培训，使5176名贫困群众获得了就业机会。同时，于都县为贫困家庭提供就业补贴、交通补贴，为扶贫车间提供多种补贴，为贫困家庭提供就业和创业补贴，促进贫困户就业创业。

---

① 新华社：《习近平考察宁夏》，《人民日报》2016年7月20日第1版。

三 构建企业主导互惠共赢的运行机制

赣州市认识到，在脱贫地区，龙头企业是产业发展的"领头羊"。要大力推进产业扶贫，建立就业扶贫车间，就要注重发挥龙头企业作为经营主体的带动作用，最大限度地发挥能人的辐射带动作用。为此，赣州市创新扶贫机制，鼓励种养大户、农民合作社、龙头企业等新型经营主体，与贫困户之间建立起一种稳定的帮扶联系，促使产业的增值能力和吸纳贫困劳动力的能力得到有效融合和真正的提升。

赣州将推动农民不断增加收入作为扶贫工作的目标，以市场为导向，瞄准可以使农户享受到第二、第三产业的增值收益的新型经营主体，采取合作制、股份制合作等形式，建设就业扶贫车间，培育多元融合的经营主体，建立多种形式的利益共享与实现机制。在此基础上，不断地延长产业链，拓展加工链，推进农产品生产、初加工、精深加工、综合利用、销售、休闲旅游等产业的深度融合，使农户既可以享受到农产品品质提升带来的收益，又可以享受到第二、第三产业发展带来的增值效益。例如，信丰县利用温氏、农夫山泉等龙头企业的优势和富硒蔬菜品牌的效应，采用土地流转、股份经营、基地务工等形式，指导贫困户发展脐橙、蔬菜、生猪三大主要产业；结合当地实际，发展出烟叶、玉米、葛根、红瓜子等乡镇地区的特色扶贫产业。对于那些不方便离家但仍然有就业能力与意愿的农村超龄贫困人口，该县则通过构建并完善"公司（合作社）+就业扶贫车间+贫困户"的利益机制和扶贫模式，积极地建设相关就业扶贫车间，吸纳农村贫困劳动力，并给予招工、荣誉评选等优惠政策，持续拓展贫困人口的就业渠道和贫困人口的脱贫致富渠道。至2020年，信丰县已累计开发各类岗位，安置贫困人口6050人次。

此外，赣州正在加快构建返乡召回等新机制，以宁都县为代表的8个县（市、区）被批准开展以新型城镇化为依托的支持农民工返乡创业的试点工作，通过健全回乡创业、招商等方面的优惠政策，构建"在外人才联合会"平台，吸引在外创业能人回乡创业发展。

四 形成支持有力的动态监测保障体系

赣州市政府先后出台了《关于规范提升就业扶贫车间建设的指导意见》《赣州市就业扶贫公益性岗位管理暂行办法》《关于深入开展精准扶贫劳动力培训助力脱贫攻坚的实施意见》等政策文件和扶贫措施,对就业扶贫车间、就业技能培训以及就业扶贫公益性岗位进行统一规范,从而构成了相对完整的就业扶贫政策体系,为就业扶贫提供了有力的政策保障。各县(市、区)为了细化落实政策,结合当地的实际情况,制定实施了一系列就业扶贫措施,形成上下联动、点面结合、特色鲜明的就业扶贫格局。例如,龙南县就建立和完善了就业扶贫保障措施。龙南县从改善管理措施开始,县人力资源和社会保障局对已经建好的或者新建的就业扶贫车间,实行统一的建设标准,统一的标识,统一的颁发证书。在全县范围内,对扶贫车间进行标准化管理,由县里组建扶贫车间管理中心,规定村党支部"第一书记"、村委员会主任(扶贫车间法人代表)是扶贫车间的第一责任人,对扶贫车间的正常运营和安全生产承担全部责任。县就业扶贫福利厂牵头负责指导全县扶贫车间的选址、生产设备设施的购置、生产运作与管理体系的建立与完善工作。

赣州市还强化了就业扶贫车间建设中资金安排和保障。赣州市对扶贫车间各项补贴的资金出处作出了具体规定。在就业补助资金中统筹安排的资金包括扶贫车间的运营费用补贴、岗位补贴、专岗补贴、培训补贴、社会保险补贴等各项补贴。在扶贫开发统筹资金中予以安排的资金则包括建设补助、一次建设补助。各项补贴以就业扶贫车间建设进度、吸纳贫困劳动力的数量等项指标为依据,重点投放在建设进度快、对贫困劳动力带动强的就业扶贫车间上。在扶贫项目融资方面,金融机构开发了十余种针对性强、贫困户参与度高、可以享受不同贷款方式和期限的扶贫贷款产品;同时,赣州市建立了财政扶助资金的可持续增长机制,并在农行、农商银行等金融机构推出了"财政惠农信贷通"的融资试点业务。

为确保扶贫车间建设工作落实到位,赣州市加大了监督和考评力度,各有关部门加强了对扶贫车间工作的指导力度和监管力度,并定期进行督促和督查,将扶贫车间建设工作状况纳入就业扶贫的考核体系。比如,信丰县就在脱贫攻坚中制定了一套长效的脱贫攻坚督查调度工作制度。该县由县委常委会,县政府常务会,县精准扶贫工作领导小组定期听取相关汇报,调度工作进度,研究脱贫攻坚的各项工作。县党政"一把手"经常到脱贫地区调查研究就业扶贫车间的建设问题。县四套班子的领导深入乡村、企业,对就业扶贫车间进行实地督导和指导,对相关的问题进行及时的协调和解决。同时,构建脱贫攻坚考核奖惩体系和以减贫成效为导向的考核机制,将就业扶贫车间的建设与机关单位绩效考核、干部实绩考核相结合。

赣州十分重视借助现代信息手段对贫困劳动力的就业状况进行动态监测和岗位信息的推送。依托一体化综合信息系统对贫困劳动力就业状况进行全方位的排查,建立了包括贫困劳动力就业监测、职业培训、交通补贴、公益性岗位、就业扶贫车间等详细信息的台账。同时,利用江西就业扶贫代码,将岗位信息和培训信息准确推送给贫困劳动力,贫困劳动力可以在微信平台上直接申报其当前的就业状况。赣州全方位做好贫困劳动力就业监测工作、落实扶贫补贴政策及开展贫困劳动力技能培训等措施,积极推动就业扶贫车间建设,有效地推动了脱贫攻坚与乡村振兴的有效衔接。

赣州还以新时代文明实践为抓手,对已脱贫的典型进行了广泛的宣传,并把脱贫工作和乡村文化有机地联系在一起,通过"文明家庭""最美村嫂""最美孝星"等一系列评选活动,为贫困人口提供了榜样,激发了他们的内在力量,对巩固脱贫攻坚成果和乡村振兴起到了积极的作用。

第四节 赣州就业扶贫车间可持续发展的建议

当前,中国已进入乡村振兴和高质量发展新阶段,扶贫工作也进入了新阶段。赣州 11 个贫困县都已经摘帽,赣州就业扶贫车间如何融入乡村振兴和高质量发展的新格局,已然摆在了政府和社会面前。此前,赣州市就业扶贫车间在脱贫攻坚过程中发挥了独特的重要作用。毋庸讳言,过去就业扶贫车间的发展高度依赖政府的政策支持和强大的资源投入。随着中国农村工作重点从精准扶贫到乡村振兴的转变，国家扶贫资金的投入也将从"非常规"转向"常规"，就业扶贫车间的发展，也应当与时俱进，不断增强其作为市场主体的竞争力。应提升就业扶贫车间员工的就业技能，优化扶贫车间的科学管理，从而使就业扶贫车间更好地可持续发展。新冠疫情后，赣州就业扶贫车间就曾暴露了一些问题，比如就业扶贫车间的自身发展能力差，人力资源支持不够，员工管理落后等。促进就业扶贫车间的可持续发展，应当有新思路新举措，这将有助于进一步巩固和拓展脱贫攻坚的成果，实现与乡村振兴的有机结合，进而促进赣州农业和农村的现代化建设。因此，本书经过实地调查和研究，对赣州扶贫车间的可持续发展问题提出如下几点建议。

一 增强就业扶贫车间的市场竞争力

作为精准扶贫的一种就业制度创新，就业扶贫车间以发展贫困村集体经济、解决贫困人口就地就近就业为目标，将农产品初加工、手工业、来料加工等劳动密集型产业作为发展的基础，从而使贫困人口能够在一定程度上就地实现稳定的就业和脱贫。以"车间驻村，家庭就业，农户脱贫，集体增收"为主要运营模式的就业扶贫车间最早出现在山东省菏泽市。此后，中国各地相继涌现各种创新形态的就业扶贫车间。中西部的脱贫地区抓住沿海地区产业转移和结构性升级的契机，以东中西部扶贫合作为基础，充分发挥土地、劳动力等方面的比较成本优势，制定了一系列扶持政策，带动了一大批乡村能人和企业家的踊跃参与，创建了一批以吸纳农村贫困劳动力就业为导向的扶贫车间。这些就业扶贫车间一开始以加工代工业务为主，有的是大型工厂的某些生产环节，有的是其外协生产车间，也有一些是自建的小作坊生产。扶贫车间大都生产技术含量低、附加值低、需要大量劳动力的电子零部件、箱包服装、加工食品等。在此背景下，扶贫车间既承接了东部沿海地区产业转移，又解决了中西部部分农村困难劳动力就业问题，达到了经济效益与社会效益的有机统一。

从功能的属性角度来看，扶贫车间既具有益贫性，又具有收益性。在脱贫攻坚过程中，为了帮助贫困家庭摆脱贫困，扶持发展劳动密集型产业，可以在脱贫的同时创造市场价值。从短期来看，扶贫车间是扶贫

第十一章 | 就业扶贫车间专题研究：革命老区赣州的调查

开发初期的就业扶贫的重要载体，也是现在巩固脱贫成果、推动乡村振兴的主要抓手。就业扶贫车间以其门槛低、就业近的优势，在提供就业机会、盘活闲置土地、增加农户收入、降低人力成本等方面都发挥了不可替代的显著作用，从而继续成为乡村振兴和农村高质量发展的重要路径。

从长期来看，就业扶贫车间将继续为农村高质量发展创造一个新的载体，拓展产业发展空间，优化农村发展格局，成为巩固脱贫攻坚成果同乡村振兴有效对接的关键。具体而言，在乡村振兴的过程中，就业扶贫车间可以通过吸纳脱贫群众稳定就业而变成一个巩固脱贫攻坚成果的有力平台。一方面，它可以保证扶贫效果的可持续性，稳定脱贫人口的收入水平，保障社会福祉，从而解决相对贫困问题；另一方面，它可以促进城乡生产要素资源充分融合与科学利用，逐步探索出市场主导、政府扶持、农户参与的乡村振兴、产业发展和农村高质量发展之路。然而，由于现有就业扶贫车间的政策属性太鲜明，有的地方政府在扶贫车间的发展中大包大揽，一味追求短平快，只注重眼前利益，没有充分考虑到产业的长期可持续发展。有学者也认识到，[1] 目前，国家正处在从脱贫攻坚向乡村振兴的转型过程中，由于外部政策环境的改变，农村扶贫工作重点已从"突击式"产业扶贫转变为"常态化"产业扶贫，扶贫车间特定的、短期的"政治色彩"正在逐步消退，逐步回归到长期的、高质量经济发展的、作为市场主体的企业经营状态。因此，如何提高企业的市场竞争能力，提升扶贫车间的市场化运作能力，就显得尤为重要。为此，必须将脱贫攻坚的短期目标转变为长期目标，处理好市场与政府之间的关系，通过体制改革，有效地化解各种深层的矛盾和问题，充分激活社会力量参与扶贫车间建设的积极性，推动就业扶贫车间的可持续发展。与此同时，要采用动态调整方法重构扶贫车间与乡村振兴的关系，将扶贫车间和农村社会发展有机结合，避免"项目孤岛"现象的出现，真正实现产业发展和巩固脱贫成果双重目标。

从产业发展的角度来看，在乡村振兴战略的实施过程中，政府会更

---

[1] 刘岩、任大鹏：《转型期就业扶贫车间产业存续的内在逻辑、运行机制与困境反思》，《南京农业大学学报》（社会科学版）2023年第2期。

多地将产业发展的主导权还给市场。所以,产业发展需要遵循经济逻辑,遵守市场价值规律,对企业的生产要素进行优化配置,充分发挥市场在产业转型升级过程中的基础作用,坚持以市场化的方式进行运行,就业扶贫车间建设也要相应调整和优化,使就业扶贫车间更具有活力、竞争力,能够在激烈的市场竞争中有效应对、持续发展。政府在巩固脱贫成果、继续延续扶贫车间扶助政策的同时,应依据新的产业发展政策调整和创新扶贫车间的发展政策,与产业发展规划和产业布局相结合,对扶贫车间进行精准定位、科学引导、整合转型。一是聚焦产业。根据市场原则来选择项目,围绕当地的特色工业,避免出现就业扶贫车间的单一性和同质化现象。要将就业扶贫车间建立在区域的产业链或集群上,用产业集群来支持就业扶贫车间的发展,进而持续延伸产业链条,拓宽自身经营范围。二是强化督导。扶贫车间的下一步发展要更加注重环保意识,推进扶贫车间向绿色、安全和可持续方向发展。对扶贫车间进行动态监管,及时了解生产情况,协助解决运行中存在的问题,保障员工的合法权益,保护企业发展的积极性。三是优化配置。要强化政策落实,整合各方资源,形成聚集合力,积极地指导企业提升再生产能力,持续地提升扶贫车间的产品质量。要充分调动村镇的积极性,更好利用集体资产,改善扶贫车间的生产场地和生产环境,提升扶贫车间的生产力和竞争力。

对于就业扶贫车间而言,仅仅依靠政府外援性扶持,并不能促进企业自身的经营壮大。因此,需要逐渐摆脱对于政府帮拿订单的依赖,在原有客户渠道之外,积极寻找新的订单客户,培养自己的独立接单能力。赣州已经有就业扶贫车间在这方面做出有益的探索。例如,在2020年初,由于受到新冠疫情的影响,上犹县光电产业园区的出口业务出现了大幅的下降,同时,转包给下游就业扶贫车间的加工业务量也出现了下滑。因此,在遭受到外部风险冲击之后,原本稳定持续的市场需求骤降,导致就业扶贫车间吸纳劳动力的能力降低。面对政策扶助的减弱和市场的订单数量的下降这两个因素,就业扶贫车间负责人非常清醒地认识到了就业扶贫车间发展和转型的必要,需从横向和纵向来拓展产品链条。所以,除了接受由政府引导下来的市场订单,他还在积极地扩大车间的来料加工业务,跟县城之外的公司签署了加工协议,引进了新的加工生产线,拿到了 LED 小家电等订单业务,将加工产品横向扩展。他还尝试了从零件生产、加工组装再到包装销售的一体化经营模式,使扶贫车间的产品的增值能力得到持续提高,从而促使扶贫车间的效益持续增长。

与此同时,就业扶贫车间应当对产业组织结构进行优化,根据市场规律,展开各种形式的跨区域重组和投资合作,构建现代企业管理制度,实现资源优化配置和优势互补,持续提升就业扶贫车间的竞争力。具体来说,就业扶贫车间可以因地制宜、因时制宜,转型为较大企业旗下的子公司、现代乡镇企业或中小微企业,组建协会或产业联盟,更加关注就业扶贫车间的产品质量、安全生产、技术升级,对就业扶贫车间的管理进行规范,促进自身发展,并且与乡村振兴深度融合,为乡村振兴战略的实施提供产业基础。

此外,就业扶贫车间的发展还需要充分利用信息平台,以电商、政府或行业 App 为依托,构建线上线下相结合、虚拟与实体相补充的"互联网+就业扶贫车间"的运营模式,通过与消费者进行对接,从销售端和终端发力,对扶贫车间农产品及生产加工产品进行促销与销售,开辟扶贫车间可持续发展的新路径。

二 提升扶贫车间员工的就业能力

纵观中国脱贫攻坚这一伟大工程的实施和发展历程,可以发现,教育扶贫是根治贫困的根本,是把"输血"转变为"造血"的关键环节。就业扶贫车间的可持续发展,归根结底还是要靠人的发展。人力资本发展对扶贫车间发展的支持主要表现在两个方面。一是在脱贫攻坚期间,乡村能人、企业家积极参与到脱贫攻坚中,推动了就业扶贫车间的产生与发展,他们运用自己的才智、社会资源等,给贫困乡村带来了资本、技术和信息,为就业扶贫车间的后续发展奠定了坚实基础,提供了扶贫车间可持续发展的强劲推动力。二是国家通过实施教育强国发展战略和教育援助等政策,减少了区域之间的教育资源差距,促进了脱贫地区的教育发展,提高了贫困人口的基本素质,从而提升了他们的人力资本,阻断了贫困的代际传递。扶贫车间应更好地与国家教育扶贫工作相衔接,提升自身的发展质量。三是通过"干中学"、针对性的培训、师傅带徒弟等方式，贫困劳动力可以在很短的时间里，学会一门技能，靠着一技之长，实现脱贫致富，还可以防止再次返贫现象的出现，农村公共就业培训因而在扶贫车间建设发展中发挥了重要作用。在乡村振兴的新阶段，应继续提升扶贫车间务工人员的职业技能，从而为就业扶贫车间的可持续发展提供强有力的支撑。

随着外出务工的农民年龄的增加，随着因性别差异而受到的传统观念的不同影响，农村妇女相对于农村男性，更易受家庭责任等因素的影响从城市回流到农村老家，从而形成了一个较大的农村妇女待业群体。在当前实施乡村振兴战略的过程中，需要调动农村妇女的积极性，推动农村妇女参加生产活动，提高她们的就业率，增加农村家庭收入，防止出现返贫。而扶贫车间作为一种新型的产业就业平台，正好可以为居家农村妇女提供就业机会。居家农村妇女可以通过学习技能和知识，培养和提高自身的就业能力，从而在扶贫车间找到工作。同时，扶贫车间也是农村妇女人际交往与学习交流的平台。在扶贫车间里，女工们可以广泛地交流生产、生活的经验和困惑，与伙伴们建立互助关系，不断提高自我意识和自身能力，拓展自己的角色，发挥自己的价值，增加自己的收入，提升自己的家庭地位。但是，从目前的情况看大部分农村妇女的就业技能还亟待提高。虽然在就业扶贫车间的创建中，包括赣州在内的困难地区采用了多种方式来提升困难劳动力的技能，但随着就业扶贫车间的进一步发展，他们的能力与岗位要求的差距在扩大，跟不上发展对认知和技能的要求，提升已就业和潜在的农村劳动力就业能力已提到了更重要的位置。

因此，要提高就业扶贫车间务工人员的就业能力，应当做好以下几点。一是要提升务工人员的认知水平。认知是生产力的一个重要组成部分，要改变务工人员小农经济思想，就要将就业扶贫车间由传统单一的经费方式转变到适度规模经营，与市场化进行对接，按现代管理方法去加强管理，进一步强化农户的集体意识和契约意识，提升务工人员的认知能力，为职业发展打下坚实的基础。二是要加大对员工的技能培训、宣传引导以及对员工的培训补贴，采用培训费用直补给扶贫车间的办法，鼓励扶贫车间加强从业人员基本技能培训和岗位技能提升培训，比如驾照、厨师、养殖、焊接等，让他们有一技之长，使之有更多更好的职业发展能力。三是强化扶贫车间骨干人才的储备与培育，重点关注农村致富带头人、青年创业人才等，强化后备力量培养，为乡村振兴战略的实施、资源的优化配置打下坚实而充裕的人才基础。

三 优化就业扶贫车间的用工管理

在用工方式方面，就业扶贫车间将农村困难劳动力从灵活就业逐步转变成了半稳定的长期务工，而这种用工方式将面临用工规范管理和劳动者权益保障的挑战。与其他用工主体相比，就业扶贫车间在市场准入、劳动制度保障等方面存在着一些不足之处，同时也缺少法律制度的支撑，这就导致了在后续的经营管理过程中，可能存在着劳务纠纷、经济纠纷等问题。在发展初期，就业扶贫车间用工以政府主导和本地社会的人情关系网络为基础，与工人们建立了一种非正式的劳务合作关系。但是，伴随着扶贫车间用工量的不断增长，一些外出青年劳动力也开始返乡就业，这也使扶贫车间工人的劳动维权意识越来越强，今后的劳动权益争议也会不断增多。如果不能健全劳动力就业保障制度，规范用工管理，那么，建立在当地的人情关系基础上的劳动力支持会逐渐被削弱，丧失当地农民的信任，这对扶贫车间的可持续发展是非常不利的，因而应当未雨绸缪，规范管理。

就业扶贫车间在劳动力的使用和管理方面，存在着如下特征。一是劳动力的同质性比较高，主要是来自本村建档立卡的贫困户和贫困群体，大多是精准扶贫政策的对象。他们呈现出留守、贫困、低技能、弱势等特征。二是可以兼顾家庭和就业。就业扶贫车间的生产流程简单，操作简便，不需要工人具有复杂工艺、设备的操作能力和特殊技能，同时管理也比较松散。他们在扶贫车间是工人，回到家是村民，空闲时间可以干农活和照顾家庭，实现了就地就业与家务兼顾。三是用工管理的政策导向明显。扶贫车间劳动管理与扶贫政策有着紧密的关联，在对工人的招聘和使用上有着很强的政策倾斜，用工管理追求的不是人力资源的优化配置。扶贫车间管理工人的依据是扶贫政策，而非劳动合同，扶贫政策成为保障扶贫车间工人利益的制度，政府的政策目标是最重要的考核指标，绩效考核遵从扶贫政策的考评目标，以脱贫为主要标准，而非工人的生产效率。这些特点既是优点也存在局限性，如何扬长避短，更好地改善和优化扶贫车间的劳动管理，应鼓励扶贫车间在发展中不断创新和探索。

就业扶贫车间把企业的生产经营和农村的贫困人口的就业增收有机结合，使其成为一种"把企业建在社区，让劳动力就近就业"的非农就业模式。以政策为导向的就业扶贫车间，以及它的用工与管理方式，难以用过去已有的传统主流的劳动理论加以解释，更与全球化生产环境下所形成的弹性用工和宿舍劳动制度相异。它的劳动力分布广泛，居住在社区，工作在车间，生产空间和生活空间是一体的，这与宿舍劳动制度有着明显的不同，也无法用全球生产网络下的外包雇佣逻辑去解释。但是，扶贫车间使用困难劳动力是经过劳动力市场筛选后遗留下来的，或者其本身就不能进入劳动力市场的弱势群体。他们是中国精准扶贫的目标群体。作为中国精准扶贫驱动下发展起来的就业扶贫车间，是中国地方政府、社会、企业和农民的一项伟大创举。就业扶贫车间曾经在脱贫攻坚中发挥了独特作用。今后，在巩固脱贫攻坚成果的过程中还需要继续完善、创新和提升。

就业扶贫车间在日常的用工管理中，应当对劳动合同的执行进行灵活处理，更多以口头约定的方式进行管理，少使用合同中的惩罚性、约束性条款，合同管理应当更好地与农民时间、村民生活特点有机结合，这样才能确保政策任务目标的实现。正如有学者所指出的，应当运用扶贫政策话语对工人进行管理，让他们感到更亲切，更容易理解，更容易认同，从而达到更好的管理效果。进而引导贫困户劳动力更好地参与生产，更积极地发挥主观能动性。[①] 扶贫车间劳动管理如何做到灵活性与规范化相结合，仍然有许多值得探索和创新的必要。

适当的弹性管理固然对就业扶贫车间的生产运营有所帮助，但是，如果弹性太大，导致员工的数量和工作时间都不能维持稳定，那么，企业的生产效率和市场竞争力必然会受到影响。一味地强调劳动的弹性化，还有可能导致部分就业扶贫车间的退出，从而削弱了以公平为导向的就业保护政策的效力。所以，规范的管理是就业扶贫车间能够有序运

[①] 李超海：《就业扶贫车间：嵌入政策的劳动管理何以可能？》，《中国农业大学学报》（社会科学版）2021年第5期。

作、可持续发展的重要保证。政府相关部门应当根据有关的法律和法规，改善和优化对就业扶贫车间的监督和管理，要把好工人的劳动安全关，保证工厂的正常运作。同时，要监督企业强化生产车间的内部管理，逐步与扶贫车间内就业已经脱贫的职工签署劳动合同或者劳务合同，并为其缴纳工伤保险，从而形成一种比较稳固的劳动关系或者协作关系，保护好已经脱贫的职工的合法权益。

此外，在扶贫车间中女性就业者所占的比例较高。在丈夫去外面打工的情况下，农村妇女承担着家庭和上班的双重压力和时间压缩问题。所以，为了实现就业扶贫车间的可持续发展，政府不仅要做好产业引导与车间扶持，还应该完善村镇托幼养老基础设施、公共服务和志愿服务的建设，通过村镇社区来分摊部分家庭照料责任，以减少家务劳动压力，从而确保农村女工在就业扶贫车间工作的时间和精力。

第十二章

中部地区高技能人才建设专题研究

中部脱贫地区扶贫工作已进入了巩固脱贫攻坚成果的新阶段，巩固脱贫攻坚成果应当与中部地区乡村振兴和高质量发展全局相融合，在整个国家注重高质量发展的新历史条件下，中部脱贫地区要防止农民返贫，促进乡村振兴和农民致富，应当着力加快非农产业的发展，更加重视农民工的技能提升，其中，高技能人才建设最为关键。正是基于中国已进入高质量发展新阶段的前提，本章对中部地区高技能人才建设进行专题研究。首先对中部地区高技能人才建设现状进行分析，总结出中部地区高技能人才建设存在的主要问题。继而对中部地区高技能人才建设水平的影响因素进行实证研究，据此从政府、院校、企业、社会观念这几个层面提出关于加快中部地区高技能人才建设的对策建议。

第一节 中部地区高技能人才建设现状分析

一 中部地区高技能人才总体规模

所谓"高技能人才"并无一个一成不变的定义，在不同语境、不同学者那里有不同的理解。高技能人才的概念会随着社会经济的发展以及产业结构的变化而进行相应的调整。

对于高技能人才的界定，目前被社会大众广为接受的是来自2011年中央组织部、人力资源和社会保障部发布的《高技能人才队伍建设中长期规划（2010—2020年）》中的定义。该规划指出，高技能人才是指具有高超技艺和精湛技能，能够通过创造性劳动对社会作出贡献的优秀劳动者。主要包括技能劳动者中取得高级技工、技师和高级技师职业资格的人员。目前，中国技能人才主要分为初级工、中级工、高级工、技师和高级技师这五个等级。高级工、技师和高级技师以及生产服务一线中具有相应职级的人员都包括在高技能人才的范围内。该规划中关于高技能人才的论述比较符合当前中国经济社会发展的需要，因而被广泛运用。

本章对高技能人才的理解也采用上述规划中的这一定义，对中部地区高技能人才建设进行研究。把在职业技能鉴定中获得高级工、技师、高级技师职业资格技能的劳动者列为高技能人才，从而有利于统一统计口径，具体如表12.1所示。

表12.1　　　　　　　　　技能人才等级

技能人才		
		初级工（国家职业资格五级）
		中级工（国家职业资格四级）
	高技能人才	高级工（国家职业资格三级）
		技师（国家职业资格二级）
		高级技师（国家职业资格一级）

《中国劳动统计年鉴》统计了各地区职业技能鉴定中获取各级职业资格证书的人数，因此，本书选用《中国劳动统计年鉴》2013—2019年中部地区统计数据来计算各类技能人才数量，如表12.2所示。

表12.2　　　2013—2019年中部地区技能人才数量情况　　　单位：人

年份	初级工	中级工	高级工	技师	高级技师	高技能人才数量
2013	865117	1034370	350610	47550	22813	420973
2014	951873	1065726	385941	37721	14100	437762
2015	1048316	988556	494504	49650	60549	604703
2016	1053767	891131	466938	46525	23859	537322
2017	1055186	1011066	562796	67237	65817	695850
2018	905635	1038414	566899	73773	35564	676236

续表

年份	初级工	中级工	高级工	技师	高级技师	高技能人才数量
2019	902735	1032872	544666	52345	16576	613587

资料来源：2013—2019年《中国劳动统计年鉴》。

通过表12.2中的数据可以发现，2013—2019年，中国中部地区各类技能人才每年新增数量整体呈现增长趋势。其中，初级工的人数最多，中级工次之，高技能人才数量最少，中部6个省份高技能人才整体新增数量维持在60万人左右。2019年中部6省份新增高技能人才达61.4万人，比2013年增长19.3万人，增长45.8%。这7年间，中部地区高技能人才中的高级工和技师的新增数量呈现波动增长趋势，而高级技师的新增数量变化较大，在2019年的时候，由原来的6万人左右下降到16576人，这一现象可能与国家逐步取消一系列资格证书有关。

2019年，中部地区当年新增高技能人才61.4万，仅占当年全国高技能人才的17.9%。而该年江苏省与山东省的新增高技能人才分别为34.3万人、37.4万人，两省合计71.7万人，占全国高技能人才比重为20.9%，超过了中部6个省份新增高技能人才之和。中部6个省份的振兴和高质量发展迫切需要增加高技能人才的数量和比例。

从2013—2019年中部地区技能人才合计数量来看，中级工数量最多，有706.2万人；其次为初级工，有678.3万人；高级工数量相比两者来说较少，只有337.2万人；技师数量和高级技师数量分别仅有37.5万人和23.9万人。7年间高技能人才数量合计398.6万，只占技能人才总量的22.4%。中部地区高技能人才总体数量不够充足，无论是高技能人才总量，还是高技能人才占技能人才之比都亟待提高。

二 中部地区高技能人才结构分析

中国高技能人才占技能人才总量的比重还比较低，中部地区就更是如此。表12.3是中国中部地区的2013—2019年高技能人才建设情况，包括7年间中部地区6个省份的技能人才数量、高技能人才数量及高技能人才占技能劳动者的比重。

第十二章 中部地区高技能人才建设专题研究

表 12.3　　2013—2019 年中部地区高技能人才结构情况

年份	技能人才数量（人）	高技能人才数量（人）	高技能人才占比（%）
2013	2320460	420973	18.1
2014	2455361	437762	17.8
2015	2641575	604703	22.9
2016	2482220	537322	21.6
2017	2762102	695850	25.2
2018	2620285	676236	25.8
2019	2549194	613587	24.1

资料来源：2013—2019 年《中国劳动统计年鉴》。

由表 12.3 中数据可以看出，7 年间中部 6 个省份的技能人才数量和高技能人才数量呈波动上升趋势。中部地区的高技能人才数量占该地区技能劳动者的比重逐年呈整体上升趋势，至 2019 年，中部 6 个省份高技能人才占该地区技能人才比重为 24.1%，说明中部地区技能人才的结构渐趋改善。但是与中国东部地区相比，中部地区高技能人才总量与占比仍然偏低。如果将中部地区技能人才结构与发达国家相比，更显得技能人才总量不足，结构不够合理。

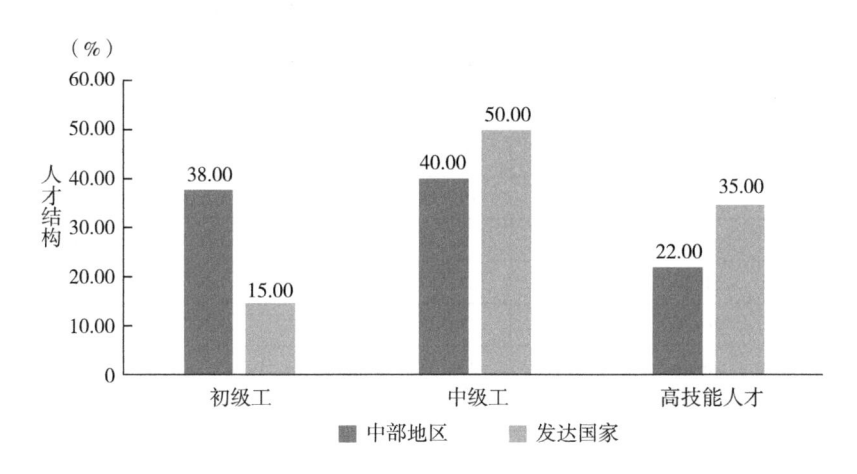

图 12.1　中部地区技能人才结构与发达国家对比情况

进一步对这 7 年间中部地区初级工、中级工、高技能人才三者的构成比例进行统计分析，如图 12.1 所示，得出三者比例结构为 38∶40∶

225

22，而发达国家的构成比例为 15∶50∶35，呈现"中间大、两头小"的橄榄形比例结构。这表明中国中部地区的初级工占比较大，而高技能人才占比仍然较小，技能人才等级结构仍需进一步改善和优化，尤其应加快培育更多的高技能人才。

三 职业院校和培训机构发展情况

（一）职业院校学生情况

目前中国的高技能人才主要是通过职业院校进行培养。本书从《中国教育统计年鉴》上选取了高职院校和中职院校的学生情况对中部地区高技能人才建设进行分析，如表 12.4 所示。

从表 12.4 可以发现，上述两类院校的招生趋势有所不同，高职院校的招生数呈上升趋势，而中职院校的招生数呈下降趋势；从在校生人数来看，高职院校在校生逐渐增多，中职院校在校生数逐渐减少，结合历年招生情况来看，高职院校的在校生数将逐渐接近并有望超过中职院校；目前，中职院校的毕业生人数在两类院校之间还是占有较大比例，但高职院校毕业生人数呈增长趋势。

表 12.4　　2013—2019 年中部地区高职、中职院校学生情况　　单位：万人

年份	招生数 高职	招生数 中职	在校生数 高职	在校生数 中职	毕业生数 高职	毕业生数 中职
2013	67.84	185.54	196.76	511.13	61.91	173.87
2014	64.50	170.33	197.78	472.61	64.08	170.49
2015	66.72	146.10	197.44	414.32	65.26	159.23
2016	71.13	136.25	202.17	387.23	62.74	140.66
2017	76.26	133.13	218.38	368.92	62.11	133.49
2018	76.46	131.09	231.31	353.37	65.94	122.69
2019	79.42	130.74	243.35	355.72	72.67	112.51

资料来源：2013—2019 年《中国教育统计年鉴》。

从表 12.4 可以较为明显地看出 2013—2019 年中部地区中职院校的学生数量变化有一个值得关注的趋势。即中职院校招生数、在校生数和

毕业生数都呈现整体下降趋势。其中，在校生数的下降幅度最大，招生数和毕业生数的下降趋势较为缓和。与中职院校相比，中部地区高职院校的招生数、在校生数、毕业生数基本上呈逐年缓慢增长的趋势。虽然如此，但中部地区高职院校的学生总量仍不及中职院校学生总量。这说明中部地区职业院校技能人才培养结构仍有待优化和提升。

（二）职业技能鉴定机构

职业技能鉴定是对技能劳动者技能水平进行考核的一项活动，是中国职业资格证书制度的一个重要组成部分。按照国家规定的相应职业标准，由通过政府授权的考核鉴定机构对技能劳动者的技能水平进行客观公正的评价与认证。职业技能鉴定机构对于高技能人才的技能鉴定工作起着重要作用。

本章研究的高技能人才统计口径是在职业技能鉴定中获得高级工、技师、高级技师职业资格证书的人数。中国中部地区7年间的职业技能鉴定机构数在2013—2015年大致处于2500个左右的稳定态势，而在2016年减少至1500个左右，这可能与2016年开始国家取消职业资格证书有关。之后有一定的增长，2020年为1830个。

（三）职业技术培训机构

人才培养环境会影响高技能人才建设的数量和质量，对职业技术培训机构的建设属于高技能人才培养的基础能力建设，该类机构通过对劳动者开展职业培训，从而提升其技能水平。中国中部地区2013—2019年的中国政府举办的职业技术培训机构数呈逐年递减趋势，但是近年来中国民办职业培训机构发展十分迅猛，已成为当前职业技能培训的重要力量。数据显示，2013—2019年中国中部地区职业技能培训的市场化进程十分明显，2019年中部地区民办职业培训机构数近6000家。由此表明，民办职业培训机构在对高技能人才培训方面发挥着不可替代的作用。此外，就业训练中心作为政府创办的公共就业培训专业机构，面向社会各类人员开展各级技能的职业技能培训，对高技能人才开发培训也有着重要作用，近年来中部地区就业训练中心基本稳定在500家左右。

四 高技能人才建设经费投入情况

高技能人才建设需要充足的经费投入作为资金保障，职业院校和职业培训机构作为高技能人才建设的主要培养基地，都需要大量经费的投入以保证人才培养的质量。

（一）财政性教育经费投入

地区财政性教育经费指地区政府对各级各类教育的经费支出，包括对当地职业教育的经费支出。其中，政府对职业教育的财政经费支持的经费指标，能够比较准确地反映政府对区域范围内高技能人才建设的支持力度。根据《中国教育经费统计年鉴》数据，经整理得到表12.5。数据显示，中部地区7年间的财政性教育经费逐年增长，这与全国财政性教育经费逐年递增的趋势相一致，中部地区财政性教育经费占全国财政性教育经费的比重稳定在21%左右。

相较于普通教育，职业教育属于高投入的一种教育，由于需要不断引进和更新现代化的生产实训设备，一般认为职业教育的投入应是普通教育的2—3倍。中部地区职业教育经费投入力度仍有待加强。

表12.5　　2013—2019年中部地区财政性教育经费投入情况

年份	中部地区财政性教育经费（亿元）	全国财政性教育经费（亿元）	占比（%）
2013	2641.67	13177.97	20.0
2014	3587.62	17023.29	21.1
2015	4635.98	21528.14	21.5
2016	4904.14	22851.75	21.5
2017	5141.22	24184.32	21.3
2018	5720.75	26741.34	21.4
2019	6195.88	28861.05	21.5

资料来源：2013—2019年《中国教育统计年鉴》。

（二）就业训练中心和民办职业培训机构的经费投入

从中部地区就业训练中心和民办职业培训机构的经费投入情况来看，2013—2015年，中部地区就业训练中心的经费投入逐年增长，在2015年达到13.6亿元，之后的经费投入则减少到6亿元左右；民办职业培训机构的经费投入在2013—2016年数额较少，在2017—2019年维持在 16 亿元左右。

中部地区民办职业培训机构数一直远超就业训练中心数量，大约是就业训练中心数量的 5 倍，民办职业培训机构在对高技能人才培训方面发挥着重要作用。因此，在经费投入方面，应继续加大对民办职业培训机构的经费支持，使其有更强的培养能力去培养更多的高技能人才。

五　高技能人才建设方面的相关政策

在 2003 年的召开全国人才工作会议上，党中央将高技能人才纳入了中国人才强国战略。中央明确提出要加强对适应社会主义现代化建设的高层次和高技能人才的培养，以此带动整个人才队伍的建设。2006 年，中共中央、国务院联合颁布的《关于进一步加强高技能人才工作的意见》是一份指导中国高技能人才培养的重要文件，该文件进一步强调做好高技能人才建设工作的重要性和迫切性，提出要把加强高技能人才建设作为推动中国经济社会发展的重要任务。

近年来，中国陆续出台了一系列关于高技能人才建设的政策文件。为提升高技能人才的培养质量和职业教育的发展水平，中国相继印发了《国家中长期人才发展规划纲要（2010—2020 年）》《国家中长期教育改革和发展规划纲要（2010—2020 年）》《高技能人才队伍建设中长期规划（2010—2020 年）》《关于深入推进国家高技能人才振兴计划的通知》《关于推动现代职业教育高质量发展的意见》等重要文件，尤其是 2022 年中共中央办公厅、国务院办公厅印发了《关于加强新时代高技能人才队伍建设的意见》等政策文件，对建设高技能人才队伍提出了发展目标与具体要求。为了激发高技能人才的积极性，中共中央办公厅、国务院办公厅还颁布了《关于提高技术工人待遇的意见（2018）》等重要文件，对提高技能人才的政治待遇、经济待遇、社会待遇等方面都提出了明确要求。

中部地区 6 个省份基于国家层面出台的上述相关政策，为大力加快高技能人才的培养，推动地区产业转型升级，也陆续出台了一系列关于高技能人才建设方面的政策措施。综合来看，主要有以下几方面的政策。

(一) 关于高技能人才建设的发展目标方面的政策

中部地区各省份为积极响应国家于 2011 年颁布的《高技能人才队伍建设中长期规划（2010—2020 年）》的要求，为加快实现国家高技能人才建设的总体发展目标作贡献，中部地区各省份根据各省的实际情况，分别制定了 2010—2020 年各省份高技能人才建设的中长期规划，规划中提出了各省份具体的高技能人才建设目标，并要求认真予以贯彻落实。为了贯彻落实 2022 年中共中央办公厅、国务院办公厅颁发的《关于加强新时代高技能人才队伍建设的意见》，中部地区大部分省份也根据自身的实际情况制定了实施意见。

(二) 关于高技能人才职业技能提升方面的政策

为提升高技能人才的职业技能水平，各省相应制订了有关高技能人才的振兴计划，实施对高技能人才的培养工程，并积极开展对各类技能人才的职业培训工作。如《深入推进河南全民技能振兴工程行动计划（2014）》《江西省职业技能提升行动实施方案（2019）》、湖北省政府颁布的《关于推行终身职业技能培训制度的实施意见（2019）》以及安徽省的《支持技工大省建设若干改革（2022）》等。

(三) 关于加快职业教育改革方面

为进一步加大对职业教育师资队伍、院校教学实训设施等的建设力度，夯实高技能人才培养载体建设，中部地区各省份在加快职业教育改革方面也出台了相应政策。如《江西省职业教育改革实施方案（2019）》《河南省职业教育改革实施方案（2019）》等。

(四) 关于加强对高技能人才激励方面的改革

为了在全社会培养出更多优质的高技能人才，出台激励方面的政策措施十分重要。中部地区多个省份在"十四五"人力资源和社会保障事业发展规划中提出要通过广泛开展各类职业技能竞赛活动，加大对本省高技能人才的表彰激励力度。此外，中部地区各省份相继印发了《关于提高技术工人待遇的实施意见》，纷纷指出要支持技术工人凭技能提高个人待遇，提高技术工人收入水平。此外，还要注意贯通技能人才的职业发展通道，健全有关技能人才的各项保障措施。

尽管这些政策内容不尽相同，主旨却是一致的。即要求各级政府、院校、企业等采取有效措施，改善高技能人才建设的工作环境和成长环境，营造良好的社会人才观念，拓宽高技能人才成长渠道，提升高技能人才的社会地位，努力建设一支数量充足、等级结构完善、素质较高、技术过硬的高技能人才队伍。

六 高技能人才建设存在的主要问题

（一）高技能人才总量不足

从上述有关中部地区高技能人才数量规模方面的数据来看，中国中部地区各等级技能人才的数量变化不大。每年新增初级工数量大约为90—100万人，新增中级工数量在100万人左右，新增高级工数量呈增长趋势，但是新增高级技师数量从2017年开始一直减少。

中部地区高技能人才新增数量在2017年达到最多，为69万人左右。而到2019年只新增61万人左右，仅占当年中国高技能人才的17.9%。而该年仅江苏与山东两省的新增高技能人才就多达71.7万人，占全国高技能人才比重为20.9%，超过中部6个省份新增高技能人才数量之和。

从2013—2019年技能人才总量规模来看，7年间全国技能劳动者为7469万人，其中，中部地区技能人才总量为1783万人，中部地区技能人才占全国技能人才比重为23.9%；在高技能人才数量方面，中部地区7年间的高技能人才总量为399万人，而全国高技能人才总量达2211万人，中部地区6个省份高技能人才占全国高技能人才的比重仅为18%。

由此可见，中国中部地区高技能人才仍然存在总量不足的情况。

（二）高技能人才结构不合理

第一，从中部地区高技能人才占技能人才的比重来看，2010—2011年该比重低于20%，从2012年开始比重有所上升。2012—2019年，高技能人才占技能人才的比重维持在22%—26%，比重值在这个范围内变化，没有较大的提升。这与发达国家35%—40%的比重相差较远。需要进一步加快高技能人才建设，扩大高技能人才数量规模，从而提升高技能人才在技能劳动者中的比例。

第二，从技能劳动者中的初级工、中级工和高技能人才三者的比例结构来看，中部地区7年间的比例结构为38∶40∶22，这与发达国家橄榄形结构15∶50∶35相比，可以明显看出中部地区的高技能人才的比例偏小，初级工的比例偏大，中级工和高技能人才的比例都有待扩大，才能向橄榄形技能人才比例结构靠近。

中部地区在高技能人才建设过程中应注重上述两种比例结构的改善，在加快高技能人才的建设的同时，也应注重中级工技能人才的培养。只有优化技能人才比例结构，才能充分发挥各个等级技能人才的技能专长和优势，进而发挥他们的积极性和创造性，为中部地区经济发展和产业结构转型作出贡献。

（三）职业院校和培训机构的培养能力不足

当前，中国高技能人才的培养主要还是依托职业院校的教育，这就意味着职业院校的培养能力对高技能人才的建设起着不可替代的重要作用，因而对职业教育的重要性应有足够的认识并给予充分的关注和支持。

近年来，中国高职、技工院校数量锐减，意味着直接培养高技能人才的院校、机构数量锐减。[①] 同样，2013—2019年，中国中部地区中职院校的教职工数和专任教师数都在整体上呈逐年减少趋势，职业院校师资力量的质量与数量都会直接影响院校学生的培养。职业院校师资水平的高低会影响职业院校学生的培养质量；教职工和专任教师数量不足，也会一定程度上影响技能人才建设的数量与质量。中部地区职业院校师资队伍数量有待扩充，从而培养出更多的高技能人才。

此外，职业技术培训机构在对技能劳动者进行培训方面有着重要作用。而中国中部地区7年间的职业技术培训机构数也在呈现逐年减少的态势，2013—2016年机构数减少速度迅猛，在2017年后减少的速度放缓，但仍然在不断减少。职业院校教职工数和专任教师数以及各职业技术培训机构数量的不断减少，会使劳动者技能水平提升受到一定阻碍，导致中部地区职业院校等机构对高技能人才的培养能力不足，进而影响高技能人才的增长数量和质量。

（四）高技能人才建设经费投入不足

高技能人才建设是一项重要的人力资本投资活动，需要大量经费投入。

---

① 吴立波、黄楷胤：《高技能人才队伍建设的制度变革：目标、问题与路径》，《教育与职业》2023年第3期。

从政府层面来说，中国政府在教育经费投入方面尚未达到世界教育经费投入水平。在有限的教育经费资源条件下，中国对义务教育和高等教育的经费投入比重较大，而职业院校所获得的教育经费投入明显不足，这严重制约职业教育的改革和发展。政府和社会要更充分地认识到职业教育与制造业发展的相关性，加大对职业院校的经费投入。职业院校需要不断引进和更新现代化的生产实训设备用以教学，其经费投入应该高于普通教育。中部地区职业教育经费投入不足，造成职业教育规模有限、院校设备陈旧、院校实习实训的基础条件难以得到改善。职业院校的师资力量也不能满足当前高技能人才建设和先进制造业发展的需要。此外，院校对师资队伍培养的不重视容易导致优秀教师外流。上述原因都导致职业院校难以培养大批高技能人才。

从企业层面看，大部分企业目前还认识不到高技能人才建设对提升企业核心竞争力的重要性。此外，由于高技能人才培养的时间较长、投入较大，容易导致企业对高技能人才建设缺乏主动性和积极性。企业对高技能人才建设的经费投入较少，重使用轻培养或不培养的问题比较突出。有些企业会随意滥用职业培训经费，加之有关部门对企业职业培训经费使用的监管不到位，也使企业中能够用于高技能人才培养的经费难以得到保障。

(五) 社会人才观念存在问题

长期以来，"学而优则仕""重仕轻工""重学历轻技能"等陈旧思想观念对中国民众有着潜移默化的影响。受此类观念的影响，知识和技能在社会实践中被逐渐分离开来，片面强调知识教育和学历教育，对技能培训和职业教育的重要性认识不足。人们存在对技能人才认识偏低的思想观念，认为技能人才不属于传统意义上的人才，这致使技能人才的社会认同度和社会地位较低，得不到与其技能水平相应的待遇及发展空间。技能人才的积极性和主动性难以得到有效发挥，影响了高技能人才建设的发展进程。

同时，社会上对职业教育的认可度也较低，政府在对职业教育的经费投入方面，所占比例也较小。社会上形成了普遍重视义务教育和高等教育，对职业教育的重视度比较低的倾向。大部分家长都希望子女接受普通高等教育，而不愿意将其送到职业院校进行培养，存在认为"上大学是成才的唯一出路，职业院校教育低人一等"的错误观念。这种偏颇的观念与发达国家如德国高度重视职业教育和技能人才的观念相比，存在较大的差异。既不利于技能人才的成长，也不利于制造业的发展。

重普通教育轻职业教育、重科学人才轻技能人才、重理论知识轻实践能力等倾向，使高技能人才建设长期得不到重视，缺乏有力的资金支持和政策扶持。要想使高技能人才建设现状得到改善，有必要树立正确的社会人才观念。

第二节 中部地区高技能人才建设的影响因素研究

一 指标选取的原则

第一节通过对2013—2019年中国中部地区高技能人才建设现状进行分析，归纳出目前中部地区高技能人才建设方面存在的主要问题。

为进一步研究中部地区高技能人才建设受哪些因素的影响，需要选取具体的影响因素指标来进行分析。在选取中部地区高技能人才建设影响因素指标时，需要遵循以下原则。

（一）客观性原则

要求对影响高技能人才建设的各项因素能够较为全面、真实、有效、客观的反映，选择指标时要遵循客观的依据，避免主观性。

（二）相关性原则

在选取影响因素指标时，应该充分考虑到与高技能人才建设具有相关性的指标。从多个层面对指标的选取进行完善和补充，避免片面性。

（三）科学性原则

在对影响因素指标进行选取时，要符合高技能人才建设的客观实际。各影响因素指标内容要求科学真实，符合实际情况。

（四）可量化原则

在研究高技能人才建设受哪些因素影响时，应以能够量化的指标为前提，以客观数据为基础，对自变量和因变量的关系进行实证分析。

二 变量选取与数据来源

（一）变量选取

通过梳理国内外有关高技能人才建设的相关文献，归纳关于高技能人才建设影响因素的相关论述，本书认为高技能人才建设的影响因素可从以下6个层面进行考量：经济发展水平、政府资助强度、职业院校教育水平、企业投入力度、基础设施建设水平和社会人才观念。再基于这6个层面选取和归纳出9个具体指标。

为兼顾指标的可量化原则和可获取性，本节从《中国统计年鉴》《中国劳动统计年鉴》《中国教育统计年鉴》《中国教育经费统计年鉴》中选取了2013—2019年9类数据来对中部地区高技能人才建设的影响因素进行研究。

经济发展水平采用人均GDP这一指标表示，政府资助强度由财政性教育经费、职业院校生均教育经费总支出来反映，职业院校教育水平由院校专任教师中高级职称数、院校仪器设备资产值来代表，企业投入力度由企业办学中的企业拨款、企业职工技术培训学校数来反映，基础设施建设水平由铁路公路营业总里程数来代表，社会人才观念层面选取了培训机构的培训人数来进行反映。具体的影响因素指标如下。

1. 人均GDP

地区人均GDP是衡量一个地区经济发展水平高低的重要指标。李紫姹[1]根据对高技能人才供需影响因素的定性分析，提取了人均GDP来反映地区经济发展水平，用以研究影响高技能人才供需情况的因素。窦超和李晓轩[2]则认为一个地区的经济发展水平越高，表明该地区的产业结构更加优化，需要培养更多的高技能人才作为重要支撑。因此，该地区对高技能人才的需求量也随之扩大。同时，经济发展水平较高的地区，意味着该地区人均GDP高，对高技能人才的吸引力更大，更有利于该地区吸引更多优秀的高技能人才，从而改善该地区高技能人才建设

---

[1] 李紫姹：《我国高技能人才供给不足问题研究》，硕士学位论文，北京交通大学，2017年。

[2] 窦超、李晓轩：《中部科技人才开发效率评价及其影响因素研究》，《科研管理》2017年第4期。

现状。可见，地区人均 GDP 越高或者地区经济发展水平越高，对该地区高技能人才的需求更大，二者是相互依存、相互促进的关系。

结合以上学者的研究，本节采用人均地区生产总值这一指标来反映地区经济发展水平，研究其对中部地区高技能人才建设的影响。

2. 财政性教育经费

王琴[1]从《关于进一步加强高技能人才工作的意见》中归纳得出，目前支持高技能人才培养的资金方式主要来源于各级政府经费、地方政府教育费附加、国家专项经费、企业职工教育经费、企业和个人的捐赠、院校学费等。地区财政性教育经费包括了地区政府对各级教育经费的支出，比如政府对职业教育的财政经费支持力度。该指标能比较有效地反映政府对中部地区高技能人才建设的资助强度。瞿雨秋[2]对高技能人才队伍建设成效的影响因素编制了测评量表，其中一项为政府对职业教育的财政经费支持力度。

综合以上学者的相关研究及考虑数据的可获取性，本节选取财政性教育经费这一指标来反映地区政府对高技能人才建设的资助强度，研究其对中部地区高技能人才建设的影响。

3. 职业院校生均教育经费总支出

职业教育经费投入是保障职业院校正常运行和培养高技能人才的重要前提，人才建设离不开政府对职业教育经费的支持。马海燕等[3]用生均教育经费来说明高技能人才培养投入是否充足。因此，本书选取了中等职业学校生均教育经费总支出和普通高职高专生均教育经费总支出等指标作为影响高技能人才队伍发展的指标。

鉴于中职和高职院校是当前中国高技能人才培养的主要阵地，本节的研究从《中国教育经费统计年鉴》中选取了中职院校和高职院校的生均教育经费总支出用来反映政府对高技能人才建设的资助强度。

4. 院校专任教师中高级职称数

中国大部分的技能人才都是通过学校培养起来的，拥有优秀的职业

---

[1] 王琴：《我国当前高技能人才培养的研究》，硕士学位论文，天津大学，2014 年。
[2] 瞿雨秋：《高技能人才队伍建设成效的影响因素及提升对策研究——以宁波市为例》，硕士学位论文，浙江大学，2016 年。
[3] 马海燕等：《新时代高技能人才培养的基本经验、主要困境与突破路径》，《教育与职业》2022 第 8 期。

院校师资队伍是高技能人才建设的重要人力保障。陈亚军[1]认为培养高质量的技术技能人才需要优秀的专任教师队伍。职业院校的发展离不开高素质的教师队伍,专任教师中获取中高级职称的教师更是高水平教师队伍中不可或缺的重要部分。

教育是人力资本形成的主要途径,专任教师是指取得教师资格并能够从事理论教学和实践项目指导与实践训练指导的实验或专业技术人员。在高技能人才培养中,职业院校的专任教师尤其是获得中高级职称的教师起到了重要的教学和指导作用。因此,本节选取了职业院校专任教师中高级职称数作为对地区职业院校教育水平的衡量指标。

5. 院校仪器设备资产值

职业院校在实习实训方面的条件对于高技能人才的培养有重要影响。当前职业院校实习实训的办学条件并没有得到较好的改善,实训设备设施较为陈旧老化,这严重阻碍职业院校实习实训工作顺利开展、职业教育水平的提升以及职业教育规模的扩大,进而影响了职业院校对高技能人才的培养,导致了高技能人才数量的不足。杨学文[2]将高技能人才队伍建设现状欠佳的经济根源归结于职业教育的经费投入不足。他认为职业院校普遍享受不到较多的经费资助,这使得院校对现代教学及实习仪器设备等基础教学设施的投入能力较差,因而不利于院校培养出更多的高技能人才。

基于上述学者的分析,本节选取职业院校教学、实习仪器设备当年新增资产值作为反映院校教育水平的指标之一。

6. 企业办学中的企业拨款

职业教育经费的另一个组成部分是企业对职业技术教育的经费投入,企业投入的多少在一定程度上会影响职业教育经费的总量。中国为鼓励企业加大对职业教育的投入力度,出台了若干相关政策。例如,《国家中长期教育改革和发展规划纲要(2010—2020年)》指出,要鼓励行业组织、企业创办职业学校,鼓励委托职业学校进行职工技能培

---

[1] 陈亚军:《高职院校专任教师队伍建设现状调查与思考》,《教育与职业》2017年第3期。
[2] 杨学文:《湖北省高技能人才队伍建设的现状与对策研究》,硕士学位论文,中国地质大学,2018年。

训。鼓励企业加大对职业教育的经费投入。

从《中国教育经费统计年鉴》的统计数据可以看出，中国教育经费的来源主要包括国家财政性教育经费、办学单位和个人投入、社会捐赠、学杂费和其他教育经费等。其中，财政性教育经费中有一部分是企业办学中的企业拨款，是指企业在营业外资金列支或企业自有资金列支并实际拨付所属学校的办学经费。企业办学中的企业拨款能够在一定程度上反映企业对高技能人才建设的经费投入，因而本书选取这一指标对中部地区高技能人才建设的影响因素进行研究。

7. 企业职工技术培训学校数

企业职工技术培训学校是指企业为了提升职工从事某种生产、工作所需的专门知识和技能而进行教育培训的机构。另外，企业职工技术培训学校同时也会面向社会劳动者组织技能培训，以提升劳动者的业务技能水平，为社会培养更多的高技能人才。

因此，本节选取了中部地区企业职工技术培训学校数作为企业对高技能人才建设方面的投入指标之一。

8. 铁路公路营业总里程数

铁路公路交通发达和便捷程度是影响人们生产与生活的重要客观环境因素之一。窦超和李晓轩[1]采用铁路与公路营业里程之和来衡量地区基础设施建设水平。铁路营业里程又称营业长度，指投入客货运输营业或临时营业的线路长度。公路里程指报告期末公路的实际长度。地区交通里程数与高技能人才建设有相关性。一方面，地区基础建设水平越高，交通越便捷，越有利于为高技能人才创造良好的工作和生活环境，从而促进高技能人才工作效率的提高，有效提升高技能人才建设水平；另一方面，地区的基础设施建设越完善，也越能吸引外来高技能人才的流入，从而进一步扩大地区高技能人才数量规模。

本节选取铁路与公路营业里程数之和反映地区基础设施建设水平，作为影响高技能人才建设的因素进行实证研究。

---

[1] 窦超、李晓轩：《中部科技人才开发效率评价及其影响因素研究》，《科研管理》2017年第4期。

9. 培训机构的培训人数

胡凯和彭丹[①]指出就业训练中心是政府面向社会各类人员开展各等级技能培训的专业机构，对促进当地技能人才开发有重要作用，而民办职业培训机构所吸纳的培训人数已赶超地区就业训练中心，成为当前开展职业技能培训的重要力量。就业训练中心等机构接受职业培训的劳动者数量，能与就业训练中心的数量一同反映该地区劳动力就业市场的技能培训规模情况，还可以反映出该地区民众对于参与就业技能培训的积极性和重视度。

本节选取了地区就业训练中心培训人数和民办职业培训机构培训人数之和用来反映当地民众参与技能培训积极性高低的指标，这个指标一定程度上从侧面反映了当地民众对高技能人才建设重要性的认知程度和观念态度。

（二）数据来源

本节一方面通过对学界已有的研究文献进行梳理和评析，展开进一步的研究，在此基础上收集高技能人才建设影响因素的相关指标；另一方面通过对各类统计年鉴和人社部有关高技能人才建设方面的政策进行分析，结合指标量化原则及考虑数据的可获取性，从6个层面筛选出了9个较为合适的指标作为研究的自变量。

所用的数据是中国山西、安徽、江西、河南、湖北和湖南这6个省份7年间的面板数据，时间跨度为2013—2019年。各数据均来源于对应年度的《中国统计年鉴》《中国劳动统计年鉴》《中国教育统计年鉴》《中国教育经费统计年鉴》中的数据，另有部分指标的数据是根据统计年鉴中的数据进行整理、计算得出。

三 变量设计

（一）因变量

在选取因变量的过程中，本节主要参考了以下学者的相关研究：苗海艳和郭丽芳[②]在考虑样本数据和统计一致性问题的基础上，结合高技

---

① 胡凯、彭丹：《我国就业训练中心职业技能培训绩效分析》，《职业教育研究,》2016年第7期。

② 苗海艳、郭丽芳：《广义回归神经网络在全国高技能人才需求中的应用研究》，《科技管理研究》2015年第8期。

能人才建设实际情况,将高技能人才限定为获得国家职业资格三级、二级和一级的技能人员,即高级工、技师和高级技师这些人才。他们采用《中国劳动统计年鉴》的统计数据,经整理计算得出高技能人才当年新增、高技能人才占技能人才之比的数据,用来反映高技能人才建设水平。李紫姹[①]对高技能人才数量的统计也是采用《中国劳动统计年鉴》公布的在参加职业技能鉴定中获取高级工、技师、高级技师职业资格证书的人数。

结合同行学者对高技能人才建设方面的相关研究,本书研究认为,地区高技能人才的当年新增数量和高技能人才占技能人才的比重能够较好反映高技能人才建设水平。高技能人才占技能人才的比重越高,一定程度上说明该地区高技能人才的结构更优化,高技能人才建设状态水平越高。因此,因变量选用当年新增高技能人才数量占技能人才的比重这一指标来反映高技能人才建设水平,并通过回归模型对影响中部地区高技能人才建设的因素进行实证分析。

(二) 自变量

前文对影响高技能人才建设各层面的因素进行了具体分析,包括6个层面的9个具体影响因素指标。分别是经济发展水平层面,用人均 GDP 表示;政府资助强度层面,用财政性教育经费、职业院校生均教育经费总支出来反映;职业院校教育水平层面,用职业院校专任教师中高级职称数和院校教学、实习仪器设备资产值来反映;企业投入力度层面,选用企业办学中的企业拨款、企业职工技术培训学校数来作为具体指标;基础设施建设水平层面,用铁路公路营业总里程数来表示;社会人才观念层面,用地区就业训练中心和民办职业培训机构的培训总人数来进行反映。

具体的变量及定义如表 12.6 所示。

表 12.6　　　　　　　　变量定义及说明

变量	指标层	代码	变量说明
被解释变量	高技能人才建设水平	$Talent$	高技能人才占技能人才的比重(%)

---

① 李紫姹:《我国高技能人才供给不足问题研究》,硕士学位论文,北京交通大学,2017年。

续表

变量	指标层	代码	变量说明
解释变量	经济发展水平	Eco	人均GDP（万元）
	政府资助强度	Gov1	财政性教育经费（万元）
		Gov2	职业院校生均教育经费总支出（万元）
	职业院校教育水平	Edu1	职业院校专任教师中高级职称数（人）
		Edu2	职业院校仪器设备资产值（万元）
	企业投入力度	Ent1	企业办学中的企业拨款（万元）
		Ent2	企业职工技术培训学校数（所）
	基础设施建设水平	Cit	铁路公路营业总里程数（千米）
	社会人才观念	Soc	培训机构的培训人数（人）

四 研究假设

在对上述变量进行设计和分析后，提出以下假设。

（一）经济发展水平对中部地区高技能人才建设水平的影响

根据同行学者的研究，人均GDP能较好地反映一个地区经济发展水平。一般来说，经济发展水平越高的地区，越重视对各类人才的培养。同时，经济发展水平越高的地区越容易吸引优秀人才的流入。因此，提出假设：

H12-1：地区人均GDP对中部地区高技能人才建设水平有显著的正向影响。

（二）政府资助强度对中部地区高技能人才建设水平的影响

政府在高技能人才建设过程中发挥着重要的引导作用，高技能人才的建设需要政府提供资金和政策等方面的支持。政府资助强度越大，对职业教育方面的投入越多，越有利于院校培养更多高技能人才。因此，提出以下假设：

H12-2：财政性教育经费对中部地区高技能人才建设水平有显著的正向影响；

H12-3：职业院校生均教育经费总支出对中部地区高技能人才建设水平有显著的正向影响。

(三）职业院校教育水平对中部地区高技能人才建设水平的影响

教育是目前对人力资本进行投资最重要的方式之一，职业院校是技能人才培养的重要载体，高技能人才主要依靠职业院校进行培养，院校教育水平直接影响高技能人才的培养质量。院校专任教师中高级职称数越多，师资队伍越强大，越有利于高技能人才的建设。而且，教学实习仪器设备越丰富越先进，学生的实践机会就越多，学生技能水平提升得也就越快。据此，提出以下假设：

H12-4：职业院校专任教师中高级职称数对中部地区高技能人才建设水平有显著的正向影响；

H12-5：职业院校仪器设备资产值对中部地区高技能人才建设水平有显著的正向影响。

（四）企业投入力度对中部地区高技能人才建设水平的影响

高技能人才需要政府、院校与企业之间通力合作培养。高技能人才分布在各个企业一线生产实践当中，对企业生产发展起着重要的推动作用。企业通过建立职工技术培训学校，加大对企业办学中的企业拨款等举措，能有效地培育出更多适应企业生产所需的高技能人才。据此，提出以下假设：

H12-6：企业办学中的企业拨款对中部地区高技能人才建设水平有显著的正向影响；

H12-7：企业职工技术培训学校数对中部地区高技能人才建设水平有显著的正向影响。

（五）地区基础设施建设水平对中部地区高技能人才建设水平的影响

以往学者的研究表明，地区基础设施越完善，诸如铁路公路交通越发达，越能为高技能人才创造良好的工作环境，从而有利于加快高技能人才的建设；同时，地区基础设施越完善，铁路公路交通越便捷，生活环境越便利，越能吸引高技能人才的流入，从而使高技能人才建设现状得以改善。据此，提出以下假设：

H12-8：铁路公路营业总里程数对中部地区高技能人才建设水平有显著的正向影响。

（六）社会人才观念对中部地区高技能人才建设水平的影响

社会对人才的观念尤其是对技能人才的观念会对高技能人才建设产生一定影响。一个民族、国家和地区形成尊重能工巧匠、尊重技能人才的社会风气，有助于高技能人才的成长和发展。一个地区技能培训机构面向社会劳动者开展职业技能培训，参与技能培训的人数越多，一定程度上说明该地区人们对技能人才的重视程度越高。因此，提出以下假设：

H12-9：培训机构的培训人数对中部地区高技能人才建设水平存在显著的正向影响。

五　模型构建

本节将高技能人才占技能人才之比作为因变量来反映中部地区高技能人才建设水平，与9个自变量之间进行多元回归统计分析。研究中部地区经济发展水平、政府资助强度、职业院校教育水平、企业投入力度、基础设施建设水平、社会人才观念6个层面的9个具体因素对中部地区高技能人才建设水平的影响。

本节研究采用2013—2019年中部地区6省份在高技能人才建设方面的面板数据进行回归统计分析，通过运用固定效应回归模型来研究中部地区高技能人才建设的影响因素。基于此，建立如下回归模型：

$$\ln Talent_{i,t} = \alpha_0 + \beta_1 \ln Eco_{i,t} + \beta_2 \ln Gov1_{i,t} + \beta_3 \ln Gov2_{i,t} + \beta_4 \ln Edu1_{i,t} + \beta_5 \ln Edu2_{i,t} + \beta_6 \ln Ent1_{i,t} + \beta_7 \ln Ent2_{i,t} + \beta_8 \ln Cit_{i,t} + \beta_9 \ln Soc_{i,t} + \mu_i + \upsilon_t + \varepsilon_{i,t}$$

式中：$Talent$ 为高技能人才占技能人才的比重，代表高技能人才建设水平；Eco 为人均 GDP，代表地区经济发展水平；$Gov1$ 为财政性教育经费，$Gov2$ 为职业院校生均教育经费总支出，两者代表地区政府对高技能人才建设的资助强度；$Edu1$ 为职业院校专任教师中高级职称数，$Edu2$ 为职业院校仪器设备资产值，两者代表职业院校的教育水平；$Ent1$ 为企业办学中的企业拨款，$Ent2$ 为企业职工技术培训学校数，两者代表企业对高技能人才建设的投入力度；Cit 为铁路公路营业总里程数，反映了地区基础设施建设水平；Soc 为培训机构的培训人数，反映社会人才观念；i 为地区符号，t 为年份符号，μ_i 为地区固定效应；υ_t

为时间固定效应；$\varepsilon_{i,t}$ 为模型残差项。同时，为缓解模型可能存在的异方差与量纲差异等问题，对所有变量均进行取对数处理。

六 实证分析

（一）描述性统计分析

在进行回归分析之前，本节首先对中部地区 2013—2019 年各自变量进行描述性统计分析，如表 12.7 所示。

表 12.7　　　　　　　　自变量描述性统计结果

指标层	自变量	最小值	最大值	标准差	均值
经济发展水平	人均 GDP（万元）	2.09	5.57	0.75	3.47
政府资助强度	财政性教育经费（万元）	3175331	14922439	2814605.21	7816015
	生均教育经费总支出（万元）	1.53	3.78	0.52	2.45
职业院校教育水平	专任教师中高级职称数（人）	7855	35280	7592.96	18321.79
	院校仪器设备资产值（万元）	11494	44971	8072.49	25620.96
企业投入力度	企业办学中的企业拨款（万元）	573	29168	7941.49	9848.62
	企业职工技术培训学校数（所）	24	490	129.17	122.62
基础设施建设水平	铁路公路营业总里程数（千米）	135396	273012	46356.05	200276.24
社会人才观念	职业培训机构培训人数（人）	279371	1583233	333865.97	772894.98

从表 12.7 可知，中部地区财政性教育经费均值为 781.6 亿元，其中，最小值约为 317.5 亿元，最大值约为 1492.2 亿元，财政性教育经费投入的波动范围较大；中部地区职业院校生均教育经费总支出的均值为 2.45 万元，最小值只有 1.53 万元，相比普通高等教育经费的投入来说，政府对职业院校生均教育经费的投入明显不足；中部地区职业院校专任教师中高级职称数的均值为 18321 人，最小值为 7855 人，远低于整体平均水平；中部地区院校仪器设备资产值的均值为 25.6 亿元，最小值约为 11.5 亿元，最大值约为 45 亿元，两者差异较大；中部地区企业办学中的企业拨款的最小值只有 573 万元，与均值 9848 万元悬殊，表明中部地区企业对高技能人才的投入差距巨大；中部地区企业职工技

术培训学校数最大值为 490 所，而最小值还不到 30 所，无法满足高技能人才的培训需要；中部地区铁路公路营业总里程数的均值约为 200276 千米，最大值与最小值之间差异较小；中部地区职业培训机构培训人数的均值约为 77.3 万人，培训人数最小值约为 27.9 万人，最大值约为 158.3 万人，两者差异较大。

（二）相关性分析

为缓解变量之间共线性对结果造成影响的可能性，需要在回归之前检验变量之间的相关性。

从表 12.8 中可以看出，所有的自变量都与因变量之间都表现出显著相关关系，这说明本书所选的各自变量较为合适。另外，财政性教育经费与人均 GDP 的相关系数为 0.633，职业院校生均教育经费总支出和财政性教育经费的相关性系数为 0.536，变量之间可能会存在多重共线性的问题。因此，为确定其是否存在多重共线性问题，需要对自变量进行 VIF 分析，分析结果如表 12.9 所示。从表 12.9 中我们可以看出，各解释变量之间的 VIF 值均小于 10，即不存在多重共线性问题，说明采用这些数据进行回归是有效的。

（三）回归结果分析

根据上文式（12.1）对样本数据进行回归分析。肖威[①]指出，在对面板数据进行回归分析时主要有两种模型，分别为随机效应模型和固定效应模型。两者的区别在于随机效应模型的截距项是随机的，而固定效应模型的截距项是固定参数。具体应该使用哪种模型来进行回归统计，可以通过 Hausman 检验值来确定。

另外，为缓解多元回归中可能存在的内生性问题，有必要采用解释变量滞后一期与因变量进行回归统计分析，研究各个自变量对中部地区高技能人才建设水平所造成的滞后性影响。

两次回归的 Hausman 检验 p 值均小于 0.01，在 99% 的置信区间内拒绝原假设，固定效应模型优于随机效应模型，因此选择固定效应模型进行分析。两次回归结果如表 12.10 所示。

---

① 肖威：《参与全球价值链分工的就业效应分析——基于 WIOD 数据库的实证检验》，《技术经济与管理研究》2017 年第 3 期。

表 12.8　变量之间的相关性统计结果

Variable	lnTalent	lnEco	lnGov1	lnGov2	lnEdu1	lnEdu2	lnEnt1	lnEnt2	lnCit	lnSoc
lnTalent	1									
lnEco	0.364**	1								
lnGov1	0.263*	0.633***	1							
lnGov2	0.374**	0.442***	0.536***	1						
lnEdu1	0.704***	0.201	0.121	0.467***	1					
lnEdu2	0.567***	0.03	0.013	0.06	−0.087	1				
lnEnt1	0.384**	0.095	0.012	−0.191	0.137	0.410***	1			
lnEnt2	0.335**	0.098	0.465***	−0.262*	0.523***	0.460***	0.342**	1		
lnCit	0.258*	0.017	0.525***	0.043	0.188	0.162	0.023	0.682***	1	
lnSoc	0.421***	0.462***	0.612***	0.126	0.636***	−0.032	−0.011	0.611***	0.406***	1

注：*、**、*** 分别表示在 10%、5%、1%的水平上显著。

表 12.9　　　　　　　　　自变量的 VIF 分析

Variable	VIF	1/VIF
$\ln Eco$	4.82	0.207469
$\ln Gov1$	3.73	0.268097
$\ln Gov2$	3.6	0.277778
$\ln Edu1$	2.91	0.343643
$\ln Edu2$	2.08	0.480769
$\ln Ent1$	1.76	0.568182
$\ln Ent2$	4.94	0.202429
$\ln Cit$	1.85	0.540541
$\ln Soc$	3.89	0.257069
Mean VIF	3.29	

表 12.10　　　中部地区高技能人才建设的影响因素回归结果

	$\ln Talent_{i,t}$		
	(1)		(2)
$\ln Eco_{i,t}$	1.01718 (0.291)	$\ln Eco_{i,t-1}$	0.73904 (0.425)
$\ln Gov1_{i,t}$	0.51990 (0.215)	$\ln Gov1_{i,t-1}$	1.56159 (0.337)
$\ln Gov2_{i,t}$	0.26448** (2.307)	$\ln Gov2_{i,t-1}$	1.32512** (2.496)
$\ln Edu1_{i,t}$	0.29595*** (2.625)	$\ln Edu1_{i,t-1}$	0.09324** (1.852)
$\ln Edu2_{i,t}$	0.00463*** (4.062)	$\ln Edu2_{i,t-1}$	0.09790*** (5.016)
$\ln Ent1_{i,t}$	0.07535** (1.844)	$\ln Ent1_{i,t-1}$	0.09470** (2.033)
$\ln Ent2_{i,t}$	0.01923** (2.310)	$\ln Ent2_{i,t-1}$	0.11639** (1.863)
$\ln Cit_{i,t}$	0.09282 (0.190)	$\ln Cit_{i,t-1}$	0.23323 (0.124)

续表

\multicolumn{4}{c	}{$\ln Talent_{i,t}$}
\multicolumn{2}{c	}{（1）}	\multicolumn{2}{c	}{（2）}
$\ln Soc_{i,t}$	0.92120** (2.372)	$\ln Soc_{i,t-1}$	1.96589* (1.766)
截距项	16.84001	截距项	53.26405
N	42	N	36
调整 R^2	0.36441	调整 R^2	0.50529
F	22.24391	F	37.60111
Hausman	0.0013	Hausman	0.0080

注：*、**、***分别代表在10%、5%、1%的水平上显著。

表12.10中的列（1）回归结果显示，职业院校生均教育经费总支出、职业院校专任教师中高级职称数、职业院校教学和实习仪器设备资产值、企业办学中的企业拨款、企业职工技术培训学校数、就业训练中心和民办职业培训机构的培训人数这6个自变量都与中部地区高技能人才建设水平呈现显著正相关关系，对高技能人才建设都能起到促进作用；而人均GDP、财政性教育经费和铁路公路营业总里程数对中部地区高技能人才建设虽有正向影响，但不显著。

表12.10中的列（2）显示的是解释变量滞后一期的回归结果。从列（2）的回归结果可以看出，职业院校生均教育经费总支出、职业院校专任教师中高级职称数、职业院校教学和实习仪器设备资产值、企业办学中的企业拨款、企业职工技术培训学校数、就业训练中心和民办职业培训机构的培训人数这6个自变量仍然对中部地区高技能人才建设水平呈现显著正相关关系。从而进一步说明了本节回归结果的可靠性。

据此，我们可得出以下结论。

第一，人均GDP反映地区经济发展水平，该指标对高技能人才建设水平有正向影响，但不显著，因此不能验证H12-1。这可能是因为地区经济发展水平越高，对人才的需求量越大，这会促使该地区加大对社会各类人才建设的投入力度，而这一指标并不能直接反映地区对高技能人才建设方面的专项投入力度。因此，该指标对中部地区高技能人才建设虽有正向促进作用，但并不显著。

第二，财政性教育经费对高技能人才建设水平有正向影响，但不显著，因而不能验证 H12-2。这可能是由于指标选取的问题，由于财政性教育经费包含了政府对各级各类学校教育经费的投入，其中对职业教育经费的投入比例较低，因而这一指标能在多大程度上反映政府对高技能人才的资助强度还没有得到较为权威的证实。

第三，职业院校生均教育经费总支出代表的是地区政府资助强度层面的因素，从回归结果可以看出，该指标在 5% 的置信水平上对高技能人才建设水平有显著的正向影响，由此验证了 H12-3。职业院校生均教育经费是政府专门对职业院校学生的教育经费投入，能够直接激励中职和高职院校培养更多高技能人才。

第四，职业院校专任教师中高级职称数是反映职业院校教育水平层面的因素之一，该指标在 1% 的置信水平上对高技能人才建设水平有显著的正向影响，由此验证了 H12-4。教育是提高技能人才素质的主要途径，职业院校师资队伍在这一过程中起着重要的教学和指导作用。专任教师中高级职称数越多，师资力量越雄厚，越有利于高技能人才的建设。

第五，职业院校教学和实习仪器设备资产值在 1% 的置信水平上对高技能人才建设水平有显著的正向影响，由此验证了 H12-5。加快职业院校教学和实习仪器设备配套设施等环境建设，改善职业院校教学和实习硬件，优化其教学和实习条件，促进其多出办学成果，对高技能人才的建设水平有着显著提升作用。院校仪器设备投入越多、教育环境和水平越好，就越有利于培养出更多更优秀的高技能人才。

第六，企业办学中的企业拨款反映了企业对高技能人才建设的投入力度，该指标在 5% 的置信水平上对高技能人才建设水平有显著的正向影响，由此验证了 H12-6。企业通过加大对高技能人才建设方面的资金投入，能够有效提升企业技能人才水平，培养出更多符合企业生产需要的高技能人才。

第七，企业职工技术培训学校也体现了企业对高技能人才建设的投入力度，该指标也在 5% 的置信水平上对高技能人才建设水平有显著的正向影响，由此验证了 H12-7。企业通过创办职工技术培训学校，能够有针对性地对技能人才进行专业知识教育和实践技能的培训指导，从而培养出更多能够满足企业生产需要和劳动力市场需求的高技能人才。

第八，本节选取铁路公路营业总里程数来反映地区基础设施建设水平，结果显示该指标对该地区高技能人才建设水平虽然有正向影响，但不显著，因而不能验证H12-8。与其他指标相比，该指标对高技能人才建设水平的影响不显著。

第九，本节在社会人才观念的指标选取上，选择地区就业训练中心和民办职业培训机构的培训人数作为参考。结果显示，该指标在5%的置信水平上对高技能人才建设水平有着显著的正向影响，由此验证了H12-9。参加职业技能培训的人数越多，一定程度上反映该地区民众对高技能人才的重视度越高，对地区高技能人才建设的促进作用越大。

七 对影响因素的总结性分析

本节主要研究中国中部地区高技能人才建设的影响因素。在总结、综合同行学者的相关研究成果的基础上，从6个层面归纳出影响中部地区高技能人才的因素，即主要受到经济发展水平、政府资助强度、职业院校教育水平、企业投入力度、基础设施建设水平和社会人才观念这6大层面的影响。

在变量设计方面，结合指标量化原则和数据的可获取性，本书从各类统计年鉴资料中选取了9个具体的影响因素指标，采用高技能人才占技能人才的比重作为因变量来反映高技能人才建设水平。

在进行回归统计分析之前，对变量进行了描述性统计分析和相关分析。选用的数据为面板数据，运用固定效应模型对各自变量与因变量之间进行多元回归统计分析。通过对中部地区高技能人才建设影响因素的实证研究得出了以下结论。

第一，在经济发展水平层面，人均GDP对中部地区高技能人才建设水平有正向影响，但不显著。

第二，在政府资助强度层面，财政性教育经费对中部地区高技能人才建设水平有正向影响，但不显著；职业院校生均教育经费支出对中部地区高技能人才建设水平有显著的正向影响。

第三，在职业院校教育水平层面，职业院校专任教师中高级职称数和院校仪器设备资产值这两个因素都对中部地区高技能人才建设水平有显著正向影响。

第四，在企业投入力度层面，企业办学中的企业拨款和职工技术培训学校数，这两个因素均对中部地区高技能人才建设水平存在显著正向影响。

第五，在基础设施建设水平层面，所选指标"铁路公路营业总里程数"对中部地区高技能人才建设水平有正向影响，但不显著。

第六，在社会人才观念层面，地区就业训练中心和民办职业培训机构的培训总人数对中部地区高技能人才建设水平有着显著正向影响。

第三节　加快中部地区高技能人才建设的对策建议

本章第一节对2013—2019年中国中部地区高技能人才建设现状进行了比较详尽的分析，总结出目前中部地区高技能人才建设主要存在高技能人才总量不足、高技能人才结构不合理、职业院校和培训机构的培养能力不足、高技能人才建设经费投入不足以及社会人才观念偏差等问题。

基于本章第二节对高技能人才建设影响因素的实证研究，进而得出以下结论：政府资助强度、职业院校教育水平、企业投入力度和社会人才观念层面的因素对中部地区高技能人才建设水平有着显著正向影响。针对中部地区高技能人才建设的影响因素的分析结果，为进一步促进中国中部地区高技能人才建设，推动中部地区经济高质量发展，特提出以下对策建议。

一　加大政府资助强度

政府在高技能人才建设中起着重要的引导作用。为加快中部地区高技能人才建设，需要进一步加大政府资助强度，继续坚持政府在高技能人才培养中的主导作用。

本章在研究中部地区高技能人才建设的影响因素时发现，财政性教育经费虽然对高技能人才建设水平有正向影响，但不显著，原因可能是财政性教育经费对普通高等教育投入较多，而对职业教育经费的投入不足。为进一步加快高技能人才建设进程,第一,需要明确加大政府对职业教育经费和对高技能人才培养补助的投入,切实解决职业院校建设和发展过程中遇到的资金短缺、设备陈旧等难题,这样才能提升其办学能力,激发职业院校培养高技能人才的活力,提升高技能人才成果产出的效率。

第二,政府应继续加快高技能人才培养基地以及技能大师工作室的建设,还应加大对社会培训机构的资助强度。发挥市场的引导作用,鼓励地区就业训练中心、民办职业培训等机构根据产业转型升级及劳动力市场需求的新变化来培养更多顺应高质量发展的高技能人才。

第三,高技能人才的建设离不开政府的规划和政策引导。中部地区各地政府应该根据地区高技能人才建设实际现状,因地制宜地优化并落实适合中部地区高技能人才发展的相关政策规划,实现高技能人才建设与政策措施之间的良好对接。

二 提升院校教育水平

职业院校在高技能人才培养过程中发挥着基础作用,为改善中部地区高技能人才建设现状,需要进一步改善职业院校的办学条件,加快提升职业院校教育水平,优化人才培养结构,提高高技能人才与产业结构耦合协调度。[①]

在招生计划、教学计划的制定方面,院校要主动适应劳动力市场发展的需要,坚持以社会需求尤其是职业岗位需要为目标。在专业设置方面,要突出时代性和实践性,紧跟当前行业发展潮流,结合实践教学培养高技能人才。

再者,上节实证研究结果显示,职业院校专任教师中高级职称数和院校教学、实习仪器设备资产值这两个因素对中部地区高技能人才建设水平有着正向显著影响,因此要注重从这两个方面对职业院校教育水平给予支持,提升其教学能力和水平。

要重视职业院校师资队伍建设。专任教师不仅要具备良好的专业理

---

① 蔡文伯、贺薇宇:《高技能人才与产业结构耦合协调的时空演化及影响因素研究》,《高校教育管理》2023 年第 4 期。

论知识，还要注重专业实践技能水平的提升。所以院校要加大对专任教师的培养，鼓励教师通过学习和实践来提升职称水平，从而提升教师队伍水平，改善教学质量。

此外，院校在对学生的教学过程中要强化实践教学，加强实习环节的培养，遵循"以实践教学为基础，以能力培养为中心"的准则，加大对实习实训配套设施的经费投入。同时，还要加强校企合作程度，建立以企业为依托的校外实践实习基地，使学生能有更多的机会参与到企业实际操作中去，在实习实践中促进高技能人才的培养。

三 加强企业投入力度

企业在高技能人才建设方面发挥着主体作用。企业应当更深刻认识到高技能人才作为推动企业技术创新的重要力量，高技能人才对于提升企业的竞争力有着不可替代的作用。因此，企业要注重加强对高技能人才建设的投入力度，充分发挥企业内高技能人才的创造性，进而提升企业的核心竞争力。

根据本章第二节的研究结果，企业办学中的企业拨款和企业职工技术培训学校数量都对中部地区高技能人才建设水平有显著的正向影响。因此，中部地区企业有必要继续投入更多资金用于企业办学，建立更多企业职工技术培训学校，进一步完善企业职工培训制度，运用科学手段使在岗职工的技能得到有效提升，为中部地区培育更多优秀的高技能人才。

同时，在企业高技能人才建设的过程中，企业内部需要制定定期技能培训、定期技能考核鉴定等制度，组织企业职工开展技术革新、技术难关攻克等活动，促进高技能人才的技能水平的不断提升。此外，企业在高技能人才建设方面要注重对激励理论的运用。一方面，要针对高技能人才制定科学的薪酬福利制度，科学合理地设置该类人才与管理经营者的薪酬差距水平；另一方面，要健全高技能人才的成长成才通道，建立公正、透明的激励机制，给予优秀高技能人才参与进修、职位晋升等机会。从而更充分地激发高技能人才的工作热情，加快企业技术创新的进程。

四　深化校企合作程度

长期以来，中国在高技能人才建设过程中存在不少误区。主要包括在职业教育阶段，职业院校对高技能人才的培养目标认识不清，对实践教学方面的建设经费投入较少；在职后阶段的企业内部培养体系中，企业对高技能人才进行技能培训的重要性认识不足。因此，在高技能人才建设过程中，应深化校企密切合作，实施全过程的校企合作培养机制。

高技能人才建设需要注重对高技能人才进行全过程的培养，如果没有一个将理论学习与实践技能操作相结合的环境，高技能人才的技能培养水平可能会落后于产业转型及技术更新的步伐，职业院校与企业在这个过程中应该保持良好且深度的合作关系。

在当前校企合作培养高技能人才的合作培养模式中，现代学徒制有其独特的优势。现代学徒制是指通过职业院校与企业合作，开展一对一或一对多的以师带徒培养模式，以此强化实践教学。现代学徒制实现了将职业院校专业设置与企业生产需求无缝对接，在充分了解企业需要什么样的技能人才后，职业院校与企业共同对培养课程及教学内容进行商讨。实现理论教学过程与生产实践环节相互对接，有助于高技能人才建设水平的提升。

总之，企业应提高对高技能人才重要性的认识，重视对高技能人才的培养工作，选择与职业院校建立校企合作模式共同培养高技能人才，从而更精准更有效地培养本企业所急需的技能人才。综合运用现代学徒制、产学研一体化等校企合作培养方式，并充分结合科学技术进步与产业转型升级等要求来培养一批高技能水平的人才，形成院校与企业双赢的局面。

五　大力营造社会氛围

高技能人才是中国人才队伍的重要组成部分，然而目前社会各界对技能人才的重视度依然较低。本书在对中部地区高技能人才建设现状分析中发现，中部地区参与技能培训的人数较少、积极性不高，反映出社会在对人才观念认识方面仍然存在偏差，诸如重书本知识，轻实践能力；重学历教育，轻技能教育；重理论教学，轻操作能力等。这在一定程度上影响了中部地区高技能人才的建设。这启示我们要进一步打破以往依靠学历文凭识人才的观念,要在全社会营造出不唯学历、重视技能人才的良好氛围。

其实,中国自古就有重视工匠的优秀文化传统;现在国家也在实施"大国工匠"建设工程,非常重视高技能人才的作用;发达国家如德国也有重视高技能人才建设的可资借鉴的经验。因此,中部各地政府应当充分利用电视、报刊、政府网站、新媒体等多种宣传渠道从不同角度大力向全社会宣传高技能人才在经济社会发展中作出的突出贡献,激励更多当代青年劳动者走技能成才之路。政府还应出台更多有关促进高技能人才建设的各类政策方针,为高技能人才的建设提供良好的政策保障。

另外,政府可以通过积极开展各类技术创新活动,举办各类高技能人才竞赛活动,让广大技能劳动者开展技术交流,提升技能水平。对在技术革新、技术创造发明等领域有杰出贡献的高技能人才进行评选表彰,授予相应的荣誉及物质奖励。努力转变社会对技能人才的社会认知和舆论导向,为高技能人才建设积极营造良好的社会氛围。

此外,政府要积极引导企业加大对高技能人才的重视力度,在企业内部营造技能强企的良好氛围,提升高技能人才的职业认同感。通过提高技能人才薪酬待遇水平,加大对高技能人才的物质及精神激励,使高技能人才在企业及社会中得到广泛尊重与认同,从而使高技能人才的社会地位得到有效提升。

第十三章
结论与展望

第一节 结论

为了促进中部脱贫地区巩固拓展脱贫攻坚成果,并与中部地区乡村振兴有效衔接,推进中部地区高质量发展和中国式现代化的进程,本书以马克思反贫困理论和中国特色反贫困理论为指导思想,以可持续生计理论为研究框架,将就业能力纳入可持续生计分析框架,基于拓展的可持续生计分析框架展开研究。利用中山大学 CLDS 数据库,分析中部脱贫地区农民就业和可持续生计状况。根据 USEM 模型,从基本技能和自我效能感两个维度构建中部脱贫地区农民就业能力评价指标;并利用熵值法确定权重,采用模糊综合评价法对中部脱贫地区农民的就业能力进行评价。深入剖析可持续生计分析框架各部分即脆弱性背景、生计资产、结构与制度转变因素与中部脱贫地区农民就业能力的关系,提出假设,运用加权最小二乘法改进模型,实证检验中部脱贫地区农民就业能力影响因素,进一步分析精准扶贫对象和非精准扶贫对象的就业能力影响因素差异。据此,提出中部脱贫地区农民就业能力提升策略和公共就业培训制度的创新路径。为了更好地将理论研究与实践探索相结合,提高本书研究的科学性和精准性,课题组深入部分中部脱贫地区,分别对农民工技能提升、农民工就业稳定性、就业扶贫车间运行、高技能人才的培养等进行专题研究,在充分调查的基础上对典型案例进行提炼和总结。这些研究为提升中部地区贫困农民就业能力制定有针对性的政策支持提供了理论依据和学术支撑。本书研究的主要结论如下。

第一，中部脱贫地区总体经济发展水平落后，农村居民与城市居民之间人均收入差距比较大，农民的文化素质相对不高，农民人力资本投资不足。此外，农民的技能对农民收入有重要影响，尤其在数字经济广泛赋能经济社会发展的条件下，数字技能与农民收入增长具有相关性。利用北京大学中国家庭追踪调查（CFPS）的数据进行实证研究表明，数字技能通过信息优势渠道能显著提升农村居民的收入，并且这种效应在农村更加明显。从作用机制来看，这一效应主要来源于数字技能的掌握及其掌握质量的情况。数字技能的提高使农民有能力从具有海量信息的互联网中识别和获取自己所需的信息，从而获得相关的信息优势。相比于娱乐社交数字技能，线上商务和学习工作数字技能对农民收入的提升作用更加明显。线上商务和学习工作数字技能对掌握者的要求更高，掌握这部分技能的居民可以更好了解经济形势，作出合理的决策，从而提升自己的收入水平，这种效应对于本就缺乏信息优势的农村地区而言更为明显。因此，中部脱贫地区要巩固脱贫攻坚成果、全面实现乡村振兴，推进农业农村现代化建设和农业农村高质量发展，迫切需要提升农民的就业能力尤其是数字技能。

第二，中部地区贫困农民就业能力低于东部和西部地区贫困农民的就业能力，精准扶贫对象的就业能力低于非精准扶贫对象的就业能力。上述差异主要体现在基础技能上，尤其是信息技术应用能力方面。中部地区贫困农民自我效能感较好，精准扶贫对象的自我效能感高于非精准扶贫对象的自我效能感；中部地区贫困农民具备良好的主观能动性，有决心和毅力克服生理、心理困难完成工作任务，并愿意为了长期目标努力，因此提升中部地区贫困农民就业能力应更加关注精准扶贫对象的就业能力，充分发挥其自我效能感优势，提高其基础技能尤其是信息技术应用能力。

第三，中部地区贫困农民生计资本处于较低水平，脆弱性高，政府、企业、公益组织对其提升就业能力支持力度不够。中部地区贫困农民的金融资本和人力资本都处于较低水平，中部地区贫困农民中精准扶贫对象的金融资本低于非精准扶贫对象。中部地区贫困农民欠缺专业技能，人力资本水平较低，互联网在中部地区贫困农民中的普及率还有待提升。中部地区贫困农民的生活环境的脆弱性较高，受到犯罪侵害、假药、伪劣产品、传染病威胁的可能性较大，中部地区贫困农民整体受到政府、企业、公益组织的扶持力度小。因此，提升中部脱贫地区农民的生计成果具有重要性和紧迫性。

第四，生计资本对中部地区贫困农民就业能力有显著正向影响，脆弱性背景对中部地区贫困农民就业能力有显著负向影响。精准扶贫对象和非精准扶贫对象的就业能力影响因素存在差异。物质资本和金融资本对精准扶贫对象的就业能力有显著正向影响，人力资本、物质资本、自然资本、社会资本对非精准扶贫对象的就业能力有显著正向影响，脆弱性背景因素对非精准扶贫对象的就业能力有显著负向影响。因此，综合提升中部地区农民各项生计资本势在必行。

第五，要对精准扶贫对象和非精准扶贫对象精准施策。针对精准扶贫对象，一要提升其物质资本水平，尤其是加强中部脱贫地区信息技术基础设施建设，完善脱贫地区的教育、医疗、交通等基础设施建设。二要增加精准扶贫对象的金融资本的获取能力，完善多元化金融支持机制。针对非精准扶贫对象，重点是提高农村的机械化水平和农业劳动生产率，加大人力资本的投资，尤其是加强数字技能的培训，降低中部脱贫地区农村生活环境的脆弱性，加强社会治安管理，提高卫生水平。而且，需改善中部脱贫地区农民就业能力发展的制度环境，提高就业能力服务水平和社会保障水平。

第六，公共就业培训是一项系统工程，其效果与公共就业培训资金的供给方式、培训补贴的支付方式、绩效评价方式、监管方式有密切关系。本书研究了在这四个方面的制度创新，提出农民公共就业培训资金的补贴方式应选择向农民个人和向农民工用工企业直接补贴的方式，并进行了制度设计；主张采用逻辑分析法来构建中部地区的公共就业培训项目绩效评价体系，采用柯克帕特里克的培训评估模型来构建培训机构的公共就业培训绩效评价体系；提出以培训就业率等结果指标作为绩效评价的重点；以法律作为中国公共就业培训监管的依据，以公平竞争为培训机构准入的基本原则，以多重监管手段来提升培训效果等。

第七，本书专题调研拓展了相关研究，从一般与具体相结合方面印证了研究的有效性。其中，对江西省脱贫县 A 公司的实证研究表明，政府、企业、职业教育、工人自身这四个层面的因素都对 A 公司农民工技能水平有着显著正相关作用。对湖北省脱贫地区的实证研究表明，影响新生代农民工就业稳定性的因素更具有多样性，个体特征、社会角色和职业价值观对新生代农民工的就业稳定性具有影响，其中个体特征中的教育水平、技能培训对农民工就业稳定更具影响。对江西省革命老区赣州市就业扶贫车间的研究表明，坚持多方合作扶贫扶智的发展思路，抓住产业扶贫增收致富的发展主线，构建企业主导互惠共赢的运行机制，形成支持有力的动态监测保障体系，是赣州就业扶贫车间建设和发展的重要特色，值得推广借鉴。在对中部地区高技能人才建设影响因素进行实证研究的结果中发现，政府资助强度、职业院校教育水平、企业投入力度和社会人才观念层面等因素对中部地区农村高技能人才建设水平有着显著正相关关系。

第二节　展望

本书还存在一些不足之处，有待于今后进一步研究。

第一，由于本书研究的时间段正值中国脱贫攻坚取得全面胜利的前后，前后政策调整比较大，如何根据形势和政策的新变化来做进一步的调整研究，在及时性上还有待于加强。另外数据获取困难，本书研究主要采用中山大学 2016 年中国劳动力动态调查数据库，为了弥补数据的时间滞后问题，课题组多次到中部的部分脱贫地区进行问卷调查和现场访谈。另外，在数字经济背景下，数字技能对农民收入增长有非常重要的影响，本书限于数据的原因，只从城乡两个视角对此进行比较研究，而没有从中部脱贫地区的角度进行研究，因此还有待于下一步研究的继续深化。

第二，中国在户籍、医疗、教育等方面正在进行广泛而深入的改革，这些改革对农民流动性、生计策略选择、就业能力有重要影响，但是结构与制度转变对中部地区贫困农民就业能力影响复杂，难以量化，本书仅关注中部脱贫地区农民"所处村庄是否接受过政府、企业、公益机构组织的劳动力外出务工服务"等评价结构与制度转变因素对中部地区贫困农民就业能力的影响。因此，结构与制度转变对中部地区贫困农民就业能力的影响是下一步的重要研究方向。

第三,在巩固脱贫攻坚成果,实施乡村振兴战略,推进中国式现代化和高质量发展的新阶段新背景下,如何与时俱进地提升中部脱贫地区农民就业能力,促进农业农村的高质量发展,都是值得关注的重要问题。诸如可持续生计分析框架中各部分对中部脱贫地区农民就业能力影响机制和作用途径;延续的帮扶政策对中部脱贫地区农民生计资本、就业能力产生的动态影响问题,不同的政策的实施效果评估、比较等问题都是值得进一步深入研究的课题。

参考文献

中文文献

著作

蔡昉:《民生经济学——"三农"与就业问题的解析》,社会科学文献出版社 2005 年版。

蔡昉等:《中国农村改革与变迁:30 年历程和经验分析》,格致出版社 2008 年版。

陈晓华、张红宇主编:《中国农村劳动力的转移与就业》,中国农业出版社 2005 年版。

国家统计局住户调查办公室编:《中国农村贫困监测报告(2020)》,中国统计出版社 2020 年版。

何家军、王学军:《以就业为导向的三峡库区移民生计能力再造研究》,华中科技大学出版社 2017 年版。

何筠:《公共就业培训管理》,科学出版社 2010 年版。

劳动保障部国际合作局、劳动和保障部培训就业司、劳动保障部国际合作司编译:《变化中的劳动力市场:公共就业服务》,中国劳动社会保障出版社 2002 年版。

黎洁等:《农户生计与环境可持续发展研究》,社会科学文献出版社 2017 年版。

李宗尧等主编:《高级技能人才培养》,中国劳动社会保障出版社 2001 年版。

刘耀彬主编:《中国中部地区经济高质量发展报告(2022)》,经济科学出版社 2022 年版。

罗海平等:《中国革命老区发展报告(2020)》,经济科学出版社

2020年版。

马国贤:《政府绩效管理》，复旦大学出版社2005年版。

［美］埃莉诺·奥斯特罗姆:《公共事物的治理之道：集体行动制度的演进》，余逊达、陈旭东译，上海译文出版社2012年版。

［美］安瓦·沙主编:《公共服务提供》，孟华译，清华大学出版社2009年版。

［美］加里·S. 贝克尔:《人力资本》，梁小民译，北京大学出版社1987年版。

［美］杰拉尔德·迈耶、约瑟夫·斯蒂格利茨主编:《发展经济学前沿：未来展望》，本书翻译组译，中国财政经济出版社2003年版。

［美］米尔顿·弗里德曼:《资本主义与自由》，远明译，商务印书馆2024年版。

［美］尼尔·吉尔伯特等编:《激活失业者——工作导向型政策跨国比较研究》，王金龙等译，中国劳动社会保障出版社2004年版。

［美］帕特丽夏·威奈尔特等编:《就业能力——从理论到实践》，郭瑞卿译，中国劳动社会保障出版社2004年版。

［美］西奥多·W·舒尔茨:《论人力资本投资》，吴珠华等译，北京经济学院出版社1992年版。

［美］雅各布·明塞尔:《人力资本研究》，张凤林译，中国经济出版社2001年版。

［日］速水佑次郎:《发展经济学——从贫困到富裕》，李周译，社会科学文献出版社2003年版。

［印］阿马蒂亚·森:《以自由看待发展》，任赜、于真译，刘民权、刘柳校，中国人民大学出版社2013年版。

［印］阿马蒂亚·森:《贫困与饥荒——论权利与剥夺》，王宇、王文玉译，商务印书馆2024年版。

岳树岭:《城市化进程中农民工市民化问题研究》，经济管理出版社2014年版。

曾湘泉等:《中国就业战略报告（2008—2010）："双转型"背景下的就业能力提升战略研究》，中国人民大学出版社2010年版。

张会敏等:《贫困指标测度的研究范式与机理分析》，社会科学文献出版社 2019 年版。

张赛玉：《新时代中国农村老年贫困精准治理研究——基于马克思主义反贫困理论》，世界知识出版社 2018 年版。

期刊

安悦等：《中国乡村贫困多尺度研究理论框架及对乡村振兴的启示》，《经济地理》2022 年第 4 期。

白贺兰、乔德华：《乡村振兴背景下甘肃农民自我发展能力现状及提升对策研究——基于 468 份调查问卷的实证分析》，《农业经济》2022 年第 4 期。

白南生、李靖：《农民工就业流动性研究》，《管理世界》2008 年第 7 期。

陈华宁：《国外农村人力资源开发模式及启示》，《国际经济合作》2009 年第 3 期。

陈华平、郭珈源：《"后精准扶贫时代"脱贫攻坚与乡村振兴相衔接的长效机制研究——以赣州市为例》，《江西理工大学学报》2022 年第 6 期。

陈技伟等：《农民工就业稳定性的收入效应及其性别差异》，《人口与发展》2016 年第 3 期。

陈锡文：《充分发挥农村集体经济组织在共同富裕中的作用》，《农业经济问题》2022 年第 5 期。

陈玉明、崔勋：《代际差异理论与代际价值观差异的研究评述》，《中国人力资源开发》2014 年第 13 期。

陈藻：《我国农民工就业代际差异研究——以成都市为例》，《人口学刊》2011 年第 2 期。

陈昭玖等：《农民工就业能力的影响因素分析》，《江西农业大学学报》（社会科学版）2012 年第 2 期。

陈至发：《新生代农民工就业能力影响因素分析》，《调研世界》2015 年第 6 期。

仇童伟等：《巩固拓展脱贫攻坚成果：财政涉农资金整合何以影响县域产业经济？》，《上海财经大学学报》2022 年第 6 期。

储宇强等：《精准脱贫导向下安徽财政支出效率研究——基于皖北

8个国家级贫困县的实证》,《中南林业科技大学学报》(社会科学版) 2018年第5期。

戴小文、何思妤:《相对贫困的循证治理框架设计与农村相对贫困群体的主体性研究》,《农村经济》2022年第12期。

丁煜:《下岗失业人员的再就业培训:效用与局限性——从人力资本理论的分析视角》,《市场与人口分析》2005年第6期。

豆书龙、叶敬忠:《乡村振兴与脱贫攻坚的有机衔接及其机制构建》,《改革》2019年第1期。

窦超、李晓轩:《中部科技人才开发效率评价及其影响因素研究》,《科研管理》2017年第S1期。

窦苏明:《农村职业教育服务共同富裕:价值取向、关键困局及优化路径》,《职业技术教育》2022年第16期。

杜洁等:《内生性脱贫视角下的农村妇女与合作组织——以山西PH与河南HN两个农民合作社为例》,《妇女研究论丛》2020年第1期。

伏其其等:《农民工就业稳定性及影响因素的代际差异分析:以淮安、常州制造业为例》,《农村经济与科技》2014年第6期。

高春雷等:《新生代农民工就业能力影响因素研究》,《经济管理》2015年第12期。

高功敬:《中国城市贫困家庭生计资本与生计策略》,《社会科学》2016年第10期。

高建丽、张同全:《新生代农民工就业能力量化评价体系的构建》,《西北人口》2013年第2期。

高梦滔等:《信息服务与农户收入:中国的经验证据》,《世界经济》2008年第6期。

高鸣、魏佳朔:《促进农民农村共同富裕:历史方位和实现路径》,《中国软科学》2022年第8期。

高秋瑾:《河南巩固拓展脱贫攻坚成果长效机制研究》,《农场经济管理》2022年第5期。

高杨等:《面向共同富裕的农村低收入人口帮扶:治理转型与路径选择》,《南京农业大学学报》(社会科学版) 2023年第3期。

谷树忠:《贫困形势研判与减贫策略调整》,《改革》2016年第

8期。

郭熙保、周强：《中国农村代际多维贫困实证研究》，《中国人口科学》2017年第4期。

何学军：《农民培训绩效综合评估模型建构研究》，《杭州成人教育》2017年第1期。

洪名勇等：《中国特色贫困治理：制度基础与理论诠释》，《山东大学学报》（哲学社会科学版）2022年第2期。

胡初枝等：《被征地农民可持续性生计评价初步研究》，《中国土地科学》2008年第8期。

胡联等：《我国共同富裕实质性进展的评估及面临挑战》，《财经问题研究》2022年第4期。

胡原等：《职业教育提升农民就业创业能力：国际经验与政策启示》，《世界农业》2023年第7期。

胡钊源等：《高龄农业转移人口非农就业影响因素研究》，《系统工程理论与实践》2021年第3期。

霍军亮、刘琪：《中国特色反贫困理论的内在本质、实践样态与世界意义》，《学习与实践》2022年第4期。

赖德胜、陈建伟：《人力资本与乡村振兴》，《中国高校社会科学》2018年第6期。

赖德胜、苏丽锋：《人力资本理论对中国劳动力市场研究的贡献》，《北京大学教育评论》2020年第1期。

雷显凯、罗明忠：《非农就业经历对新型职业农民成长的烙印效应》，《西北农林科技大学学报》（社会科学版）2022年第2期。

雷欣等：《机会不平等的衡量：参数测度法的应用与改进》，《统计研究》2018年第4期。

黎蔺娴、边恕：《经济增长、收入分配与贫困：包容性增长的识别与分解》，《经济研究》2021年第2期。

李斌等：《农村发展中的生计途径研究与实践》，《农业技术经济》2004年第4期。

李国梁：《可持续生计视角下失地农民就业能力开发》，《开发研究》2014年第1期。

李后建等：《农民工个体因素对就业能力影响的实证研究——基于金融危机影响下返乡农民工的调查》，《农业技术经济》2010年第3期。

李群等：《产业转型升级背景下的新生代农民工失业和离职——基于就业能力的分析框架》，《华东经济管理》2014年第12期。

李诗和：《失地农民再就业能力现状、影响因素及提升对策研究》，《成都理工大学学报》（社会科学版）2019年第3期。

李实等：《以农村低收入人口增收为抓手促进共同富裕：重点、难点与政策建议》，《农业经济问题》2023年第2期。

李文忠、常光辉：《新型职业农民就业能力培养体系的建立研究》，《甘肃农业》2013年第22期。

李小云、许汉泽：《2020年后扶贫工作的若干思考》，《国家行政学院学报》2018年第1期。

李秀芸等：《包容性发展的共建共享路径探索——以江苏省精准扶贫为例》，《齐齐哈尔大学学报》（哲学社会科学版）2019年第7期。

李雪萍：《多主体供给社区公共产品》，《华中师范大学学报》（人文社会科学版）2006年第6期。

李应博、乔忠：《我国农业信息资源配置问题探讨》，《中国农村经济》2004年第7期。

李永萍：《家庭发展能力：理解农民家庭转型的一个视角》，《社会科学》2022年第1期。

李正图：《中国特色反贫困理论的形成逻辑》，《人民论坛》2021年第18期。

林忠等：《工作——家庭冲突研究与中国议题：视角、内容和设计》，《管理世界》2013年第9期。

林竹等：《农民工的就业能力模型研究》，《开发研究》2010年第5期。

凌经球：《乡村振兴战略背景下中国贫困治理战略转型探析》，《中央民族大学学报》（哲学社会科学版）2019年第3期。

刘鹏飞、杨琨：《人力资本和家庭禀赋对欠发达地区失地农民就业的影响》，《黑龙江农业科学》2021年第7期。

刘昕：《政府公共就业服务外包体系：制度设计与经验启示》，《江海学刊》2008 年第 3 期。

刘叶云、游钊：《中国新生代农民工就业能力评价体系的构建》，《湖南农业大学学报》（社会科学版）2011 年第 2 期。

刘玉成、徐辉：《个体特征对农民就业选择的影响——基于 CFPS 数据的实证研究》，《调研世界》2018 年第 11 期。

吕凤亚：《新生代农民工就业能力影响因素及对策分析》，《经济研究导刊》2013 年第 18 期。

罗明忠、雷显凯：《非农就业经历对新型职业农民农业经营性收入的影响》，《广东财经大学学报》2020 年第 4 期。

罗明忠、陶志：《农村劳动力转移就业能力的结构维度、测量及其分析》，《农林经济管理学报》2015 年第 2 期。

马发生等：《湖北武陵山特困地区职业教育精准脱贫需求调查及对策研究》，《湖北成人教育学院学报》2021 年第 4 期。

马晓慧：《新型城镇化背景下失地农民就业创业培训的需求、困境及对策探析》，《农业经济》2016 年第 8 期。

孟凡强、吴江：《我国就业稳定性的变迁及其影响因素——基于中国综合社会调查数据的分析》，《人口与经济》2013 年第 5 期。

米松华等：《新型职业农民：现状特征、成长路径与政策需求——基于浙江、湖南、四川和安徽的调查》，《农村经济》2014 年第 8 期。

纳列什·辛格、乔纳森·吉尔曼：《让生计可持续》，《国际社会科学杂志》（中文版）2000 年第 4 期。

宁光杰：《自我雇佣还是成为工资获得者？——中国农村外出劳动力的就业选择和收入差异》，《管理世界》2012 年第 7 期。

牛胜强：《巩固拓展脱贫攻坚成果同乡村振兴有效衔接的战略考量与推进策略——基于农村集体经济与农业数字化转型协同发展》，《东北农业大学学报》（社会科学版）2023 年第 3 期。

牛文涛等：《农村三产融合赋能农民就业增收再审视——基于河南省孟庄镇、龙湖镇、薛店镇的案例分析》，《农业经济问题》2022 年第 8 期。

欧阳良烨等：《脱贫攻坚政策减贫效应的研究——基于广西、湖南等地的调查》，《农村经济与科技》2022 年第 2 期。

彭国甫：《地方政府公共事业管理绩效评价指标体系研究》，《湘潭大学学报》（哲学社会科学版）2005 年第 3 期。

齐利平：《促进山西贫困地区脱贫质量提升的路径与策略探究》，《经济研究参考》2018 年第 52 期。

邱泽奇、乔天宇：《电商技术变革与农户共同发展》，《中国社会科学》2021 年第 10 期。

任义科等：《人力资本、社会资本对农民工就业质量的影响——基于性别视角的分析》，《经济经纬》2015 年第 2 期。

沈扬扬等：《"共同富裕"视角下的中国农村多维贫困——来自 CHIP2013—2018 的证据》，《经济科学》2022 年第 3 期。

孙继国、赵文燕：《数字金融素养何以推动农民农村共同富裕》，《上海财经大学学报》2023 年第 3 期。

谭九生、胡伟强：《接续推进全面脱贫与乡村振兴有效衔接的路径析探——基于湖南湘西州 18 个贫困村的田野调查》，《湘潭大学学报》（哲学社会科学版）2021 年第 1 期。

谭燕芝等：《数字鸿沟还是信息红利：信息化对城乡收入回报率的差异研究》，《现代经济探讨》2017 年第 10 期。

唐钧、张时飞：《着力解决失地农民生计的可持续性》，《中国劳动保障》2005 年第 8 期。

田艳平：《农民工职业选择影响因素的代际差异》，《中国人口·资源与环境》2013 年第 1 期。

涂圣伟：《脱贫攻坚与乡村振兴有机衔接：目标导向、重点领域与关键举措》，《中国农村经济》2020 年第 8 期。

万亚胜等：《基于结构方程模型的农地转出户可持续生计分析——以安徽省为例》，《江苏农业科学》2017 年第 13 期。

汪磊、汪霞：《易地扶贫搬迁农户就业能力评价研究：以贵州省为例》，《北方民族大学学报》2020 年第 3 期。

王贝贝、陈万明：《以就业稳定性为导向的农民工培训探讨》，《农村经济》2012 年第 10 期。

王金杰等：《电子商务有益于农村居民创业吗？——基于社会资本的视角》，《经济与管理研究》2019 年第 2 期。

王琳等：《"后脱贫时代"我国贫困治理的特征、问题与对策》，《兰州大学学报》（社会科学版）2021年第5期。

王茜等：《改善健康人力资本巩固脱贫攻坚成果——来自凉山彝族自治州的调研发现》，《人口与健康》2023年第2期。

王晓刚：《失地农民就业质量评价——以郑州市为例》，《城市问题》2015年第7期。

王晓刚、陈浩：《基于可雇佣性视角的失地农民就业能力结构及维度研究——以郑州市二七区马寨镇为例》，《农村经济》2012年第4期。

王晓燕：《河南保险业参与精准扶贫的模式分析与路径研究》，《河南科技大学学报》（社会科学版）2018年第6期。

王秀华：《新型职业农民教育管理探索》，《管理世界》2012年第4期。

王秀芝、姚林如：《农民工就业现状代际差异——对江西省6市9县17个样本村的调查与分析》，《南昌航空大学学报》（社会科学版）2012年第1期。

吴多智：《贫困户脱贫的困境研究——基于安徽中部某县农村贫困人口的调查》，《安徽农业大学学报》（社会科学版）2018年第6期。

吴培材：《新农合对农村劳动力就业选择的影响——基于CHNS数据的实证分析》，《西安财经学院学报》2019年第1期。

吴茜：《共同富裕视域下农村家庭贫困代际传递影响因素研究——基于扎根理论的探索性分析》，《中国地质大学学报》（社会科学版）2022年第5期。

肖威：《参与全球价值链分工的就业效应分析——基于WIOD数据库的实证检验》，《技术经济与管理研究》2017年第3期。

谢嘉锶、于莉：《心理资本视角下失地农民的再就业研究》，《安徽农业科学》2021年第16期。

谢秋山、陈世香：《中国农民公共就业服务政策演变的逻辑、趋势与展望》，《中国农村经济》2021年第2期。

谢绚丽等：《数字金融能促进创业吗？——来自中国的证据》，《经济学（季刊）》2018年第4期。

徐辉等：《新型职业农民就业能力实证研究——基于7省679个样

本数据》，《重庆大学学报》（社会科学版）2021年第3期。

徐美银：《人力资本、社会资本与农民工市民化意愿》，《华南农业大学学报》（社会科学版）2018年第4期。

徐亚东、张应良：《巩固拓展脱贫攻坚成果同乡村振兴有效衔接的学理阐释：基于资源配置视角》，《南京农业大学学报》（社会科学版）2023年第4期。

许竹青等：《"数字鸿沟"还是"信息红利"？信息的有效供给与农民的销售价格——一个微观角度的实证研究》，《经济学（季刊）》2013年第4期。

薛晴等：《基于能力贫困理论的新生代农民工就业能力反贫困路径》，《北华大学学报》（社会科学版）2018年第5期。

杨浩、庄天慧：《巩固拓展脱贫攻坚成果同乡村振兴衔接质效评价与优化路径——以四川省50个乡村振兴重点帮扶县为例》，《华南师范大学学报》（社会科学版）2023年第3期。

杨艳霞、杨云霞：《可持续生计视角下西部民族地区失地农民就业能力开发模式探析——以苗侗民族聚居地黔东南为例》，《农业经济》2016年第2期。

杨云彦、赵峰：《可持续生计分析框架下农户生计资本的调查与分析——以南水北调（中线）工程库区为例》，《农业经济问题》2009年第3期。

杨竹、陈鹏：《转型期农民工外出就业动机及代际差异：来自珠三角、长三角及中西部地区农民工的实证调查分析》，《农村经济》2009年第9期。

姚林香：《中部地区脱贫攻坚财税政策减贫效应及优化路径》，《社会科学家》2019年第5期。

姚先国、俞玲：《农民工职业分层与人力资本约束》，《浙江大学学报》（人文社会科学版）2006年第5期。

尹义坤等：《职业技能培训与农民就业质量——来自CRRS的经验证据》，《吉林大学社会科学学报》2023年第4期。

余茂辉、潘致霖：《安徽大别山片区精准扶贫精准脱贫模式创新》，《山东农业工程学院学报》2022年第2期。

曾湘泉：《公共就业服务之完善措施》，《中国劳动保障》2009年第9期。

张成甦、宋山梅：《农村劳动力非农就业能力评价体系》，《华南农业大学学报》（社会科学版）2014年第1期。

张龙、张新文：《新型农村集体经济与乡村共同富裕：逻辑关联、实践过程与路径选择——基于"战旗道路"的经验观察》，《西北农林科技大学学报》（社会科学版）2023年第4期。

张琦：《减贫战略方向与新型扶贫治理体系建构》，《改革》2016年第8期。

张琦等：《我国金融机构发展规模和效率对城乡居民收入差距的影响研究》，《农村金融研究》2020年第1期。

张秋秋、金刚：《新生代农民工就业能力影响因素的最优尺度分析——以沈阳市为例》，《农业经济》2012年第11期。

张荣天、李传武：《中部地区农民城镇化意愿及其影响因素研究——以安徽典型县域为例》，《世界地理研究》2020年第1期。

张世虎、顾海英：《互联网信息技术的应用如何缓解乡村居民风险厌恶态度——基于中国家庭追踪调查（CFPS）微观数据的分析》，《中国农村经济》2020年第10期。

张彤璞、郭剑雄：《现代农民形成的三个维度分析——基于就业选择集的视角》，《西北农林科技大学学报》（社会科学版）2019年第6期。

张卫东等：《互联网技能、信息优势与农民工非农就业》，《财经科学》2021年第1期。

张文锶等：《农业生产性服务业集聚、城镇化与农民就业增长关联研究》，《云南农业大学学报》（社会科学）2022年第3期。

张晓艳、吕娟：《基于共同富裕的农村相对贫困多元协同治理》，《太原理工大学学报》（社会科学版）2023年第1期。

张原：《农民工就业能力能否促进就业质量？——基于代际和城乡比较的实证研究》，《当代经济科学》2020年第2期。

张媛：《失地农民就业能力的评析与开发》，《知识经济》2014年第15期。

赵永乐等：《农民工就业能力研究》，《调研世界》2007年第11期。

郑瑞强、瞿硕：《革命老区构建乡村振兴新格局的理论蕴涵与实践进路——基于赣州革命老区的考察》，《苏区研究》2023年第2期。

郑瑞强等：《脱贫攻坚经验总结及成果巩固策略研究——以江西为例》，《农林经济管理学报》2020年第5期。

周常春、李文会：《共同富裕视角下农村数字化与农户多维相对贫困：影响分析与作用机制》，《农林经济管理学报》2023年第4期。

周绍森、胡德龙：《保罗·罗默的新增长理论及其在分析中国经济增长因素中的应用》，《南昌大学学报》（人文社会科学版）2019年第4期。

周玉龙、孙久文：《社会资本与农户脱贫——基于中国综合社会调查的经验研究》，《经济学动态》2017年第4期。

朱冬亮、黄增付：《老年农民在乡非农就业的形成机制及问题破解》，《观察与思考》2020年第8期。

朱丽君：《多维贫困与精准脱贫——以中部地区少数民族自治县Y县为例》，《社会保障研究》2019年第1期。

朱玲：《促进就业：德国劳动力市场改革》，《中国工业经济》2008年第3期。

朱启臻：《新型职业农民与家庭农场》，《中国农业大学学报》（社会科学版）2013年第2期。

朱秋博等：《信息化能促进农户增收、缩小收入差距吗?》，《经济学（季刊）》2022年第1期。

朱秋博等：《信息化提升了农业生产率吗?》，《中国农村经济》2019年第4期。

左停：《反贫困的政策重点与发展型社会救助》，《改革》2016年第8期。

报纸

李小云：《深刻理解和把握中国特色反贫困理论》，《光明日报》2021年3月22日第15版。

论文

冯茹:《我国农户生计可持续能力评价研究》,博士学位论文,大连理工大学,2015年。

刘金新:《脱贫脆弱户与可持续生计研究》,博士学位论文,中共中央党校,2018年。

罗恩立:《我国农民工就业能力及其城市化效应研究》,博士学位论文,复旦大学,2012年。

闫涛:《新生代农民工就业能力供需分析及提升研究》,博士学位论文,首都经济贸易大学,2013年。

外文文献

Acemoglu D., "Technical Change, Inequality, and The Labor Market", *Journal of Economic Literature*, Vol. 40, No. 1, March 2002.

Berntson E., et al., "Predicting Perceived Employability: Human Capital or Labour Market Opportunities?", *Economic and Industrial Democracy*, Vol. 27, No. 2, May 2006.

Camps J. and Rodríguez H., "Transformational Leadership, Learning, and Employability", *Personnel Review*, Vol. 40, No. 4, June 2011.

Chambers R., et al., "Institute of Development Studies", *Sustainable Rural Livelihoods: Practical Concepts for the 21st Century*, Brighton: Institute of Development Studies, 1992.

De Vos A. and Soens N., "Protean Attitude and Career Success: The Mediating Role of Self-Management", *Journal of Vocational Behavior*, Vol. 73, No. 3, June 2008.

DiMaggio P. and Bonikowski B., "Make Money Surfing the Web? The Impact of Internet Use on the Earnings of US Workers", *American Sociological Review*, Vol. 73, No. 2, April 2008.

Ellis F., *Rural Livelihoods and Diversity in Developing Countries: Evidence and Policy Implications*, London: Overseas Development Institute, 1999.

Forrier A. and Sels L., "The Concept Employability: A Complex Mosaic", *International Journal of Human Resources Development and Management*, Vol. 3, No. 2, June 2003.

Fugate M., et al., "Employability: A Psycho-Social Construct, Its Dimensions, and Applications", *Journal of Vocational Behavior*, Vol. 65, No. 1, June 2003.

Fugate M. and Kinicki A. J., "A Dispositional Approach to Employability: Development of a Measure and Test of Implications for Employee Reactions to Organizational Change", *Journal of Occupational and Organizational Psychology*, Vol. 81, No. 3, September 2008.

Garavan T. N., et al., "Human Resource Development and Workplace Learning: Emerging Theoretical Perspectives and Organisational Practices", *Journal of European Industrial Training*, Vol. 26, No. 2/3/4, April 2002.

Gazier Bernard ed., *Employability: Concepts and Policies*; *Employment Observatory Research Network*; *Report* 1998, Berlin: IAS, Inst. for Applied Socio-Economics, 1999.

Heijde C. M. V. D. and Van Der Heijden B. I. J. M., "A Competence-Based and Multidimensional Operationalization and Measurement of Employability", *Human Resource Management*, Vol. 45, No. 3, September 2006.

Hetty van Emmerik I. J., et al., "The Route to Employability: Examining Resources and The Mediating Role of Motivation", *Career Development International*, Vol. 17, No. 2, January 2012.

Hillage J. and Pollard E., *Employability: Developing a Framework for Policy Analysis*, Great Britain: Department for Education and Employment (DfEE) Research Briefing, No. 85, 1998.

Holton III E. F., "Holton's Evaluation Model: New Evidence and Construct Elaborations", *Advances in Developing Human Resources*, Vol. 7, No. 1, February 2005.

Hutton C. W., et al., "Modified Sustainable Livelihoods Framework (MSLF): A Tool for Monitoring and Assessing GIAHS Sites", Working Paper, Southampton, UK: University of Southampton, 2015.

McQuaid R. W. and Lindsay C., "The Concept of Employability", *Urban Studies, Vol. 42, No. 2, February 2005.

Nora Lustig and Yang Wang, *The Impact of Taxes and Transfers on Income Inequality, Poverty, and the Urban-Rural and Regional Income Gaps in China*, Center for Global Development, No. 547, September 10, 2020.

Paul DiMaggio and Eszter Hargittai, "From the 'Digital Divide' to 'Digital Inequality': Studying Internet Use As Penetration Increases", Princeton: Princeton University, 2001.

Romaniuk K. and Snart F., "Enhancing Employability: The Role of Prior Learning Assessment and Portfolios", *Journal of Workplace Learning*, Vol. 12, No. 1, June 2000.

Scoones Ian, "Sustainable Rural Livelihoods: A Framework for Analysis", Working Paper, Brighton: Institute of Development Studies, 1998.

Stokes C. L., *A Case Study Understanding Employability Through the Lens of Human Resource Executives*, Florida: University of South Florida, 2013.

Wittekind A., et al., "A Longitudinal Study of Determinants of Perceived Employability", *Journal of Organizational Behavior*, Vol. 31, No. 4, May 2010.

后　记

本书是在笔者主持的国家社科基金重点项目"可持续生计分析框架下中部贫困地区农民就业能力提升研究"（18AJL015）以及江西省人文社会科学重点基地项目"人工智能对中部制造企业创新绩效的影响和提升对策研究"（JD21002）相关成果的基础上修改而成的。课题从2018年立项到现在，中国农村经济发生了巨大变化，2020年中国宣布取得脱贫攻坚的全面胜利，"三农"工作的重心发生历史性转移，即转向乡村振兴战略的实施。随着中国社会经济高质量发展和乡村振兴战略的深入实施，中部脱贫地区的农民就业能力问题继续受到关注，所以本书的研究视角从过去的"脱贫攻坚"调整为现在的"脱贫巩固"。

当前，新质生产力已成为推动中国高质量发展的关键力量。新质生产力的发展将推动农村新兴产业和业态的兴起，如智能农业、农村电商、乡村旅游等。这些新兴产业为农民提供更多就业机会，促进就业形态的多样化。同时，也促使中部脱贫地区的农民不断提升自身的职业技能和素质，以适应新的市场需求。新质生产力为中部脱贫地区农民就业能力的继续提升提供了新的要求，也为我们的进一步研究提供了新思路、新路径，任重而道远。希望本书的研究能为促进中部脱贫地区农民就业能力的进一步提升与中国乡村振兴贡献绵薄之力。但也深知能力有限，不足之处，敬请批评指正。

在本书的完成过程中，占鹏（第三章第三节）、张小芬（第四、第五、第六、第七章）、李杨（第九、第十二章）、张嘉佳（第十章）参与了部分章节的数据采集或初稿的写作，感谢他们的艰苦努力。感谢国家社科规划办和南昌大学经济管理学院的资助，感谢中国社会科学出版社刘晓红老师的辛勤付出！

何筠
2024年6月